本书为2015国家社会科学基金一般项目"法律正当性问题研究"（批准号：15BFX034）最终成果。

A Study on Legitimacy of Law

法律正当性问题研究

唐丰鹤　著

图书在版编目(CIP)数据

法律正当性问题研究/唐丰鹤著. —北京:北京大学出版社,2019.6
ISBN 978-7-301-30589-8

Ⅰ.①法… Ⅱ.①唐… Ⅲ.①制定法—研究 Ⅳ.①D90

中国版本图书馆CIP数据核字(2019)第131773号

书 名	法律正当性问题研究
	FALÜ ZHENGDANGXING WENTI YANJIU
著作责任者	唐丰鹤 著
责任编辑	李 倩
标准书号	ISBN 978-7-301-30589-8
出版发行	北京大学出版社
地 址	北京市海淀区成府路205号 100871
网 址	http://www.pup.cn
电子信箱	law@pup.pku.edu.cn
新浪微博	@北京大学出版社 @北大出版社法律图书
电 话	邮购部 010-62752015 发行部 010-62750672 编辑部 010-62752027
印 刷 者	河北滦县鑫华书刊印刷厂
经 销 者	新华书店
	730毫米×1020毫米 16开本 16印张 279千字
	2019年6月第1版 2019年6月第1次印刷
定 价	40.00元

未经许可,不得以任何方式复制或抄袭本书之部分或全部内容。
版权所有,侵权必究
举报电话:010-62752024 电子信箱:fd@pup.pku.edu.cn
图书如有印装质量问题,请与出版部联系,电话:010-62756370

献给我的父母

目 录

导 论 ··· 1

第一章 正当性与法正当性 ······································· 7
第一节 正当性的含义 ··· 7
第二节 正当性与证成性 ··· 10
第三节 正当性的基本范式 ··· 15
第四节 正当性的问题域 ··· 20
第五节 法正当性 ··· 22
第六节 法正当性与良法 ··· 25
第七节 法正当性的基本类型 ······································· 28

第一编 实质性的法律正当性类型

第二章 法律的自然正当性 ······································· 35
第一节 自然法与制定法的对立 ··································· 35
第二节 制定法的自然正当性 ······································· 41
第三节 自然法观念的历史嬗变 ··································· 53
第四节 自然法本身的正当 ··· 65
第五节 结语 ··· 69

第三章 法律的习俗正当性 ······································· 71
第一节 历史中的法律与习俗 ······································· 73
第二节 基于习俗的法律正当性 ··································· 78
第三节 习俗正当性的基础 ··· 86
第四节 结语 ··· 93

第四章 法律的功用正当性 ······································· 94
第一节 现代性下实证法的诞生 ··································· 94

第二节　法律的功用正当性 ………………………………… 98
　　第三节　边沁对普通法的批评 ……………………………… 103
　　第四节　边沁的功用主义立法 ……………………………… 107
　　第五节　结语 ………………………………………………… 113

第五章　法律的民族精神正当性 ……………………………… 115
　　第一节　实证法的正当性危机 ……………………………… 115
　　第二节　历史法学的法律正当性重建 ……………………… 118
　　第三节　法律与民族精神的重新接续 ……………………… 123
　　第四节　结语 ………………………………………………… 128

第二编　形式性的法律正当性类型

第六章　现代法律的科学正当性 ……………………………… 133
　　第一节　自然科学的兴起与正当性危机 …………………… 133
　　第二节　法律的科学正当性理念 …………………………… 139
　　第三节　莱布尼茨的法律科学正当性建构 ………………… 141
　　第四节　莱布尼茨之后的法律科学正当性 ………………… 148
　　第五节　结语 ………………………………………………… 151

第七章　基于合法性的正当性 ………………………………… 152
　　第一节　实证主义与法实证主义 …………………………… 152
　　第二节　法实证主义的分离命题 …………………………… 156
　　第三节　基于合法性的正当性 ……………………………… 157
　　第四节　进一步的追问 ……………………………………… 162
　　第五节　结语 ………………………………………………… 167

第八章　法律的内在道德正当性 ……………………………… 168
　　第一节　法律正当性与内在道德 …………………………… 168
　　第二节　内在道德的形式性 ………………………………… 172
　　第三节　法律作为一种有目的的事业 ……………………… 177
　　第四节　形式性的法律正当性 ……………………………… 180
　　第五节　结语 ………………………………………………… 183

第三编 程序性的法律正当性类型

第九章 法律正当性的程序主义转向 …………………… 187
  第一节 法律正当性:从超验到经验 …………………… 187
  第二节 法律正当性:从实质到形式 …………………… 191
  第三节 法律正当性:从形式到程序 …………………… 194
  第四节 法律正当性的程序主义转向 …………………… 199
  第五节 结语 …………………………………………… 202

第十章 程序性的法律正当性 …………………………… 204
  第一节 双轨制商谈程序的社会基础 …………………… 206
  第二节 双轨制商谈程序的基本框架 …………………… 207
  第三节 双轨制商谈程序的对话规则 …………………… 210
  第四节 双轨制商谈程序的产出是共识 ………………… 213
  第五节 双轨制商谈程序的关键是强公共领域建设 …… 215
  第六节 结语 …………………………………………… 217

第十一章 法治:正当法的统治 ………………………… 219
  第一节 法治观念的历史嬗变 …………………………… 219
  第二节 迈向程序主义的法治 …………………………… 222
  第三节 司法的不确定性与法治 ………………………… 226

结　语 …………………………………………………… 231

参考文献 ………………………………………………… 235

后　记 …………………………………………………… 248

导　论

　　本书讨论的是"法律正当性"(legitimacy of law)问题,这里的"法律",指的是制定法或实证法,"法律正当性"要回答的问题包括:(1)制定法或实证法为什么具有法效力?(2)制定法或实证法为什么具有权威?(3)人们为什么应该服从制定法或实证法?(4)什么情况下,制定法或实证法将丧失法效力,不再是法?这些问题是相互勾连在一起的,它们是政治哲学和法哲学的核心问题,这些问题已经延续了数千年之久,而在今天,其重要性不仅丝毫未减,反而因实证法的盛行而更为凸显。

　　制定法或实证法的正当性,可以有两种迥然不同的证明路径。一条路径是把制定法或实证法看作是政治权力的造物,并因此将制定法或实证法的正当性问题归结为政治权力的正当性问题,认为只要政治权力正当,则由这种政治权力所创制或认可的法律也就是正当的。因此,法律正当性问题归根结底是政治正当性问题。学术界对于政治正当性的研究成果可以恰如其分地用"汗牛充栋"来形容,哈贝马斯(Jürgen Habermas)总结了古今的正当性范式,包括以苏格拉底(Socrates,公元前469—前399年)、柏拉图(Plato,公元前427—前347年)、亚里士多德(Aristotle,公元前384—前322年)等为代表的伦理学和政治学解释传统所提出的规范主义的正当性范式和以韦伯(Max Weber,1864—1920年)、麦基弗(Robert Morrison MacIver,1882—1970年)等为代表的社会学解释传统所提出的经验主义的正当性范式。① 登特列夫(Alexander Passerin d'Entreves,1902—1985年)则比较了三种规范性的正当性论证模式:以罗尔斯(John Bordley Rawls,1921—2002年)、拉莫(Charles Larmore)、内格尔(Thomas Nagel)为代表的中立模式,以拉兹(Joseph Raz)和加尔斯顿(William Galston)为代表的至善论模式和由哈贝马斯、科恩(Joshua Cohen)、古特曼(Amy Gutmann)、费希金(James S. Fishkin)等人倡导的审议民主模式,他本人推崇的是审议民主模式。② 西蒙斯(A. John Simmons)区

---

① 〔德〕尤尔根·哈贝马斯:《重建历史唯物主义》,郭官义译,社会科学文献出版社2000年版;〔德〕尤尔根·哈贝马斯:《交往与社会进化》,重庆出版社1989年版。
② Maurizio Passerin D'Entreves, Legitimacy and Democratic Deliberation, *Theoria: A Journal of Social and Political Theory*, No. 96, 2000.

分了正当性与证成性,正当性被认为是一种施加政治义务,要求政治服从的权利,最终建立在人民同意的基础上,而证成性则意味着道德理由或审慎理由的支持。① 国内研究基本沿袭了国外的研究进路。研究政治正当性的成果有不少,周濂沿袭西蒙斯对正当性与证成性的分疏,认为现代政治的正当性只能是基于人民的同意获得。② 谈火生以卢梭(Jean-Jacques Rousseau,1712—1778 年)和哈贝马斯的正当性理论为中心,探讨了民主审议与政治正当性之间的关联。③ 郭晓东从思想史的角度梳理了规范主义的正当性与经验主义的正当性,较为细致地论述了古希腊城邦、古罗马、中世纪,一直到近代的规范主义的正当性思想。④ 孙国东结合德国的传统思想脉络对韦伯的经验性正当性思想做了较为深入的研究。⑤

另一条证明路径是将法律正当性问题独立于政治正当性问题处理,认为法律的正当与否不仅仅取决于制定权威的正当,还取决于某些独立的价值标准。塔玛纳哈(B. Tamanaha)指出,自古至今的法律正当性有两种类型,一种是自然法传统所提出的"道德/理性"的正当性,即法律的正当性在于它的合道德性和合理性,另一种是"习俗/同意"的正当性,即法律的正当性取决于它是否反映着人民的习俗,是否得到人民的同意(习俗意味着同意)。⑥ 哈贝马斯是一位百科全书式的学者,他认为法律是实现现代社会整合的主要工具,为此,法律必须是正当的,而在哈贝马斯看来,法律的正当性既不能来源于罗尔斯的正义原则,也不能来自卢曼(Niklas Luhmann,1927—1998 年)的系统论,更不能来自丹尼尔·贝尔(Daniel Bell,1919—2011 年)的宗教复兴,而只能来自于审议民主的法律商谈程序。⑦ 国内正面研究法律正当性这一主题的,主要有严存生提出了法的正当性信仰的问题⑧;刘杨梳理了自然法学派与实证法学派的法律正当性思想,认为法律实证主义的合法性、有效性观念是正当性观念发展的结果⑨;周赟从权利论与义务论的角度论述了古今

---

① John Simmons, Justification and Legitimacy, *Ethics*, Vol. 109, 1999.
② 周濂:《现代政治的正当性基础》,生活·读书·新知三联书店 2008 年版。
③ 谈火生:《民主审议与政治合法性》,法律出版社 2007 年版。
④ 郭晓东:《重塑价值之维:西方政治合法性理论研究》,华东师范大学出版社 2007 年版。
⑤ 孙国东:《合法律性与合道德性之间:哈贝马斯商谈合法化理论研究》,复旦大学出版社 2012 年版。
⑥ B. Tamanaha, *A General Jurisprudence of Law and Society*, Oxford University Press, 2001, p. 4.
⑦ J. Habermas, *Between Facts and Norms: Contributions to a Discourse Theory of Law and Democracy*, translated by Williiam Rehg, The MIT Press, 1996.
⑧ 严存生:《法的合法性问题研究》,载《法律科学(西北政法学院学报)》2002 年第 3 期。
⑨ 刘杨:《法律正当性观念的转变》,北京大学出版社 2008 年版。

法律正当性思想的变化,并提出了程序性的法律正当性进路①;陈征楠对法律的道德正当性进行了论述,认为法律的道德正当性的来源有自然主义和规范主义两种进路。② 值得注意的是,李龙先生对于良法问题的研究既与法律正当性有所区别,又有一定的内在联系,具有一定的启示意义。③

本书采取的是第二种进路,认为制定法或实证法的正当性不完全是由它的缔造者——政治权力自身的正当性决定的,而是要对制定法或实证法自身的内容进行正当化,而本书所采纳的正当性观念,是一种哈贝马斯意义上的正当性,不仅指公民的同意,也指制定法或实证法的值得性,即它因自身具有或应该具有的某些品性而值得被同意。西蒙斯所区分的正当性与证成性在本书语境中被刻意地融合了,正当性不仅无法区分于证成性,而且主要指向的就是证成性。

今天的人们拥有历史的纵深,因此,很容易能够认识到以下事实:数千年来,制定法或实证法一直被当作权力意志变化无常的造物加以警惕,职是之故,我们可以理解,为什么历史长河中无数的心智都在对制定法或实证法进行着理性化甚至神圣化的努力。制定法或实证法理性化、神圣化的历史,也就是一部制定法或实证法正当化的历史,法律从来都不是或不单纯是权力的造物,它有自己内在的生命。

在某种意义上,法律的内在生命正是历史赋予的,历史对法律正当化的努力,可以被大概地分为两大阵营:一个阵营是实质主义阵营,即认为法律的正当性来源于实质性的道德伦理,其最典型的代表是自然法学传统,自然法学可以被解读为是一种通过高级法来证成制定法或实证法的传统。另一个阵营是形式主义阵营,即认为法律的正当性来源于一些形式性标准,这些形式性标准包括莱布尼茨(Gottfried Wilhelm Leibniz,1646—1716年)开创的科学理性、法实证主义的合法性以及富勒(Lon L. Fuller,1902—1978年)的法治原则等。这两大阵营的转换不是没有原因的,从实质主义到形式主义,其背后映照的是古今世界观的根本性变迁。法律正当性类型的变化还远远没有完成,也许未来会走向一种新的融合实质主义与形式主义的程序性法律正当性。

立足于以上这些思考与洞见,本书的结构安排如下:

第一章对正当性与法正当性的概念加以介绍。正当性的概念是非常复杂而又莫衷一是的,尤其是它与证成性的关系更是值得深入地探讨,本书认为正当性与证成性是具有内在本质联系的一组概念,与其对其刻意加以区

---

① 周赟:《西方法哲学主题思想史论:一种系列剧式的叙述》,法律出版社2008年版。
② 陈征楠:《法正当性问题的道德面向》,中国政法大学出版社2014年版。
③ 李龙:《良法论》,武汉大学出版社2001年版。

分,不如恢复它们之间的联系。随后,法正当性概念被提出,它是与法效力联系在一起的,法正当性的概念与良法的概念也有一定的区别与联系,它们都在第一章中被探讨。

第二章到第五章构成了第一编"实质性的法律正当性类型"的内容,每一章都讨论了某一种实质性的法律正当性思想。其中,第二章讨论的是法律的自然正当性思想,在此,自然法学被解读为是一种通过高级法来为制定法或实证法赋予正当性的思想传统,不论在数千年的发展中,自然与自然法的观念本身如何地变迁,都没有改变自然法的这一正当性意蕴。第三章讨论的是一度与自然法学并驾齐驱的习俗正当性思想,自古以来,习俗的意义就一直在政治哲学、法哲学中被不断强调,很多时候,人们将习俗与法律混为一谈,有时候,人们又似乎将两者明确地加以区分,但是几乎没有人完全正视过习俗的法哲学意义并对其系统地进行理论化,本章的内容是一个初步的尝试,在此,习俗被解读为是制定法或实证法的正当化资源。第四章讨论的是一种具有划时代意义的法哲学理论,即边沁(Jeremy Bentham,1748—1832年)影响深远的功用主义理论,边沁对于制定法或实证法的自然法正当化进路不满意,因为在持经验主义立场的边沁看来,自然法根本是子虚乌有,遑论借此对制定法或实证法进行正当化?而边沁并没有忘记现代实证法本质上可以被归结为主权者恣意的危险,他的替代性方案是现代实证法内容的理性化与功用化,由此,现代实证法的正当性存在于它内容上的合理与合功用上。第五章讨论的是萨维尼(Friedrich Carl von Savigny,1779—1861年)的历史法学的法律正当性思想,萨维尼与边沁有些方面是一致的,比如他们都持一种经验主义的立场,都不承认子虚乌有的自然法等,他们也都不能接受现代实证法只是单纯的统治者的意志乃至恣意这样一种悲观图景,而不同于边沁的功用主义的是,历史法学的智慧在于,它将现代实证法正当化的努力寄托在由历史发展与呈现的民族精神之上。本编四章讨论的诸学派,无论它们提出的据以对法律进行正当化的资源是自然法、习俗、功用,还是民族精神,它们都有一个共同点,即它们提出的据以对法律进行正当化的资源都是一种实质性的价值或标准,也正是因此,它们得以归为实质性法律正当性类型之下。

第六章到第八章构成了第二编"形式性的法律正当性类型"的内容,每一章都讨论了某一种形式性的法律正当性思想。第六章讨论了现代法律的科学正当性思想,在人类经历着真理观改变的时代,自然科学的兴起提供了一种新的真理观,莱布尼茨敏锐地发现了这一点,他第一个尝试系统地把现代法律的正当性建立在科学理性之上,他试图从一个牢固的地基出发,基于科学推理和组合运算,推演出一个完美的法律体系,这种完美的科学理性之法,虽然也要借着主权者之手发布，但是其正当性却不在于主权者的权威，而在于法本身的从内容到结构的科学化。莱布尼茨的科学理性法的思路在随后的法典化运动中被推向了巅峰，所以，近代的法典化运动并不是人类历史上法典编纂事件的又一次上演，而是代表了一种独特的法正当化思路。第七章讨论的是法实证主义的法正当性思想，自然法传统的衰落，正映照着实证法的兴起，也代表了一个时代的更替。法实证主义对于法正当性问题的处理极富时代意义。一言以蔽之，法实证主义对法正当性问题的处理就是将其隐藏。在法实证主义那里，传统的法律服从的问题被归结为技术性的法效力问题，而法效力问题又被技术性地处理为一个法体系内效力链条层层授权的问题。说白了，就是下位规范的法效力来源于上位规范的授权，上位规范的法效力又来源于基础规范或承认规则的授权。如此一来，人们为何应该服从法律的正当性问题，就被归结为法为何有效的问题，而法为何有效？归根到底，是下位规范的合法性（合上位规范）决定的，因此，法实证主义通过一系列问题的转换，将法律正当性问题最终转换成了法律的合法性问题，它由法效力体系内部解决，而不再需要求助于自然法等外部因素，这样的处理是真正划时代的。第八章讨论了一种新型的"自然法"思想，富勒的自然法思想是名不副实而极富误导性的，在一个"祛魅"的时代，传统的自然法被当作"魅"祛除了，富勒的自然法其实不是自然法，内在道德也不是（实质性）道德，所以，这是一个打着"自然法"旗号来为自然法超度亡魂的理论。不过，不论如何，富勒的本意都是要通过这些形式化的道德来对现代实证法进行证成，这是一种新的法正当性尝试。本编三章讨论的诸理论，其内在理路是迥然不同的，但是它们提出的据以对现代实证法进行正当化的资源——不论它们是科学理性、合法性还是内在道德，都是完全形式性的一套标准，这是为什么它们可以被归结为形式性法律正当性类型的原因。

第三编是尝试对实质性法律正当性类型与形式性法律正当性类型进行融合，因为不管是实质性法律正当性类型，还是形式性法律正当性类型，在现代社会都面临着问题。实质性法律正当性类型遭遇的是时代变故，它所倡导的实质性价值或标准在现代社会被视为"鬼魅"，并且与多元化的社会基调格格不入；形式性法律正当性类型虽然为迎合现代多元化社会而生，但是它对实质性标准的放弃，恰恰可能导致"恶法"问题的出现，法治也会沦为邪恶的统治。这两种法正当性类型的融合是势在必行的，这引导我们走向一种包容性的程序性法律正当性类型。这种程序性法律正当性，一方面容纳各种价值和标准相互竞争、相互说服，另一方面它又通过设置一套理想的对话规则，来限制可能的恶法。当然，诚如很多论者指出的，作为范导性的对话程序，在现实的世界中显得有些力不从心,但是这不应成为拒绝理想对话的理由,反而应该是我们努力的方向。

本书最后一章对现代法治观念进行了探讨。流行的法治观有实质主义法治观与形式主义法治观,显然,支持和反对这两种法治观的理由与支持和反对实质性法律正当性类型与形式性法律正当性类型的理由相同,因此,如同实质性法律正当性类型与形式性法律正当性类型最终会走向程序性法律正当性类型一样,实质主义法治观与形式主义法治观最终也会走向一种程序主义的法治观,即法治是由经由正当程序保障的正当法的统治。

第一章 正当性与法正当性

第一节 正当性的含义

正当性是对英文 legitimacy(其形容词和动词皆为 legitimate)的汉译。legitimacy 的含义非常复杂,因为其意义含混,学说众多,被亨廷顿(Samuel P. Huntington,1927—2008 年)形容为"不易把握"的概念①,普热沃斯基(Adam Przeworski)甚至建议我们应该抛弃这个概念。② 然而,另一方面,legitimacy 却又是一个非常热门的概念,在大量的哲学、政治学、法学、社会学的著作中都可以见到它的身影,所以,抛弃它又谈何容易? 实际上,正如许多令人困惑的概念一样,legitimacy 一词也经历了一个历史发展的过程,并在此过程中经历了诸多意义上的流变,再加上大量不同作者的解读,才变得意义含混,不易把握的。所以,澄清这一概念的内涵,最好还是从历史着手,厘清其源流脉络。就 legitimacy 一词的历史演变来讲,其核心词义主要经过了三个阶段的变化。首先,它早期的含义是合法的(lawful)、合于法(according to law)的意思。其次,到了中世纪,它更多地带有合习俗(consuetudo 或 custom)、合惯例的意思,而不是合法律(lex 或 law)的意思。最后,发展到现代英语 legitimate 和现代德语 ligitim,它的含义变得更为宽泛,除了合法、合习俗、合惯例之外,它还有合自然、合逻辑、合程序、合理的、正确的等含义。③

legitimacy 来源于拉丁词 legitimus,其本意是"合法的,合于法"(lawful, according to law)④,从历史上看,在古希腊,似乎并没有出现 legitimacy 或 legitimate 这个词,他们使用 nominon 来表示合法的(lawful)(希腊社会后期

---

① 〔美〕塞缪尔·亨廷顿:《第三波:二十世纪后期民主化浪潮》,刘军宁译,上海三联书店 1998 年版,第 54 页。
② Adam Przeworski, Some Problems in the Study of the Transition to Democracy, in Guillermo O'Donnell, Philippe Schmitter and Laurence Whitehead (eds.), *Transitions from Authoritarian Rule: Comparative Perspectives*, Johns Hopkins University Press, 1986, pp. 47-63.
③ 赵心树:《选举的困境——民选制度及宪政改革批判》,四川人民出版社 2008 年版,第 73—74 页。
④ J. G. Merquior, *Rousseau and Weber: Two Studies in the Theory of Legitimacy*, Routledge & kegan Parl, 1980, p. 2.

使用 nomos 来表示制定法与习俗法①),根据色诺芬的报告,苏格拉底曾经质疑合法的(nominon)是不是公正的(dikaion)。② 到了古罗马时代,legitimus 这个词正式出场了,西塞罗(Marcus Tullius Cicero,前 106—前 43 年)曾有 legitimum imperium 和 potestas legitima 的说法,用来表示依照法律确立的权威或官员,他也曾区分 legitimus hostis 或 legitimate enemy 与劫匪或海盗,前者是条约———一种类似于法律的文件———所规定的,后者则没有任何法律或准法律的背书。③

到了中世纪,legitimitas 一词的含义发生了重大变化,它更多地指向合乎习俗(consuetudo 或 custom),而不是合乎法律(lex 或 law)。根据梅奎尔(J. G. Merquior)的研究,这主要是因为,中世纪欧洲大陆接受了来自盎格鲁—撒克逊(Anglo-Saxon)法系的影响,英国法的核心形式便是习俗法(实际上,可能中世纪欧洲大陆各个国家主要的法源也是习俗法),所以,legitimitas 的词根 lex 便被转换成了 consuetudo,legitimitas 也就更多地指向合乎习俗,而不是合乎法律。legitimitas 一词的含义变化也显示了欧洲两大法系之间正当性观念的千年分歧正在趋于交融。④

中世纪之后,发展到现代英语 legitimate 和现代德语 ligitim,它的含义变得更为宽泛,除了合法、合习俗、合惯例之外,它还有合自然、合逻辑、合程序、合理的、正确的等含义。在现代各种英语辞典中,legitimacy 一词的意思主要有:(1) 婚生子女的地位与权利;(2) 符合法律、习俗或原则的政治权力;(3) 符合法律、标准、规则或原则;(4) 正确的、真实的;(5) 有理由的、有效的。⑤ legitimacy 的含义在现代社会逐渐变宽,可能跟现代法律的含义正在逐渐变窄、涵盖不足有关,因为 legitimacy 的核心含义是合法、合习俗,但是不论古希腊、古罗马的法律,还是中世纪的习俗,它们本身并不仅仅只是现代意义上的实证法的含义,那时的制定法与习俗多多少少与一些超验的价值、神圣的理性相关(比如习俗就与渐进理性有关),所以,在当时的社会,合于法、合于习俗,也就隐含合乎真理、合乎理性的意思,而现代的实证法把自己仅仅

---

① 参见〔爱〕J. M. 凯利:《西方法律思想简史》,王笑红译,法律出版社 2010 年版,第 7 页。
② J. G. Merquior, *Rousseau and Weber*:*Two Studies in the Theory of Legitimacy*, Routledge & kegan Parl, 1980, p. 2.
③ 参见〔法〕马克·思古德:《什么是政治的合法性?》,王雪梅译,载《外国法译评》1997 年第 2 期。
④ J. G. Merquior, *Rousseau and Weber*:*Two Studies in the Theory of Legitimacy*, Routledge & kegan Parl, 1980, p. 2.
⑤ See Matti Wiberg, *Between Apathy and Revolution*:*Explications of the Conditions for Political Legitimacy*, Turun Yliopisto, 1988, pp. 60-61; John H. Schaar, *Legitimacy in the Modern State*, Transaction Publishers, 1981, p. 24.

局限于有权机关的立法,所以,在这种情况下,如果把 legitimacy 的含义仅仅囿于合乎法律、合乎习俗,未免就窄化了其内涵,从这个意义上讲,legitimacy 一词在现代社会的含义拓宽,是有内在必然性的。

正当性一词的历史渊源显示,它与合法性具有密切的关系。合法性的英文词是 legality,legitimacy 与 legality 两个概念的区分,同样可见于中古时期。在 14 世纪,托马斯·阿奎那(Thomas Aquinas,约 1225—1274 年)和萨索费拉托的巴尔托鲁(Bartolo di Sassoferrato,1313 或 1314—1357 年)都对两种不同的暴政作了区分,即因执行而产生的暴政(tyranny ex parte exercitii)和因无权力而产生的暴政(tyranny ex defectu tituli),前者意味着不合法律(illegality),后者意味着不正当(illegitimacy)。[①] 这似乎是第一次将 legitimacy 与 legality 两个概念作了区分,legitimacy 涉及权力的正当与否,而 legality 涉及依法行事。这一区分进一步证明 legitimacy 一词在中古时期的意义转变,它具有了远比合乎法律(制定法)更为宽广的含义,即前述不仅具有合法的含义,还有合理、正当的含义。也许可以说,合法性(legality)在某种意义上是一种狭义的正当性(legitimacy),即指的是合乎法律、合乎制定法或合乎实证法,而正当性的含义则更为广泛,除了合乎法律之外,还有合乎习俗法、自然法、神法、正义、道德等之意。在国内学术界,长期以来一直把 legitimacy 翻译成合法性,把 legality 翻译成合法律性,前者取义广义的法,制定法、习俗、自然法、神法、约法、正义、道德等都可以大而化之地纳入法的范围,后者取义狭义的法,即制定法或实证法。应该说,这种翻译立足于法与法律的区分,本来也是有理有据的,但是由于现代性的来临,由于世界观的变化,此种翻译在今天越来越显得不合时宜了。我们认为,在实证法观念登上历史舞台并成为支配我们的法律意识形态的今天,区分合法性与正当性显得至关重要,这主要是基于以下两个理由:

其一,在实证法观念日益彰显的今天,人们对法的认识主要被锁定在实证法上,而不复像古人那样,一提到法,想到的不仅是制定法或立法,还有自然法、神法、道德、正义等超越性的法或高级法,在这种情况下,如果像学术界此前那样把 legitimacy 翻译成合法性,则实际上就把它真实的意涵给缩小化了,实际上把它变成了古人对 legality 的理解,正如有学者所说,从词源学的角度看,无论是翻译成合法性,还是翻译成正当性,都足以达意,因为那时的合法性,有自然法或上帝的意志作为依归,合法就是合理,合法就是正当,合法性与正当性本就是一而二、二而一的关系。但是时至今日,我们业已进入

[①] J. G. Merquior, *Rousseau and Weber: Two Studies in the Theory of Legitimacy*, Routledge & kegan Parl, 1980, p. 2.

一个后形而上学的时代,法这个概念所曾经具有的超越的道德维度业已瓦解,合法性也变成了合法律性,在这样的时代背景下,如果仍坚持把legitimacy 翻译或解释成"合法性",轻则词不达意,重则可能使 legitimacy 一词丧失其本来具有的道德批判维度,沦为替恶政辩护的工具。①

其二,在当今社会,法治已经成为一种普遍意欲的统治,所以,正如韦伯所指出的,现代社会的正当统治主要是一种理性法律的统治,合乎法律即是正当,合法性变成正当性的一种最重要、最普遍的来源,所以,给人造成一种合法性就是正当性的错觉——回想一下施米特(Carl Schmitt,1888—1985年)对合法性与正当性的观察:"在今天,一种对于封闭的合法性体系的规范性虚构的出现,表明了合法性与正当性之间出现了令人震惊的、无法消解的对立,这种合法性试图将现实的意志驯服于法律……'合法性'一词的意图和目的,乃是要将君主的、民主的,以及其他任何或从自身中获得根基或从某种更高的价值中获得根基的权威或统治权力的正当性变成多余,并且根本否定它。如果说,在这套话语体系里,类似于'正当性'和'权威'这样的词语还被习以为常地使用的话,那么,我们必须明白,它们现在真实的意思却指向了合法性或合法性的派生物。由此,我们也可以同样的方式来理解马克斯·韦伯的社会学命题:'这种合法性可以被视为正当性',或是'当今最深入人心的正当性形式就是对合法性的信仰'。"②——在这种情况下,如果还不能在语言上将正当性与合法性有效地分开,只怕更会加强实践当中对于正当性与合法性的混淆。

第二节　正当性与证成性

证成性的英文词是 justification,正当性与证成性的关系十分复杂,人们有时将正当性与证成性相等同,有时又将两者区别开来。笔者认为,正当性与证成性之间复杂缠绕的关系,可能跟正当性这个概念所包含的诸多面相有关。③

以历史眼光来看,正当性可能包含着两个截然不同的传统。第一个传统认为政治权力具有正当性的根源在于人民对政治权力表示的同意(consent,也被翻译成认可、肯认)。在希腊和罗马时代,人民对于权力和法律的习俗性

---

① 周濂:《政治正当性与政治义务》,载《吉林大学社会科学学报》2006 年第 2 期。
② Carl Schmitt, *Legality and Legitimacy*, translated and edited by Jeffrey Seitzer, with an introduction by John P. McCormick, Duke University Press, 2004, pp. 6-9.
③ 正当性的诸种面相,将在本章第三节得到更为详尽的讨论,此处只作简单介绍。

认可就暗含了这种同意,在中世纪,正当性与同意的关系变得更为明确,比如说,唯名论者,奥康姆的威廉(William of Ockham,约 1285—1349 年)立基于自己的自然法理论,认为统治的正当性在于同意。在差不多与威廉同时代,帕多瓦的马希利乌斯(Marsilius of Padua)也提出统治的正当性,不仅在于神的意志,也存在于人民的同意之中。接下来,库萨的尼古拉斯(Nicholas of Cusa)也用人民的同意来说明教会与国家的正当性。而到了近代社会契约论者那里,同意更是被认为是政治权力获得正当性的根本原因(也就是说在这个时代,相比古代理论家而言,近代社会契约论者把同意放在了更为重要的位置),可以说,在近代社会契约论者那里,现代政治权力的正当性被建立在了公民的自然权利之上,政治权力因为公民的自愿同意(尽管这种同意更多是想象性的)而变成正当,简单来说,政治权力来源于人民权利。其后,韦伯,甚至当代的汉娜·阿伦特(Hannah Arendt,1906—1975 年)、查尔斯·泰勒(Charles Taylor)等人对正当性的理解也与人民的同意分不开。不过,值得注意的是,韦伯以来的同意更多是一种经验化的实实在在的同意,与近代社会契约论者通过社会契约想象出来的同意有所不同。

然而,政治哲学中还有另外一个传统,这种传统的历史甚至更为久远,比如古希腊的哲学、中世纪的神学、近代的康德(Immanuel Kant,1724—1804 年)哲学,甚至当代的罗尔斯、内格尔都是这一传统的代表。这一政治哲学传统认为,政治权力的正当性主要不在于(甚至完全不在于)人民的同意,而在于这种权力本身的品性(不是未来的目标),比如说,它是不是道德的、正义的,甚至是不是符合功用的,等等。换句话说,这一政治哲学主流的传统主张政治权力的正当性在于它要被一些"好的理由"所支持或证成。比如说,我们可以从古希腊的正义、基督教的道德,甚至康德绝对命令的角度来证成政治权力的合理性与正当性,这种证成被称为"许可性证成"(permissibility justification);我们也可以从功用主义的立场来说明政治权力最大化地达成了预定目标,从而优于其他选择,以此来证成政治权力的值得性,这种证成叫做"最佳性证成"(optimality justification)。[①]

笔者认为,正当性与证成性的混乱关系,很大一部分原因就在于学者们往往站在这两种传统的其中一种立场上,对另外一种传统进行否认或再定义。比如约翰·西蒙斯,就堪称此种做法的典型代表。在《证成性与正当性》一文中,西蒙斯再定义了正当性与证成性这两个概念,他认为证成性是一个"防御性"(defensive)概念,往往因为面对别人的质疑,所提出的一种辩护理

[①] John Simmons, Justification and Legitimacy, *Ethics*, Vol. 109, 1999, p. 740.

由,对西蒙斯来说,证成性意味着道德理由或审慎理由的支持,而正当性则意味着一种施加政治义务、要求政治服从的权利。西蒙斯指出,证成性涉及的是国家与个人之间抽象、普遍的关系,它关心的是国家的一般品性或者美德,而正当性涉及的是国家与个人之间具体、特殊的关系,它关心的是国家之于任何特定主体的要求服从的权利。具体来说,西蒙斯从第一种传统出发①,认为国家的正当性在于每个公民实际的同意或接受,而不是像第二种传统那样,认为国家的正当性在于国家的道德性。② 正因为这种立场的先定,所以西蒙斯理所当然地将自己对正当性的理解视为是正当性的唯一形态,而将属于第二种传统的那种道德意义上的正当性,界定为是证成性,以此作出了区分。

然而,对于持第二种传统之立场的人(从其渊源的古老性来说,它是政治哲学主流的传统,虽然在现代社会有些失势)来说,西蒙斯的此种再定义,无疑是不合适的,持这种立场的人,认为政治权力的正当性就存在于它的被证成之中,因此,他们主张正当性与证成性不能分家,或者说,在他们的观念里,正当性与证成性是相近的或同一的,"当代主流政治哲学家普遍认为,一个国家之被证成就等于这个国家具有正当性,换言之,国家正当性与国家证成性是可以对等互换的两个概念。"③

此外,还有学者是这样理解正当性与证成性的,他们认为正当性具有一种向后看(回溯性)的特质,而证成性则具有一种向前看(前瞻性)的特质。比如阿伦特就曾经表达过这样一种想法,阿伦特在对权力(poewr)与暴力(force)进行区分时指出,权力是政府的本质,它与正当性联系在一起,当权力的正当性遭受质疑时,它会回溯过去,从而发现自身的正当性所在,而暴力则是工具性的,它是一种手段,而要对手段进行证成,往往需要联系它要达成的目标来进行,用取向于未来的目标来证成手段的合理,这一活动显著地不同于对政治权力的本性进行的溯及既往的正当化,从这个意义上,阿伦特指出,

---

① 然而,虽然都认为正当性来源于同意,西蒙斯却认为自己的洛克式立场与韦伯意义上的立场有所不同,他指出韦伯的同意着重在社会成员的一种心理状态,即社会成员对政治权力持一种忠顺、忠诚与接受的态度,相信政治权力是正当的,这种主观态度可能基于一些不合理的因素而产生(比如社会成员的愚昧无知),并且可以被操纵;而洛克立场则强调社会成员的实际同意。参见 John Simmons, Justification and Legitimacy, Ethics, Vol. 109, 1999, pp. 748-751. 笔者认为,虽然韦伯的正当性理论确有强调社会成员主观心理状态的特点,但是它与洛克、西蒙斯等人的同意理论并无根本的不同,因为同意既是一种行为,也是一种主观心态。他们之间的区别,只是政治哲学的传统路径与社会学路径的不同。
② John Simmons, Justification and Legitimacy, Ethics, Vol. 109, 1999, pp. 739-771.
③ 周濂:《现代政治的正当性基础》,生活·读书·新知三联书店 2008 年版,第 25 页。

暴力可能可以得到证成,却永不可能得到正当性。① 随后,据说大卫·施密茨(David Schmidtz)也有这样的看法(虽然要从施密茨的观点里引申一下),施密茨其实没有提到正当性,他说的是证成性,施密茨把证成性分成两种:第一种证成性,他称为是一种"发生的证成"(emergent justification),即回溯到政治权力的产生时刻,通过政治权力产生过程的发生性质(emergent property)来证成,由于这种证成性采取一种回溯的视角来对政治权力进行证成,所以也可以被称之为一种回溯进路的证成;第二种证成性,他称为是一种"目的的证成"(teleological justification),即通过政治权力所要实现(accomplish)的目的来证成政治权力,这种证成性,着眼于政治权力所致力的目的,采取一种向前看的视角,所以也可以被称之为一种前瞻进路的证成。② 施密茨举例说,霍布斯(Thomas Hobbes,1588—1679年)利维坦的证立,如果是出于避免自然状态中人与人无所不在的战争这一目的,由此而建立利维坦,那么这种对利维坦的证立就是目的的证成,相反,如果对利维坦的证立,是立足于自然状态中人们达成的社会契约(或者叫集体同意),那么这就是一种发生的证成。这是因为,从发生的角度来看,利维坦之所以横空出世,其根源在于大家集体签订的契约。③ 虽然施密茨压根就没有提到正当性,但是周濂先生认为,施密茨所说的第一种证成性,即发生的证成,或回溯进路的证成,其实可以与正当性相等同,或者说,就是正当性;而第二种证成性,即目的的证成,或前瞻进路的证成,则不可与正当性混为一谈,而应严格区分。④

笔者认为,这种对于正当性与证成性的认识其实也与上述两种正当性的传统有关,当阿伦特等人把正当性限定在一种回溯性的进路时,他们其实秉持的(或心中默认的)是第一种传统意义上的正当性立场(即认为正当性则意味着一种施加政治义务、要求政治服从的权利,它来源于人民同意),正因为把正当性的根据放在人民同意之上,所以它必然是回溯性的,这是因为,正如阿伦特所说的,对于权力的同意(即其正当性)是在人们聚在一起,想要共同行动的时候就发生的,所以当权力的正当性遭受挑战时,也应该回溯到过去看看这种同意是否存在或同意的基础是否已遭破坏。⑤

---

① Hannah Arendt, *Crises of the Republic*: *Lying in Politics*; *Civil Disobedience*; *On Violence*; *Thoughts on Politics and Revolution*, Harcourt Brace Jovanovich, 1972, p.151.
② David Schmidtz, Justifying the State, in *For and Against the State*: *New Philosophical Readings*, edited by John T. Sanders & Jan Narveson, Rowman & Littlefield Publishers, 1996, p.82.
③ Ibid., p.83.
④ 周濂:《现代政治的正当性基础》,生活·读书·新知三联书店2008年版,第29—33页。
⑤ Hannah Arendt, *Crises of the Republic*: *Lying in Politics*; *Civil Disobedience*; *On Violence*; *Thoughts on Politics and Revolution*, Harcourt Brace Jovanovich, 1972, p.151.

然而，这种回溯与前瞻进路的划分对于第二种传统意义上的正当性可能是根本无效的（所以学者可能会再一次采取西蒙斯的策略，把第二种传统意义上的正当性特定化为证成性），这是因为，按照第二种传统的理解，政治权力的正当性可能主要依赖的是此种权力的某种道德品性，比如说，政治权力是否符合正义原则，是否符合功用原则等（这并不是说正义、功用等原则构成了正当性的充分条件，而只是说它们构成了正当性的一种必要条件或前提条件①），对于政治权力的此种品性，我们可以说有回溯性与前瞻性之分吗？②所以，对于第二种传统意义上的正当性，这一回溯／前瞻的分析就失效了（这也说明持这一分析进路的人他心目中的正当性可能就是那种同意意义上的正当性）。不过，即使把正当性限定在那种同意意义上的正当性，这种回溯与前瞻的区分方法也是有很大问题的，难道我们可以认为，只要政治权力在产生的那一刻是正当的（比如经过人民同意），随后就可以为所欲为（如果这样，那纳粹政权完全具有正当性）。我们当然也不可以认为，只要政治权力能够实现好的目的（比如好的绩效），它在产生时就可以无法无天。我们认为，政治权力的正当性是一个持续的过程，从产生到维系，都必须具有正当性。③

总之，学术界对于正当性与证成性的各种难以协调的言说，可能跟学者们心目中的正当性类型是有关的，主要跟学者们所处的正当性的历史传统有关，因此，难有对错之分。

本书所持的正当性观念，是一种最广义的正当性，它可以同时容纳上述两种历史传统对于正当性的理解，但我们也有所侧重，我们侧重在对于正当性的第二种传统的理解，即侧重从证成性的角度来理解正当性，同时也不反对对于正当性的第一种传统的理解，即把正当性与人民的同意挂钩。我们这

---

① 参见杨伟清:《政治正当性、合法性与正义》，载《中国人民大学学报》2016年第1期。
② 奇怪的是，周濂先生似乎一直不加思索地将政治权力的品性问题视为是目的性的、前瞻性的，他因此指责正当性的第二种传统以某种品性当作目的来证成政治权力的正当性是一种证成性，因为它把政治权力作为实现道德目的的手段来对待。参见周濂:《现代政治的正当性基础》，生活·读书·新知三联书店2008年版，第150、171页。但是在我看来，第二种传统主张的其实是，政治权力因为符合某种品性标准而正当，而不是因为它以某种品性为追求的目标而正当，品性作为政治权力的属性与品性作为政治权力的目标是不一样的。对此，西蒙斯也指出，施密茨"目的性证成"的概念不够宽广，因为它未能包括那些"借助于国家道德美德——正是由于这些美德，那些国家才应该得到支持——的证成"，西蒙斯进一步指出，国家既可以借助一种美德来证成，也可以借助于它所完成的目标来证成，这两者应该被区分。参见 John Simmons, Justification and Legitimacy, Ethics, Vol. 109, 1999, p. 764, Note60.
③ 正是在这个意义上，西蒙斯认为施密茨的"发生的证成"概念太狭窄了，因为它只包括那种关于国家起源的证成，比如说，国家在成立的那一刻所获得的实际同意。但是西蒙斯指出，对于国家或政治权力的同意其实是不间断的、超出时间限制的（consent given over time），而绝非是一次性的同意或一劳永逸的同意（not just once and for all）。参见 John Simmons, Justification and Legitimacy, Ethics, Vol. 109, 1999, p. 764, Note60.

样做的理由是,即使按照对于正当性的第一种传统的理解,认为正当性在于人民的同意,但是人民因为什么而同意呢？**同意只是果,同意的理由却是因**。同意的理由当然是多种多样的,比如在韦伯看来,人民的同意可能只是出于对传统的尊重,对政治领袖的个人崇拜。当然,今天的政治学者最普遍的确信是,人民对政治权力表示同意,最关键的取决于政治绩效,更直白地说,是政府是否为人民创造了足够的收入、安全而又体面的生活条件等。不过,除了这些略显现实的理由外,笔者认为,人民之所以对政治权力表示同意或接受,也有可能是由于政治权力符合某种道德或正义,它因为是道德的或正义的而得到认可。这样,我们就从正当性的第一种传统自然过渡到正当性的第二种传统上来了,这说明正当性的两种传统根本不可分。并且更重要的是,正是由于人们可能会更倾向于基于那些现实的理由（比如经济绩效）来对政治权力表示同意,此种情况令人忧心,所以我们更有必要来强调同意的基础在于一些好的道德理由（比如正义）了。如果这样一种理解没有错的话,那么,即使是对正当性持第一种传统的立场,它也有对第二种传统的需要,因为第二种传统可以为它提供一些好的道德理由。所以,笔者倾向于认为,对于正当性的第一种传统与第二种传统其实根本是不应分割的,而且应该以第二种传统为主。基于此,本书采取政治哲学主流的观点,从证成性的角度来理解正当性,但是也不反对第一种传统的理解,我们认为正当性既包括对政治权力的道德证成,也包括对政治权力的实际同意,换言之政治权力既要有实际的同意支持,也要有值得性,值得去同意或接受。①

第三节　正当性的基本范式

对于自古以来的正当性的基本范式,学术界有不同的看法,比如说,梅奎尔认为正当性有着主观正当性与客观正当性的区别,他认为韦伯的正当性理念就属于主观正当性的范畴,因为韦伯的正当性是建立在民众对于政治权力具有正当性的信念上的,信念显然是一个主观之物;而客观正当性范式则是一种认为权力的正当性的获得在于它要符合某些客观的规范或标准的正当性,比如认为权力正当性的获得在于符合某种柏拉图式的理念或符合基督教

---

① 刘杨先生也有类似的看法,他认为不宜像西蒙斯那样对正当性与证成性进行区分,因为：(1) 在西方政治哲学史上,主流的观点是对"正当性"与"证成性"不加区分,这说明两者之间具有十分密切的关系;(2) 完整意义上的正当性论证,既离不开经验层面的"实际认可",也离不开理性层面的道德论证;(3) 从洛克到西蒙斯的理论中,似乎"证成"是一个道德哲学的概念,而"正当"是更接近于社会学的概念,两者只是着眼点有所不同而已。参见刘杨：《法律正当性观念的转变》,北京大学出版社 2008 年版,第 55—56 页。

上帝的意志等,理念或神意是一种外在的、客观的标准。① 还有的学者,比如法隆(Richard H. Fallon),则将正当性分为法学、社会学、伦理学范式的正当性。法学范式的正当性认为正当与否的标准在于是否符合法律规范,准确地说,是否符合实证法意义上的法律规范,而不能指向符合自然法、道德规范、宗教规范等宽泛意义上的规范性标准,这种正当性,其实就是一种合法性;社会学范式的正当性,其实是一种韦伯意义上的正当性,对韦伯而言,正当性来源于公民对政治权力的相信与接受,虽然这种相信和接受可能基于完全不同的理由,但是社会学范式的正当性真正关注和要测量的就是这种相信与接受本身;伦理学范式的正当性(又称道德哲学范式的正当性)认为政治权力正当性的获得在于它要符合某种特定的道德原则或道德标准,一种统治或权力哪怕拥有广泛的支持(相信或接受),或者是合乎法律的,都是不足够的,如果得不到道德上的证明,就仍然是非正当的。② 也有一些国内学者,比如周赟,认为正当性有义务性正当性范式与权利性正当性范式,前者以人的义务为出发点来论证(政治权力、法律、行动)正当性的来源,后者以人的权利为出发点来论证(政治权力、法律、行动)正当性的来源。③ 不过,在这些林林总总、不无道理的说法中,哈贝马斯的见解可能是最为深刻的,哈贝马斯指出,自古以来的法正当性范式,主要有规范性正当性范式和经验性正当性范式两种,规范性正当性范式,他称之为规范性正当性理论,该理论主要关注政治秩序应当合乎价值规范,而不在意这种政治秩序是否获得社会公众的认同;经验性正当性范式,他称之为经验性正当性理论,主要关注的是政治秩序是否获得社会公众的有效认同,而不在乎认同的价值所向。

1. 规范性正当性范式。根据哈贝马斯的考察,规范性正当性范式是政治哲学史上关于正当性的主导性范式,它由苏格拉底、柏拉图等为代表的政治哲学传统所倡导,一直绵延不息,从不缺乏拥趸。④ 概而言之,规范性正当性范式是以政治权力是否符合某种外在的、形而上学的、规范性的标准来衡量政治权力是否具有正当性的理论范式。该范式认为,政治权力只有符合它所主张的那种外在形而上学规范性标准时,它才是正当的,否则,这种政治权

---

① J. G. Merquior, *Rousseau and Weber: Two Studies in the Theory of Legitimacy*, Routledge & kegan Parl, 1980, pp. 4-6.
② Richard H. Fallon, Legitimacy and the Constitution, *Harvard Law Review*, Vol. 118, 2005, pp. 1795-1796.
③ 周赟:《西方法哲学主题思想史论:一种系列剧式的叙述》,法律出版社 2008 年版,第 111—145 页。
④ 〔德〕尤尔根·哈贝马斯:《重建历史唯物主义》,郭官义译,社会科学文献出版社 2000 年版,第 287—293 页;〔德〕尤尔根·哈贝马斯:《交往与社会进化》,张博树译,重庆出版社 1989 年版,第 206—211 页。

力就会失去其正当性,变成纯粹暴力的统治,人人得而起来推翻之。所以,这种正当性范式以价值判断为前提,强调政治权力的正当性存在于它对形而上学规范性标准的符合之中,并据此确定自己对于特定政治权力的支持或反对的立场。这种正当性范式理论的复杂性与多样性体现在,对于政治权力所要符合的形而上学规范性标准,各人看法各异:有人主张政治权力应符合某种特定的道德观念;有人主张政治权力应符合特定的正义观念;有人主张政治权力应符合特定的善的观念;有人主张政治权力应符合特定的功用观念①……在政治哲学的历史长河中,这类形而上学规范性标准被一提再提,多不胜数。但是,话又说回来,这些风格各异的理论派别之间的共同之处在于,它们都坚持认为,政治权力的正当性就存在于它被这些形而上学规范性标准的证成之中。

规范性正当性范式所主张的正当性,其实就是一种证成性,不管其内部的理论流派风格是多么迥异,它们都殊途同归于用一种外在的形而上学规范性标准来证成政治权力的正当性。相比后来的经验性正当性范式而言,规范性正当性范式并不依赖,或主要不依赖于人民对政治权力的同意或认可,在规范性正当性范式看来,一个政治系统,即使通过某种途径(比如通过洗脑)获得了人民的同意或认可,但是,只要它不符合特定的形而上学规范性标准,它就是不正当的。相反,一个政治系统,即使没有获得人民的实际同意,但是却可能因为符合这种特定的形而上学规范性标准而被正当化,比如说在一个政治系统里,人民因为暗弱无能,或者被野心家蛊惑煽动而没有对该政治系统表示支持,但是该政治系统却可能因为符合某种高尚的道德而获得正当性。当然,理想的情况是,政治权力获得了特定的形而上学规范性标准的证成,这种证成也获得了人民的理解与认可,因而收获了人民的实际同意。

2. 经验性正当性范式。经验性正当性范式是以韦伯、麦基弗等为代表的社会学解释传统所提出的。② 经验性正当性范式认为政治正当性存在于人民对统治的信念中,即当人民相信某种统治(domination)是正当的时候,该种统治便是正当的。③ 经验性正当性范式具有如下几个特点:

第一,这种正当性仅仅依赖于人民的信念,对统治者而言,人民认为你是正当的,你就具有正当性,人民不认为你是正当的,你就不具有正当性。所

---

① 〔德〕尤尔根·哈贝马斯:《重建历史唯物主义》,郭官义译,社会科学文献出版社2000年版,第289页。
② 〔德〕尤尔根·哈贝马斯:《重建历史唯物主义》,郭官义译,社会科学文献出版社2000年版,第287—293页;〔德〕尤尔根·哈贝马斯:《交往与社会进化》,张博树译,重庆出版社1989年版,第206—211页。
③ Max Weber, *Economy and Society*, ed. G. Roth and C. Wittich, University of California Press, 1978, pp. 212-214.

以,此种正当性,说白了在于人民对统治有一种主观上的认同,所以,它是一种相信的正当性(belief in legitimacy)。

第二,此种正当性范式与规范性正当性范式的分野所在,后者认为正当性的获取主要、甚至完全不取决于人民的同意,而是要看这种权力的取得和行使是否符合自然、理念、神意等外在的正义或道德标准,而经验性的正当性范式则认为正当性的获取完全不取决于是否符合某种或某些特定的正义或道德标准,而唯一的标准就是人民是否相信它是正当的。

第三,此种正当性范式认为政治正当性在于人民对政治权力正当性的相信,然而,人民不会无缘无故地相信一种统治而不相信另一种统治,也就是说,这些相信背后可能是出于不同的理由的考量,比如说,有些相信是出于对传统统治方式的尊重(传统型正当统治);有些相信是出于对政治领袖个人魅力的信服(克里斯玛型正当统治);有些相信是出于对理性化法律的接受("法律—理性"型正当统治);有些相信是因为人民对治理业绩的认同(比如经济发展、环境保护等方面的业绩);有些相信是因为统治者对人民进行持续地洗脑或宣传……这些原因是没有办法穷尽的,很多时候也是杂糅在一起的。但是对韦伯类型的经验性正当性范式来说,这些原因可能是并不重要的,对经验性正当性范式来说,真正重要的就是人民对权力具有相信这一信念本身。

所以,我们可以看到,韦伯式的经验性正当性范式其实是以一种观察者的视角来看待权力正当性的获得的。这种正当性范式将政治权力正当性与政治秩序的稳定性(stability)联系在一起,认为凡是一种能够稳定存在并持续的政治统治必定都具有某种正当性,从这个意义上说,正当性构成了社会稳定性的前提条件①,所以,我们也可以从社会稳定的现状中,推导出它具有正当性来,甚至可以倒推出它的正当性所依赖的理由来。

值得注意的是,韦伯式的经验性正当性范式在现代政治学中取得了主导性的地位,政治学者、社会学者诸如李普塞特(Seymour Martin Lipset)、阿尔蒙德(Gabriel A. Almond)、塔尔科特·帕森斯(Talcott Parsons)、戴维·伊斯顿(David Easton)等人都是这种正当性范式的信徒,甚至不乏有人将韦伯式的经验性正当性范式当作正当性的唯一形态,一提到正当性,就想到怎么依赖 GDP 等绩效来获得人民认同,甚至依靠洗脑来获得人民认同,因此,这种正当性范式也遭到了大卫·比彻姆(David Beetham)②、罗伯特·格拉弗斯坦(Robert Grafstein)③等人的强烈批评。

---

① 周保松:《稳定性与正当性》,载《开放时代》2008 年第 6 期。
② David Beetham, *Max Weber and the Theory of Modern Polities*, Policy Press, 1985, pp. 8-9.
③ See Robert Grafstein, The Failure of Weber's Conception of Legitimacy: Its Cause and Implications, *Journal of Politics*, Vol. 43, 1981.

3. 程序性正当性范式。哈贝马斯在对古往今来的正当性范式进行了总结之后,认为既往的两种正当性范式——规范性正当性范式与经验性正当性范式——都存在着重大的缺陷,就规范性正当性范式而言,它要求正当性必须被建立在一些特定的正义或道德原则之上,比如柏拉图的正义原则或基督教的道德原则之上。对此,哈贝马斯站在现代社会后形而上学的立场上认为,这些永恒的正义基础和标准是一种没有根基、没有经验支持的形而上学的标准,是"是站不住脚的"。[1] 而且,将正当性建立在一些绝对的正义或道德原则之上,这一主张在现代多元社会逐渐变得不合情理,因为多元社会,正如罗尔斯所深刻意识到的,必须容忍各种价值观念、正义和道德原则同时并存,对此我们不能简单地指责别人的价值观念是错误的而主张自己是唯一正确的,多元社会默认任何一种价值观念、正义和道德原则都可能是错的,并不存在唯一正确或确定正确的价值观念、正义和道德原则,既然在多元社会,价值观念、正义和道德原则本身是否正确都无法确定,又怎么能要求政治权力必须符合某种特定的正义或道德原则呢?所以,规范性正当性范式与我们所处的时代有点格格不入了。而对于经验性正当性范式而言,它适应了多元社会的需要,不再要求正当性必须建立在某些特定的正义或道德原则之上,只是主张正当性存在于人民的相信之中,而对于人民为何相信并没有提出一种规范性的要求,可以说对正当性问题采取了一种价值中立的科学立场,具有规范性正当性范式所没有的优点,更与时代特质契合。但是,在哈贝马斯看来,经验性正当性范式完全放弃了对实质性道德与正义的诉求,认为正当性仅仅取决于人民的相信,对相信的理由在所不问,这样一来,诚如前面所述,一种通过洗脑,或者通过破坏式经济发展而获得人民相信的统治权力也将毫无疑问地具有正当性,这显然也是不合理的。基于此,哈贝马斯提出了自己的第三种正当性概念,他称之为"重建性的正当性概念"[2]。这种重建性的正当性实际上是一种同时包容规范性正当性与经验性正当性的范式,他如此定义重建性的正当性:"正当性意味着,对于某种主张被认可为是正确和公正的政治秩序来说,存在着一些好的根据;一个具有正当性的秩序是值得被认可的。**正当性就意味着某种政治秩序被认可的值得性**(worthiness)。这个定义一方面强调了正当性是一种可争辩的有效性主张;同时又强调了某种统治秩序的稳定性依赖于它在事实上的被承认。"[3]这种正当性范式之所以是规范

---

[1] 参见〔德〕尤尔根·哈贝马斯:《重建历史唯物主义》,郭官义译,社会科学文献出版社 2000 年版,第 293 页。
[2] Jürgen Habermas, *Communication and the Evolution of Society*, translated by Thomas McCarthy, Beacon Press, 1979, p. 95.
[3] Ibid., p. 178.

的,是因为它强调了政治秩序的"值得性",即它建立在一些可欲的价值标准之上,同时,这种正当性范式又"强调了某种统治秩序的稳定性依赖于它在事实上的被承认",即经验层面的接受或遵从。

然而,哈贝马斯是怎么把似乎相互矛盾的规范标准和经验标准结合起来的呢?对此,哈贝马斯展示了他最有创造力的一面,他提出了一种建立在理想商谈理论基础上的程序主义理论来解决这个问题,所以他的重建性的正当性范式可以被合适地称为是一种程序主义的正当性范式。简要而言,一方面,这种建立在理想商谈理论基础上的程序主义理论要求人民在一种理想的话语情境中进行商谈,以获得对统治权力的一种共识性认同,由于认同是真实发生的,所以它具有经验的一面;另一方面,他所设定的商谈条件也是非常理想化的,可以保证人民的认同不会基于一些错误的原因,比如洗脑、煽动而获得,所以,此种共识兼具有真理的性质。

第四节 正当性的问题域

自中世纪开始,legitimacy 一词的用法与权力(power)的实践变得息息相关,它被用于对权力进行正当化(justifying)。这一点也尤其见于中世纪晚期,这主要是因为,在中世纪晚期,伴随着封建主义向绝对主义国家的转变,早期的那种直接治理或简单治理的模式崩溃了,帝国统治代替了直接民主(广场民主)或僭主独裁,帝国统治依靠指派各级官僚进行治理,各级官僚作为皇帝或教皇的代理人,他们的权威也要被正当化,这就刺激了对权力有效性的分析,也就是对权力正当性(legitimacy)的分析。一开始,对下级官僚权力或权威的说明似乎也与依照法律授权有关,但是此后,对于权力或权威的说明似乎直指最高权力,legitimacy 即意味着一种统治权的资格(quality of the title to rulership)。[①]

比如说,在中世纪,唯名论者,奥康姆的威廉立基于自己的自然法理论,认为统治的正当性在于同意,实际上,如前所述,中世纪主流的思想认为 legitimacy 是合于习俗的意思,而习俗在中世纪,也差不多与人民同意可以画等号,所以,从这个意义上讲,奥康姆的威廉将正当性与同意联系起来,似乎也不需要进行多少思维跳跃。在差不多与威廉同时代,帕多瓦的马希利乌斯也提出统治的正当性,不仅在于神的意志,也存在于人民的同意之中。接下来,库萨的尼古拉斯也用人民的同意来说明教会与国家的正当性。

---

① J. G. Merquior, *Rousseau and Weber: Two Studies in the Theory of Legitimacy*, Routledge & kegan Parl, 1980, p. 2.

在随后的几个世纪，正当性成了一种显学，格劳秀斯（Hugo Grotius，1583—1645 年）、霍布斯、普芬道夫（Baron Samuel von Pufendorf，1632—1694 年）、洛克（John Locke，1632—1704 年）、孟德斯鸠（Montesquieu，1689—1755 年）、卢梭等人都致力于说明现代国家政治权力的有效性问题，并提出了各种五花八门的学说，这些学说有的依然沿袭中世纪用人民同意来说明权力正当性的路径，有些则接引更加古老的自然法学说或道德学说，以此来论证权力的正当性。而到了现代，对政治权力正当性的探讨更是成了一门横跨哲学、伦理学、政治学、社会学、法学等学科的显学。

从对 legitimacy 概念流变的历史梳理中可以看出，legitimacy 一词的主题，主要集中于政治权力。尤其是在中世纪中晚期，legitimacy 被锚定在对于政治权力有效性的说明或证成上，legitimacy 一词，差不多可以与 valid of power 划等号。就这个意义而言，当哈贝马斯指出，正当性主要适用于讨论政治权力，他是完全正确的，哈贝马斯甚至认为，"只有在谈到政治制度时，我们才能谈正当性。"① 法国学者让-马克·夸克（Jean-Marc Coicaud）也说："正当性这一观念首先并且特别地涉及统治权利。正当性即是对政治权利的承认。"② 正是因为正当性一直与"政治权力的有效性"相关，它是一个说明现代政治权力的资格的词语，所以，赵心树甚至直接将 legitimacy 或 legitimate 翻译为"有资格"③。韦伯被认为是对正当性"作出集中、系统阐述的第一人"④。他同样把正当性限于对政治权力的说明上，韦伯认为，正当性是政治统治的稳定性的内在要求，政治正当性在于人民对政治权力的接受，不过，这种接受却可能出自各不相同的理由和动机，韦伯以此划分了三种类型的正当性统治：传统型的正当统治，指统治的正当性在于世代相沿的传统，政治权力主要基于"历久弥新的规则与权力谱系的神圣性而声称具有正当性和得到人民的信任"⑤；克里斯玛型的正当统治，指统治的正当性在于领袖的个人魅力，或者说，政治权力的正当性存在于"对特定个人的神性、英雄性、典范性，以及对经由他所启示的或直接由他所创立的规范秩序的信任和忠诚"⑥之中；法理

---

① 〔德〕尤尔根·哈贝马斯：《重建历史唯物主义》，郭官义译，社会科学文献出版社 2000 年版，第 263 页。
② 〔法〕让-马克·夸克：《合法性与政治》，佟心平、王远飞译，中央编译出版社 2002 年版，第 10 页。
③ 赵心树：《选举的困境——民选制度及宪政改革批判》，四川人民出版社 2008 年版，第 75 页。
④ 刘杨：《法律正当性观念的转变》，北京大学出版社 2008 年版，第 49 页。
⑤ Max Weber, *Economy and Society*, ed. G. Roth and C. Wittich, University of California Press, 1978, p. 225.
⑥ Ibid., p. 214.

型的正当统治,指统治的正当性在于一套理性化的法律,即根据法律来统治,人民因为对法律的忠诚而对政治统治保持忠诚,所以,它是一种"非人格化"的统治。法理型统治的最纯粹的类型,是那种依赖官僚体制的行政管理班子进行的统治。①

虽然历史上的正当性,其问题域主要集中于政治权力领域,但是在现代社会,正当性的问题域却呈现不断扩大化的趋势,正当性也被越来越多的学科所关注,正如让-马克·夸克所言:"正当性问题,虽然是政治中的核心问题,但却并非为某一学科的专有物。哲学、政治学、法学、社会学、政治人类学也同样将正当性作为其优先研究对象。"②有学者在总结之后认为,在现代社会,正当性概念的主题和论域主要有两大类对象:一类是宏大对象,比如法律、政府、统治的正当性;一类是具体而微的对象,比如决策、行动、措施的正当性。该学者指出,在具体微观的对象上使用正当性概念并不是正当性的本来意旨,正当性的对象主要应集中于社会秩序的根本性制度安排。③ 这一看法与我们的观点一致,我们认为,在现代社会,政治权力、法律构成了正当性的核心主题。④

第五节 法正当性

正如政治正当性与权力的有效性密切相关,几乎可以等同于权力的有效性一样,本书所界定的法正当性概念,也是一个与法有效性密切相关的概念,我们认为,法正当性是法有效性的上位概念,法之所以有效,正是因为它具有正当性,也就说,法正当性是法有效性的前提条件。正如有学者所正确地指出的:"法律的效力乃是由法律的'正当性'所生成,反映全体社会成员对法律的自觉认同,而于法律存续期间以规范压力和规范动力形式积极地指向其规制对象人(自然人与法律拟制人)的作用力。"⑤让-马克·夸克说得直白:"法律有效性的获得,主要源自于正当性。"⑥

---

① Max Weber, *Economy and Society*, ed. G. Roth and C. Wittich, University of California Press, 1978, p. 219.
② 〔法〕让-马克·夸克:《合法性与政治》,佟心平、王远飞译,中央编译出版社 2002 年版,第 10 页。
③ 刘杨:《法律正当性观念的转变》,北京大学出版社 2008 年版,第 10—11 页。
④ 周濂先生亦认为法正当性是现代正当性的核心问题,参见周濂:《现代政治的正当性基础》,生活·读书·新知三联书店 2008 年版,第 4 页。
⑤ 姚建宗:《法律效力论纲》,载《法商研究》1996 年第 4 期。
⑥ 〔法〕让-马克·夸克:《合法性与政治》,佟心平、王远飞译,中央编译出版社 2002 年版,第 29 页。

基于此,我们可以这样来界定法正当性:**法正当性是法效力的一个上位概念,是对法的有效性进行的一种证成,法正当性即是对法有效性的证成,说一个法具有正当性的意思,就是说,这个法因为符合某种道德、原则或标准而具有法效力的意思,或起码是这种道德、原则或标准构成了法效力的必要前提条件的意思。**从另一个角度来说,如果某种道德、原则或标准使得法具有了法效力,或起码是构成了法有效性的必要前提条件,那么,我们就会说,这种道德、原则或标准赋予了法以正当性,有时我们也会说,这种道德、原则或标准构成了法正当性的基础。

法正当性涉及的是某种道德、原则或标准与法效力之间的关系问题,就这种关系而言,有两个方面的问题必须得到澄清。其一,这种道德、原则或标准构成了法效力的前提条件,那么,它到底是指必要而又充分的条件,还是指的必要非充分条件呢?对此,本书所讨论的情形同时涵盖了这两种情况,有时,本书所探讨的正当性主张,它指向的是一种必要而又充分的主张,即主张特定的道德、原则或标准构成了法效力的充分必要条件,比如法实证主义对法效力的合法性主张即是如此,它主张实证法的有效性的充分而必要的条件,即在于符合上位规范,直至基础规范或承认规则,舍此之外,不需要其他任何条件。有时,甚至大多数时候,本书所探讨的正当性主张,它指向的却是一种必要不充分的主张,即主张特定的道德、原则或标准构成了法效力的必要不充分条件,比如自然法理论,即主张制定法的法效力来自自然法,但是这只是一种必要不充分的主张,自然法理论并不否认有效的制定法还必须由有权的主体并经过合法的制定程序来制定,它只是要强调,自然法构成了有效法的前提条件。除此之外,法的习俗正当性理论、法的功用正当性理论、法的民族精神正当性理论、法的内在道德正当性理论、法的科学正当性理论,都属于此种必要不充分的主张类型。

其二,就某种或某些道德、原则或标准与法效力之间的关系而言,其实可以再细分为三种有所区别的立场:

第一种立场认为,任何道德、原则或标准的瑕疵或缺失,都将导致法效力的确定无疑的丧失。这是一种较为激进的立场,它建立在两个前提观点之上:(1)它认为这些道德、原则或标准构成了法效力的必要前提条件,因此,一旦缺少或丧失这些前提条件,法效力将不复存在。(2)它认为法效力要么是全有要么是全无的,不可能存在中间地带,所以,任何道德、原则或标准的瑕疵或缺失,都会百分之百地导致法效力的丧失。持有这种立场的代表性人物是奥古斯丁(Aurelius Augustinus,354—430 年),他赋予这一立场以经典的表述,"如果法律是非正义的,它就不能存在。"① 晚近的例子则是德里克·贝勒费尔德(Deryck Beyleveld)与罗杰·布朗斯沃德(Roger Brownsword),他们主张:"不道德的规则不具有法效力。"②

第二种立场认为,法律如果存在某种道德、原则或标准的瑕疵或缺失,并不会一律导致法效力的彻底丧失,而是在一定程度上减损法的效力。这种立场相较于前一种立场而言,显得比较温和,这一立场有两点可以提请注意:(1)它同样认为,某种或某些道德、原则或标准构成了法效力的必要前提条件,所以,缺少或丧失这些前提条件,法效力将受到影响。(2)但它与前述立场不同的是,它并不认为法效力是以全有或全无的方式存在的,相反,它认为法效力可以有一个量的维度,法效力可以饱满的状态存在,也可以以亏欠或减损的状态存在。正是出于此一观念,这种立场才会倾向于认为,道德、原则或标准瑕疵并没有一律导致法效力的丧失,而只是损及了法效力的饱满状态。(3)既然法效力有一个量的维度,这种立场也就顺理成章地认为,存在某个临界点,在这种临界点上,道德、原则或标准的瑕疵将会导致法效力的彻底丧失。持这种立场的代表人物有托马斯·阿奎那、康德、约翰·菲尼斯(John Finnis)等,托马斯·阿奎那主张专制的法律"绝非正常的法律",他似乎表达了这种法效力可以有所减损的立场;同样,康德一方面要求对实证法要"无条件服从",但是另一方面他又主张实在法必须服从非实在法的理念,他似乎也表达了一种法效力的可减损的立场;同样,当约翰·菲尼斯指出,恶法"不属于'法律'这一术语的核心范畴"时,他似乎也表达了这一立场。③

第三种容易被混同于第二种立场,但是实际上却是有所区别的立场认为,法律如果存在某种道德、原则或标准的瑕疵或缺失,它在一般情况下不会导致法效力的丧失,但是在某些特定条件下,这种道德、原则或标准的瑕疵或缺失将会废止法的效力。此种立场,也有以下几点可以提请注意:(1)它与前两种立场一样,同样认为某种或某些道德、原则或标准构成了法效力的必要前提条件,所以,缺少或丧失这些前提条件,法效力将受到影响。(2)与第一种立场相同而与第二种立场不同的是,它认为法效力是以全有或全无的方式存在,而不是以一种量的维度而存在。(3)不同于第一种立场而类似于第二种立场的是,它认为存在一个法效力的可容忍的临界点,在临界点内,即使

---

① 〔古罗马〕奥古斯丁:《论自由意志》,转引自〔意〕托马斯·阿奎那:《阿奎那政治著作选》,马清槐译,商务印书馆1963年版,第116页。
② Deryck Beyleveld und Roger Brownsword, *Human Dignity in Bioethics and Biolaw*, Oxford University Press, 2001, p.76.
③ 参见〔德〕罗伯特·阿列克西:《法与道德:告别演讲》,雷磊译,载《华东政法大学学报》2015年第5期。

存在某种道德、原则或标准的瑕疵或缺失,法效力并不会丧失,也不会减损,而是完全有效的,但是一旦这种道德、原则或标准的瑕疵越出了可容忍的临界点,那么,法效力将即刻丧失殆尽。拉德布鲁赫(Gustav Radbruch,1878—1949年)是此种立场的典型代表,他说:"正义与实证法的安定性之间的冲突应该这样来解决:一般来说,实证的、由立法和国家权力作保的法律具有优先地位,即使其在内容上是非正义的或是不合目的的;不过,一旦实证法与正义之间的冲突达到了一个让人不能容忍的程度,此时,作为'不正确法'的实证法就必须向正义屈服。在实证法因为不正当而彻底失去效力与实证法虽然内容上有一定程度的不正确但仍然有效的情形之间,我们不可能划定一个清晰的界限,但是,我们仍然可以最大限度明确地划定另一条界线:在正义被彻底背弃的地方,在构成正义之核心的平等被有意否认的地方,法律就不仅仅是一定程度的不正确了,毋宁说它压根就不是法。"①这段话提出了著名的拉德布鲁赫公式,这一公式简单来说,就是主张,只有极端的不法(不正义)才不是法。依照这一公式,当且仅当极端不正义的门槛被逾越时,道德瑕疵才能废止法的效力;而当法律的不法仍未逾越极端不正义的门槛时,这种不义之法将被当作具有法律错误、但同时也具有法效力的法(rechtlich fehlerhaftes, aber rechtlich geltendes Recht),它仍被包含进法的概念之中。②

基于这三种不同的法效力立场,法正当性也可以包含三种不同的形态。一是激进的法正当性形态,主张法律只要不符合某种特定的道德、原则或标准,就将确定无疑地丧失法的效力与身份;二是温和的法正当性形态,主张法律若是不符合某种特定的道德、原则或标准,并不会一律导致丧失法的效力与身份,而是可能只会部分减损法的有效性;三是有条件的法正当性形态,主张法律若是不符合某种特定的道德、原则或标准,一般情况下并不会导致法效力的丧失或被褫夺,而只是在某种特定的极端情形下,才会导致法效力的丧失或被褫夺。就本书的讨论范围而言,以上这三种法正当性立场是同时被容纳在内的,所以,我们采取的是一种最为包容的法正当性定义。

第六节 法正当性与良法

良法有广义与狭义之分,狭义的良法概念与"恶法亦法"的恶法概念相

---

① Gustav Radbruch, Gesetzliches Unrecht und übergesetzliches Recht, in: *Gustav Radbruch, Gesamtausgabe*, hg. v. Arthur Kaufmann, Bd. 3, Müller, 1990, S. 89.
② 〔德〕罗伯特·阿列克西:《法与道德:告别演讲》,雷磊译,载《华东政法大学学报》2015年第5期。

对①,它纯粹是从一个理念或价值的层面来界定法之良善的。这种良法观念,在很大程度上与自然法观念相重合。概而言之,这种良法观念,在荷马(Homer,约前9—前8世纪)时期,是一种神灵的立法;在悲剧诗人的时代,是一种神启的法律,但是逐渐朝着理性的方向转变;在智者学派那里,这种自然法向着世俗化的方向转变,是基于人与社会的本性的法律;在苏格拉底与柏拉图那里,它是一种法理念的摹本;亚里士多德是第一个明确使用良法概念的人,在亚里士多德那里,良法意指保障自由、服务于公共利益而非私人利益、减少司法自由裁量权、为正义的政治体制所制定并能维护合理的城邦政体于久远的法律;在斯多阿学派、西塞罗那里,它是普遍理性的体现;在罗马法学家那里,它是适用于所有人类的理性法;到了中世纪,这种法律被认为出自上帝,在基督教的早期教父那里,它被认为是上帝意志的体现;在奥古斯丁那里,永恒法就是上帝的意志和智慧,它与上帝同在,而自然法是人对于这种体现上帝意志的永恒法的分有、摹仿和领悟;在奥康姆的威廉那里,这种法在上帝意志与理性之间摇摆,最终是上帝的意志的体现;在阿奎那那里,它又回复到了上帝纯然的理性;格劳秀斯的自然法带有世俗化和理性化的双重特征,自然法被定义为正当理性的命令;其后的古典自然法学派,认为自然法来自自然权利。

　　国内学者也有对良法持狭义概念的,比如侯健先生就认为,良法是体现着不同良好价值观念的法律,这种良好的价值观念,有时指的是自然法或永恒正义,有时指的是最大多数人的最大幸福,有时指的是自由、平等等价值理念,有时指的是国家强盛和种族纯正,有时指的是符合国情和自生秩序。② 不过,国内学界对良法的界定大多偏向广义,即认为良法不仅包括了价值层面的规定,还包括内容与形式方面的要求。比如说,李桂林先生认为,良法是一种应然法,它必须符合三个方面的标准:一是内容标准,即内容上符合事物(调整对象)的规律;二是价值标准,即价值上符合正义和公共利益;三是形式标准,即形式上必须具有科学性。③ 李龙先生等认为,良法就是善法,概括来讲,良法包括实质良善性和形式良善性两个不可分割的方面。④ 进一步来说,价值合理性是良法的核心要素,体制合理性是良法的实体要件,程序合理性是良法的运行保障,形式合理性是良法的形式表征。⑤ 杨仁厚先生认为,良法是体现良好理念、承载良好价值、具有良好结构、包含良好内容、呈现为

---

① 李步云、赵迅:《什么是良法》,载《法学研究》2005年第6期。
② 侯健:《法治、良法与民主——兼评拉兹的法治观》,载《中外法学》1999年第4期。
③ 李桂林:《论良法的标准》,载《法学评论》2000年第2期。
④ 李龙主编:《良法论》,武汉大学出版社2001年版,第1页。
⑤ 同上书,第71页以下。

良好形式的法律。① 程宗璋先生认为,良法是通过民主方式制定的,体现着国人的基本道德观,符合人性和国情,顺应时代发展和世界潮流,能有效制约政治权力,能使国家持续稳定发展的法律。② 李步云先生认为,良法是内容上符合规律、价值上符合正义和目的、形式上符合科学性,即一种体现着"真""善""美"的法。③ 王利明先生认为,所谓良法,是指符合法律的内容、形式和价值的内在性质、特点和规律性的法律。具体而言,良法至少应当符合以下标准:(1)反映人民的意志和根本利益;(2)反映公平、正义等价值需求;(3)符合社会发展规律;(4)反映国情、社情、民情;(5)具备科学、合理的体系;(6)符合法定程序,具有程序正当性。④

良法与正当的法(法正当性)的联系在于,以自然法学派的眼光来看,良法或者自然法正好构成了正当法的前提,法律的合道德性是法律有效与否,也是正当与否的前提条件。"在自然法理论范式中,法有实在法与自然法之分,并且自然法在效力上优越于实在法;不符合自然法的实在法不是真正的法律——'恶法非法',因此,人民没有服从的义务。"⑤也就是说,在自然法学派看来,形而上的自然法是"判断实在法正当性的价值基础",或者说,自然法是"判断法律正当性的标准"。⑥ 换言之,如果制定法或实证法不符合良法或自然法,那么,它们就将失去法效力,不具有正当性,也不能再被称为法了,正如奥古斯丁的箴言所说,"恶法非法"。从这个意义上来说,在自然法学那里,良法与正当法(或法正当性)根本就是纠缠不清的关系,这种观念可能也正是造成学术界混淆良法与正当法(或法正当性)的根源。

然而,在其他思想流派看来,尤其是在法实证主义看来,以上观点显然不能成立,在法实证主义看来,法正当性与法律是否良善没有内在的必然联系,法律实证主义的核心命题——分离命题——主张,法律与道德之间没有概念上的必然联系,更加直白地说,就是法律是否有效与法律内容上的合道德性没有关系,也就是说,法律的正当性(正当的法)与良法没有必然的联系。法实证主义为了抛开良法说明法的有效性,甚至别出心裁地为法体系引入了基础规范和承认规则,试图在法体系内部通过"基础规范→上位规范→下位规范"这样一种层层授权的方式来说明一个法律规则的法效力来源,这就是本书所说的"基于合法性的正当性"模式。

---

① 杨仁厚:《论良法的基本内容》,载《贵州大学学报》2002第5期。
② 程宗璋:《良法论纲》,载《玉溪师范学院学报》2003年第3期。
③ 李步云、赵迅:《什么是良法》,载《法学研究》2005年第6期。
④ 王利明:《法治:良法与善治》,北京大学出版社2015年版,第11—13页。
⑤ 薛军:《良法何在?——论法治的价值基础》,载《比较法研究》2001年第4期。
⑥ 同上。

所以,总体而言,良法概念与法正当性之间是一个既有联系又有区别的概念。从定义上来说,良法主要是一种关于法的价值、内容与形式是否良善的评价,其并不直接关注法是否有效的问题;而法正当性则是一个与法效力互为表里的概念,法效力构成了法正当性的核心关切,法正当性是对法有效性的一种证立。

	区别			联系
	关注点	评价标准	具体观念	
良法	法价值、内容、形式	良好	道德性、合目的性、科学性	在具体观念上存在诸多重合
法正当性	法效力	正当	道德、习俗、民族精神、内在道德、科学理性、合法性	

第七节 法正当性的基本类型

与正当性的三种基本范式相对应,法正当性可以分为三种基本类型:实质性法律正当性类型、形式性法律正当性类型、实质与形式融合的法律正当性类型。

实质性法律正当性类型,即认为法律的正当性来源于伦理、道德、自然法、习俗、功用、民族精神等实质性的价值,或者说,实质性法律正当性类型,是把法律自身的正当性建立在伦理、道德、自然法、习俗、功用、民族精神等实质性价值的基础上。就观念史来说,历史上居支配地位的法律正当性思想即是这种实质性法律正当性类型,其主要的学术流派或思想体系有:(1)自然法学。自然法学认为在制定法或实证法之上,还有一个高级法或自然法,自然法学思想的实质,就是认为自然法构成了制定法正当性的基础,"自然法学说的特征是实在法与自然法之间的基本的二元论。在不完善的实在法之上,存在着完善的——因为它是绝对正义的——自然法;而实在法只能由于符合自然法才能证明是正当的。"① 也就是说,在自然法理论形态中,自然法构成了制定法的正当性基础,制定法如果不符合自然法,就将丧失法效力,失掉法身份,不可能要求人民服从了,一言以蔽之,不具有正当性了。"在自然法理论范式中,法有实在法与自然法之分,并且自然法在效力上优越于实在法;不符合自然法的实在法不是真正的法律——'恶法非法',因此,人民没有服

---

① 〔奥〕凯尔森:《法与国家的一般理论》,沈宗灵译,中国大百科全书出版社 1996 年版,第 11 页。

从的义务。这种二元化的法观念是自然法理论范式的关键。"①(2) 法的习俗正当性思想。法律在其演化历史中一直与习俗勾连在一起,法律被认为是从习俗中分化而来,习俗构成了法律内容的主要渊源,因此有所谓对法律与习俗关系的"发生学"解说和"法源论"解说。然而,长期流行的"发生学"解说和"法源论"解说不仅没有注意到,甚至在某种程度上遮蔽了习俗对于法律的正当性意义。法的习俗正当性思想,即认为法律的正当性建立在习俗的基础上,若不能与习俗保持一致,法律便没有效力或减损其效力。归根结底,习俗的奇妙之处在于:它体现着人民的同意与渐进的理性。(3) 功用主义。边沁的功用主义面临着自然法式微的时代背景,所以,他对法律抱持一种实证主义态度,法律被认为是"宣示某种意志(volition)的那些标记(signs)的集合。它由某个国家的主权者(sovereign)设立或采纳,调整的是特定情形下特定的人或群体所采取的行为,在所涉情形中,这些特定的人或群体应该服从主权者的权力"②。但是边沁别出心裁的地方在于,他随后把实证法的正当性建立在功用的基础上,由于功用同样是经验性的,所以这没有损害他的实证主义立场,但是同时似乎又有效地避免了现代实证法的恣意化倾向,换言之,他给现代实证法打造了一副功用的笼子,实证法若是不符合功用原理,其法效力也不免减损,甚至会完全丧失,法资格也被褫夺。(4) 历史法学派。在自然法学式微之后,历史法学秉承了实质性法律正当性取向,试图把法律正当性建立在民族精神之上,这就是历史法学的法律的民族精神正当性。民族精神听起来是一个颇为玄妙的东西,然而它却具有鲜明的经验性质,民族精神并不是像自然法那样是一种超验之物——"自然法在本质上乃为一种超验的形而上的体系。"③与之相比,民族精神却是实实在在、真真切切之物,它由民族的生活史所呈现,由历史资料所承载,被清澈而睿智的心灵所捕捉,它不诉诸柏拉图的理念,也不诉诸基督教的上帝,没有一丝一毫超验的地方。在历史法学看来,这正是新时代里法律正当性的根基所在,历史法学的适格法律,就是一种渗透着、浸染着民族精神的法律,而违背民族精神的制定法,或多或少,部分或全部会丧失其法效力。以上四种法正当性思想,横跨了古今社会,看得出"古今之变"④的深刻影响,但是由于不管是自然法、神圣的习俗,还是民族精神,抑或是功用,都是一种实质性的价值,因此,此类法正当性思想,都

---

① 薛军:《良法何在?——论法治的价值基础》,载《比较法研究》2001年第4期。
② Jeremy Bentham, *Of Laws in General*, ed. H. L. A. Hart, Athlone Press, 1970, p.1.
③ 薛军:《良法何在?——论法治的价值基础》,载《比较法研究》2001年第4期。
④ 本书所谓的"古今之变",主要指的是中世纪以来基督教信仰的逐渐理性化与私人化的事件,由此引发了统一的道德基础的瓦解,使得社会价值观逐渐变得多元,在个人获得自由的同时,政治权力与法律正当性的统一的道德基础却不复存在了。

应该归属于实质性法律正当性类型。

形式性法律正当性类型,即认为法律的正当性来源于一套形式合理性的标准,比如说,认为法律的正当性来源于一套形式性的道德、科学理性,或者是一套价值中立的谱系性标准。或者说,形式性法律正当性类型,是把法律自身的正当性建立在内在道德、科学理性、基础规范或承认规则等形式性标准的基础上。就观念史来说,其进一步细分的类型有:(1) 法律的科学理性正当性。早在现代性开始发轫的时候,莱布尼茨就已经意识到现代实证法的无根基性了,而伴随着科学精神的昌明,他第一次提出要以科学的理性来证明现代实证法的正当性,即是说,现代法律,虽然无法从实质性道德上提出要求,因为随着理念、上帝观念的衰落,任何实质性道德都无法自证其身,但是现代法律可以从一些公认的前提出发,通过科学理性地演绎、推演,发展出一套科学的、融贯的、严密的法律体系,法律自身的正当性也正立基于此,这就是现代法律的科学理性正当性思想。这种思想,后来主要体现在近代的法典化浪潮中,一个引人注目的现象是,古代法律的成文化只是记录、整理一些现有习俗、法律与命令,而现代的法典编纂则要意味深长得多,它绝对不是简单记录、汇编、整理既有的法律,而是在科学理性精神的指导下,对法律作演绎与推理,发展出一套封闭完美的法律体系,其真正的用意是籍此对现代法律进行正当化!(2) 基于合法性的正当性。此种法律正当性思想为法实证主义所主张,法实证主义之所以强势崛起,其根本原因就是现代社会所发生的"古今之变",以至于传统自然法学逐渐式微,建立在经验与逻辑基础上的法实证主义遂顺时而生,它当然不能认同自然法学的法有效性取决于合道德性的思想,法实证主义别出心裁地为法效力来源设计了一套法的效力授权体系,简单来说,在这种法效力体系里,法规范分为上位规范和下位规范,而其要害则在于,下位规范的法效力来源于上位规范的授权,而完全不依赖于合道德性,为了避免对上位规范之效力来源的进一步追问与无穷追问,法实证主义还一了百了地设计了一个最终效力授权规范,这一最终规范在凯尔森(Hans Kelsen,1881—1973 年)那里被称为"基础规范",而在哈特(Herbert Hart,1907—1992 年)那里,则被称为"承认规则"。所以,法实证主义的法效力体系,就是"最终规范授权给上位规范,上位规范再授权给下位规范"。通过这样一套精巧与复杂的法效力体系,法效力问题得到了自给自足的说明。从法正当性的角度来观察,法实证主义这一套做法,实质上就是说法正当性来源于上位规范,并最终建立在基础规范或承认规则的基础上,对于一项具体规范而言,它若符合上位规范和终极规范就是正当有效的,反之则不具有法效力,也不具有正当性。由于上位规范和终极规范本身也是法体系的组成部分,也是一项规范,所以,这种法正当性,其实就是合法性,即具体规范要符合上位规范或终极规范,这就是法实证主义的基于合法性的法正当性思想。
(3) 法律的内在道德正当性。此种法律正当性是富勒提出的,富勒是一位"伪自然法学家",这主要是因为,他提出的现代法律必须符合的道德,完全不是传统自然法理论所想象的那种道德,而是一种差不多跟传统道德完全挂不上边的一套"道德",富勒自己称之为"内在道德",主要包括法律的普遍性、法律的公开性、法律的非溯及既往、法律的明确性、避免法律中的矛盾、法律的稳定性、官方行动和法律的一致性。[1] 这套"道德",其最大的最令人瞩目的特点便是它们的形式化、空心化、去实质化,所以,这套道德,如果一定要命名为"道德"的话,那就是完全形式化的道德。富勒的思想反映了现代性对法律的冲击,因为在现代性之下,任何传统的实质道德可能都无法证明自身的正确性与普适性了,所以,形式化的道德出现了。在现代性的关口下,富勒只能用这套形式性道德作为现代实证法正当性的基础,也就是说,现代实证法,其正当性来源于"内在道德",若不符合"内在道德",法律也会减损、丧失法效力。

最后,如同正当性走向融合规范与经验的正当性一样,法律正当性也要走向融合实质与形式的法律正当性类型,此种法律正当性类型,即认为法律的正当性不仅是由形式理性保障,而且还必须同时符合实质标准。这里的合形式理性,既可以指向符合莱布尼茨与现代法典编纂学所指向的法的科学理性,也可以指向符合富勒提出的法律的"内在道德",甚至可以指向符合法实证主义提出的一些形式性的谱系性标准,但是无论如何,如果现代实证法只是单单符合这些形式性的标准,却没有实质价值定向的话,那么,还是可以轻易地滑向"道德任性主义"或"道德虚无主义"的深渊,一个完全符合形式理性或内在道德或基础规范的法律,可能在内容上却是极度邪恶的,正如哈特对富勒所作的批评,内在道德只是一种形式化的标准,它"非常不幸地与最大的邪恶相容"[2],纳粹时期的法律可为明证,纳粹的法律符合理性,也符合内在道德,也符合基础规范或承认规则,但是其内容却是反人类的。正是基于这一惨痛历史教训,拉德布鲁赫提出了著名的"拉德布鲁赫公式":"在正义被彻底背弃的地方,在构成正义之核心的平等被有意否认的地方,法律就不仅仅是一定程度的不正确了,毋宁说它压根就不是法。"[3]所以,法律不可能仅仅

---

[1] L. L. Fuller, *The Morality of Law*, Yale University Press, 1969, pp. 46-91.

[2] H. L. A. Hart, *The Concept of Law 2nd*, Clarendon Press, 1994, p. 207.

[3] Gustav Radbruch, Gesetzliches Unrecht und übergesetzliches Recht, in: *Gustav Radbruch, Gesamtausgabe*, hg. v. Arthur Kaufmann, Bd. 3, Müller, 1990, S. 89.

通过形式合理性来正当化,法律对价值理性的诉求是法律生命最深层的渴求,也是最本质的渴求。然而,形势的严峻性在于,在现代社会,价值早已被放逐至私人信念的领域,不仅无法作为一种"客观、普世的真理"而存在,甚至无法作为一种社会公共认同而存在,因此,价值无法承担社会整合的重任,也无法担任法律正当化的基础,在多元化已经深入人心的时代,再提出一种统一的价值来支配社会,非得一种绝对的权力来进行压制不可,可是那样一来,我们又抑制了人的性灵的自由,再说,我们怎么能保证我们所倡导的价值其实不是邪恶?所以,摆在我们面前的任务是,在多元的时代里如何追求美德,而又不窒息社会与人心的自由与多样性?这就是当代政治哲学、法哲学最大的使命与挑战之所在!对此,哈贝马斯、罗尔斯等人立足于西方政治哲学的优良传统,尝试性提出了以说服而不是压服的方式来重建社会共识,重建道德伦理,以此对现代法律进行正当化,从而构建一种兼具形式合理性与价值合理性的法律,并在此基础上进行社会整合。哈贝马斯、罗尔斯的此种努力,值得被认真对待。

第一编
实质性的法律正当性类型

第二章 法律的自然正当性

> 人类的立法永远面临着正当化的负担。政治哲学和法哲学中一个根本的问题是:人们为什么应该服从法律?似是而非的回答或许是诉诸法律的物理强制力。而当我们对人类的知识史哪怕只是投上最粗率的一瞥,我们也能马上发现许多更精细的理性化的回答。其中,一个经久不衰的回答是由自然法传统提供的。①
>
> ——布伦纳·菲赛尔

按照一种由来已久的传统看法,法可以分为自然法与制定法。自然法是神的启示或自然的道德箴规;制定法,也叫立法,被认为包含两个部分:一部分是纯粹的人为,无中生有的创造,我们也可以叫它生造法;另一部分是对社会既有规则的确认,比如对习俗的法律化。"立法是对某些行为规范作的权威性颁布,在强制执行这些规范的法令被最高权力机构通过之前,这些规范或者还没有被人们察觉,或者在法律上还没有约束力。"②在西方思想传统中,自然法与制定法的对立是一种基本的对立,值得注意的是,这种对立有时又被写作法与立法的对立。令人感到好奇的是,这种对立究竟意味着什么呢?

第一节 自然法与制定法的对立

意大利著名哲学家、史学家、法学家维柯(Giovanni Battista Vico,1668—1744年)将诸民族的历史分为三个阶段:神祇时代、英雄时代和凡人时代。③在神祇时代,后世所说的法律、习俗尚未分化,只是一个浑成一体的氏族自然法(Natural Law of the Gentes),主要内容是各民族诞生时期自然形成的民族

---

① Brenner M. Fissell, The Justification of Positive Law in Plato, *American Journal of Jurisprudence*, Vol. 56, 2011, p. 89.
② 〔美〕詹姆斯·乔治·弗雷泽:《〈旧约〉中的民间传说——宗教、神话和律法的比较研究》,叶舒宪、户晓辉译,陕西师范大学出版社总公司2012年版,第379—380页。
③ 参见〔意〕维柯:《新科学》,朱光潜译,商务印书馆1989年版,第四卷"诸民族所经历的历史过程",第489页以下。

习俗,具有三大特质:(1)习俗性,氏族自然法的主要的内容便是原始、质朴、自然的习俗;(2)自然性,氏族自然法并不是人为生造的法,而是自然而然形成的法,是自然生长物,而不是人为建构物,是自生自发的规则;(3)神性,氏族自然法,不论其习俗性,还是自然性,最后都可以归结为神性。① 按维柯的说法,在神祇时代,自然是一种"诗性或创造性的自然本性",自然是神性的,因为它把具体事物都看作是"由诸神灌注生命的存在实体",每一种具体事物背后都有一个神。这时的习俗是一种源自诸神或被诸神所确立的习俗,"带有宗教虔诚的色彩",这时的氏族自然法因此是一种神法,"因为人们都相信他们自己和他们的一切规章制度都依存于神"。②

第二个阶段是英雄时代,英雄在希腊神话中一直被认为是半神半人的物种,许多英雄,诸如阿喀琉斯(Achilles)、赫拉克勒斯(Heracles)等都是神与人的结合后的混血儿,希腊的英雄与普通人相比,带有强力的色彩,英雄也就是强者的意思,所以,他们的自然本性是一种强力性和高贵性。③ 强者可以将自己的意志强加于人,所以,英雄的习俗是一种带有意志性的习俗,像阿喀琉斯那种强力人物所确立的习俗;英雄的法是一种强者的法,"这种强力的法是阿喀琉斯的法,他让他的矛尖去决定一切权利。"④在英雄时代,由于英雄其实就是一种强者、精英、超人,他们凭借一些出众的技能或品质脱颖而出,做了人民的牧者,他们也就可以将自己的意志变成法律,强加于人民头上。这一阶段,立法开始出现,习俗也从氏族自然法中慢慢分化出来,渐渐奠定了"自然法—制定法"的分立。

第三个阶段是凡人时代。根据维柯的说法,这时主导的精神是人道和平等,政体也从英雄时代的贵族政体演变为民主政体,后来又演变为君主专制政体。凡人时代最大的特征就是人的独立地位的确立,人意识到自己不再依赖于神。如果说在神的阶段,法律、习俗、信仰浑然一体,在英雄的阶段,制定法慢慢开始出现,但是由于这种制定法受到宗教的强烈束缚,所以,尚未来得及脱缰而去,那么到了人的时代,制定法则完全独立出来了,"自然法—制定法"的对立也正式形成了。

维柯认为历史是一种螺旋式运动循环,不只是希腊民族,各民族的历史都可能重复上述三个阶段:神祇时代—英雄时代—凡人时代。就希腊社会而言,神祇时代应该是巨人时代,独眼巨人最初居住在山顶或洞穴,后来走向平

---

① 季涛:《法律之思——法律现代性危机的形成史及其现象学透视》,浙江大学出版社 2008 年版,第 17—18 页。
② 〔意〕维柯:《新科学》,朱光潜译,商务印书馆 1989 年版,第 491—494 页。
③ 同上书,第 492 页。
④ 同上书,第 494 页。

原和山谷,开始农耕生活。就像荷马史诗所描写的:"他们没有议事的集会,也没有法律。他们居住在高耸险峻的山顶,或者幽深黑暗的山洞,各自管束自己的妻子儿女,不关心他人的事情。"① 而荷马(Homer,约公元前9—前8世纪)时代则属于英雄时代,荷马史诗描绘了很多半人半神的英雄,他们一般拥有强大的武力和高尚的品德,他们已经有意识地开始制定法律。正如维柯所说,神衹时代,政府是一种神治政府,人们相信一切事务都要由天神来发号施令,实际上就是依靠神谕来治理的时代,神谕也就是最初的典章制度。② 而到了英雄时代,神治政府让位于贵族专制的政体形式,贵族,也就是英雄,开始脱离神灵而制定自己的法律,所以,英雄的法是一种经过仔细思考而后用精细的文字来表述的法。③ 不过,正如维柯所说,虽说在英雄时代,制定法逐渐独立,但是,这种法律却受到宗教的深深束缚④,所以,这一时期对法律的认知仍然不能完全脱离神灵法的范畴。

到了公元前5世纪左右,也就是凡人时代,制定法从自然法中独立出来的倾向变得非常明显。起码在赫拉克利特(Heraclitus,约公元前540—前470年)那里,自然法与制定法已经完全得到了区分,赫拉克利特把法律分成神的法律和人的法律,神的法律即是自然法,赫拉克利特说:"人的一切法律都是依靠那唯一的神圣法律所养育的。神的法律从心所欲地支配一切,超过一切。"⑤不过,值得注意的是,在赫拉克利特那里,虽然自然法与制定法出现了分化,但是赫氏认为两者之间的关系是和谐的而不是对立的,诚如汪太贤先生所说,赫拉克利特"并没有看到人的法律与神或自然的法律可能出现背离或冲突的一面,而是直接认定人定的所有法律都具有自然法的品格或禀性"⑥。到了古希腊的悲剧作家时代,自然法与制定法的这种和谐关系被破坏了,自然法与制定法不仅分离,而且还出现了某种对立和对抗——分离只是意味着人们的智识结构中存在这样一种区分,而对立则意味着这种相互区分的事物存在一种紧张关系,对立可以被认为是分离的进一步深入展开。在古希腊的悲剧中,这种对立是普遍存在的,它特别以一种惊心动魄的方式展示在索福克勒斯(Sophocles,公元前496—前406年)的悲剧《安提戈涅》

---

① 〔古希腊〕荷马:《奥德赛》9:110—115。
② 〔意〕维柯:《新科学》,朱光潜译,商务印书馆1989年版,第495页。
③ 参见〔意〕维柯:《新科学》,朱光潜译,商务印书馆1989年版,第501—502页。
④ 同上书,第494页。
⑤ 北京大学哲学系外国哲学史教研室编译:《西方古典哲学原著选辑:古希腊罗马哲学》,商务印书馆1982年版,第29页。
⑥ 汪太贤:《从神谕到自然的启示:古希腊自然法的源起与生成》,载《现代法学》2004年第6期。

(Antigone)里。安提戈涅的悲剧有多种解读的可能①,最传统的一种是把它看作表现了自然法和制定法的冲突,这种解读来自安提戈涅的台词,当克瑞翁(Creon)质问她为什么敢违抗法令,安提戈涅的回答千古以来犹令人感到振聋发聩:

> 这个法律不是出自宙斯,那和下界神同住的正义之神并没有为凡人制定这样的法律,它仅仅是你的命令。我并不认为你——一个凡人——的命令是如此强大有力,以至于可以废除天神制定的永恒不变的不成文法。这些不成文法的存在不限于昨日和今天,它们永存不移,没有人知道它们的起源。②

在这里,自然法与制定法之间的对立以一种剑拔弩张的形式体现了出来。文学是对时代思潮的婉转表达,悲剧作家的这种看法显示了自然法与制定法之间的分离对立关系是当时社会的心智结构中普遍存在的一种看法,所以,几乎在同一个时代,希罗多德(Herodotus,约公元前484—前425年)也展示了这种分离与对立:

> 所有人都受到良好习俗的深刻影响,在其他地方也可举出这样的例子。大流士当政的时候,有一天他召见宫廷里的希腊人,问他们花什么样的代价,他们才肯吃自己父亲的尸体。他们所有人都回答,无论花什么代价,他们都不会这么做。然后大流士把叫做卡拉提亚人(Gallaties)的印度人招来,他们是吃自己父母的。他便当着这些希腊人的面(他们通过翻译听懂了谈话),问他们要花多少钱,他们才肯把自己父母的尸体放在柴堆上焚烧:这些印度人尖叫起来,恳求他别说出这种渎神的话。③

可以看到,希罗多德已经注意到了习俗的多变性,而在古希腊人心中,自然被认为是由神灵所施加的或内在于人或社会的,因而具有不变的特质,所以,希罗多德在此展示了自然与习俗的对立。由于当时的习俗与法律几乎可以画等号,所以,自然与习俗的对立,也就是自然与法律的对立。

如果说,古希腊悲剧作家、历史学家以一种文学的方式、一种隐晦的方式表达了自然法与制定法之间这种分离对立的关系的话,那么,随后的智者学

---

① 苏力教授认为存在三种影响比较大的解释:第一种是一种自然法或高级法的解释;第二种是黑格尔的伦理学解释;第三种是女权主义法理学解释。请参见苏力:《自然法、家庭伦理和女权主义?》,载《法制与社会发展》2005年第6期。
② 参见罗念生:《罗念生全集》(第2卷),上海人民出版社2004年版,第307—308页。
③ 〔古希腊〕希罗多德:《历史》卷三:38。

派(又译为诡辩学派)则是以一种直白的方式表达了这种分离对立。从这个意义上看,甚至有人认为智者"开启了西方哲学史上将自然法与人定法截然分离的先河"①。智者代表了一种下降的思潮——从神圣下降到世俗,他们怀疑神灵的存在,由于从根本上怀疑神,智者就毁坏了神祇时代与英雄时代的神灵与神灵自然法,在智者眼里,法律退化成了某种实证法,所有的智者"都承认,无论如何,法应该超越传统与神圣的束缚;法能够被人修改,人们或可随心所欲地将其创造出来,或反之,对其作出修订,以便使其靠近理想的规范"②。智者吕科弗隆(Lycophron,约公元前4世纪上半叶)认为,法律乃是纯粹的人类产物,乃是一种约定,法律的正当性仅仅是公民从中获得的单纯实用性。③ 智者希庇亚斯(Hippias,约前5—前4世纪)说法律是"由公民颁布,统一约定什么可以做,什么不可以做"④。智者安提丰(Antiphon de Rhamnunte,公元前426—前373年)认为:"正义意味着守法,'守法即正义',但是已被制定的法律并不必然拥有本质上是善的东西或永恒的东西,它只是通过一些多少有些偶然的章程或协议被确立的,这样的法律也随时会被修改,因此,如果法律规定的即是正义,那么,这种正义也是时刻在变化的。法律远非神的章程,它们只是一些暂时的约定,服务于某些目的和利益,比如服务于强者的利益,有时也服务于弱者的利益。"⑤ 色拉叙马霍斯(Thrasymachus,约公元前459—前400年)也持同样的看法,他认为正义就是强者的利益,法律就是规定和保护强者利益的文件,"所有政府,都会基于自己的利益来制定法律,就像民主制的政府,会基于人民的利益来制定法律,君主制的政府,会基于君主的利益来制定法律,其他的政府,则基于其他的利益来制定法律。通过制订这些法律,各个政府将自己的利益以正义之名强加给被统治者,谁侵犯了他们的利益,他们就以违背法律和违背正义之名惩罚谁。"⑥ 格老孔(Glaucon,约公元前445年—公元前4世纪)宣称,法律本身无所谓善恶,它是人们彼此妥协的产物。人们依据是否守法践约来判断是否合法或正义,因此正义及其本质源于法律。⑦

---

① 汪太贤:《从神谕到自然的启示:古希腊自然法的源起与生成》,载《现代法学》2004年第6期。
② 〔法〕菲利普·内莫:《民主与城邦的衰落——古希腊政治思想史讲稿》,张竝译,华东师范大学出版社2011年版,第108页。
③ 〔法〕吉尔伯特·罗梅耶—德尔贝:《论智者》,李成季译,人民出版社2013年版,第61页。
④ 同上书,第96页。
⑤ 〔德〕科殷:《法哲学》,林荣远译,华夏出版社年2002年版,第6页,翻译根据英文有改动。
⑥ 〔古希腊〕柏拉图:《国家篇》,338E。
⑦ 〔古希腊〕柏拉图:《国家篇》,359A。

因为如此这般的看法,智者学派被认为是古代的"法律实证主义"学派。① 智者强调了法律的人为性,认为法律是独立存在的,这就意味着在智者那里,法律不再与神祇时代那样,与自然法浑然一体,而是完全独立和分化出来了,并与自然法形成一种对峙关系。

在此之后,制定法与自然法的这种分离对立关系就成了法哲学恒久不变的主题。在苏格拉底、柏拉图、亚里士多德那里,制定法与自然法的这种分离对立关系同样得到了传承。苏格拉底将法分为不成文法和成文法,前者是由自然所发出的诫命,后者是城邦的立法。自然法体现着正义,而制定法则体现着利益,尤其是强者的利益。柏拉图《国家篇》所描绘的苏格拉底与色拉叙马霍斯的冲突就是这种自然法与制定法对立的一个体现。**值得注意的是,如果说智者是因为发展出了某种实证法观念而强化了自然法与制定法的对立的话,那么,苏格拉底就是因为发现了某种自然的观念而强化了自然法与制定法的对立。**不过,虽然施特劳斯认为苏格拉底是第一个发现自然的人,但是严格说起来,自然的观念早在苏格拉底之前便出现了,公允地说,苏格拉底可能是第一个发现了某种特定的自然——一种哲学化的、义理化的自然——的人,这种新的自然观对雅典人的冲击在苏格拉底之死事件中得到了集中展示。

苏格拉底因为向雅典青年传授新的自然哲学而获罪,具体来说,指控他的罪名有两条:(1) 腐蚀青年,即蛊惑青年去认识真理、认识知识、认识自然;(2) 不敬神灵,即不敬城邦的旧神,而鼓吹自己的"一神论的普世理性神学"②。这里的"神"只是一个修辞,准确地说,是普世理性的自然。案件交由公民陪审法庭(由 501 人组成)来处理。在第一轮聆讯他是否有罪的环节,苏格拉底的学生曾经劝说自己的老师要以过人的口才和辩论技巧来折服陪审团,这也是当时法庭和政治生活中一种常见的做法。然而,尽管面扁唇厚、睛凸鼻大的苏格拉底口才便给、雄辩无双,但是他却放弃了这种诡辩式做法,因为一旦像智者那样凭口才颠倒黑白,那么获胜的也只是技巧,而不是真理,不是他心心念念的自然。所以,身材并不高大的苏格拉底以绝大的勇气选择诚实地面对自己的哲学,结果他有些傲慢的发言激怒了陪审团,第一轮审判以"281 票对 220 票"判他有罪。在第二轮决定给他量刑的环节,苏格拉底再次放弃以妥协来换取宽大处理的机会,他以一种挑衅的口吻表示,他的自然哲学没有错,雅典应该宣布他是公民英雄,并由雅典市政厅为他免费提供一日三餐,最终被彻底激怒的陪审团在第二轮投票中以"361 票对 140 票"判处他

---

① 季涛:《法律之思——法律现代性危机的形成史及其现象学透视》,浙江大学出版社 2008 年版,第 19 页。
② 同上书,第 21 页。

死刑——要知道,苏格拉底据以被指控的这两个罪名,其法定刑本不致死。就这样,苏格拉底因为坚持一种新式的自然观念而被指控"腐蚀青年、不信国教、崇奉新神"①,并付出了生命的代价。苏格拉底之死一方面展示了苏格拉底本人对于自己自然哲学的坚持,另一方面也说明了这种新式自然观念与旧的自然观念差别有多大,以至于雅典公民对他的信念如此深恶痛绝,作出了空前严厉的判决。值得一提的是,苏格拉底被判死刑之后,本有越狱而逃的机会,但是他再次拒绝了,他以一种安然的态度慨然赴死。对于这种安然赴死的态度,千古以来多认为是出于"守法即公正"的信念(如果这样来理解,守希特勒的法岂不也是公正?),事实上,这种理解很可能在一定程度上误解了希腊思想传统。笔者认为,苏格拉底之所以一往无前赴死,最准确的理解应该是苏格拉底希图通过这样一种最彻底的方式,教育雅典人驱逐意见的迷雾,认识真理或知识的真容,他选择赴死就是以行动给雅典年轻人上最后一堂课,告诉他们走出洞穴,认识自然,认识那本真的世界。苏格拉底的教诲在柏拉图那里得到传承,柏拉图认为有一种本真的法,是法的理念,而制定法只是对法理念的分有和摹仿。法理念是善的,永恒的,而制定法却是多变的,不完满的。亚里士多德将苏格拉底与柏拉图的想法表达得更直白,他第一次对自然法与制定法下了定义:"城邦的法分为自然的和法律的(实证的)。自然的是这样一种法,它对全体公民都有同样的效力,不管他们承认还是不承认。法律的则指,其内容一开始是偶然的,即可以这样也可以那样,但一旦被制定成法律,就只能这样而不能那样了。"②

在亚里士多德之后,自然法与制定法的分离对立便一直以一种清晰的方式呈现,斯多阿学派、西塞罗、罗马法学家的心智结构中都有明确的自然法与制定法之对立,到中世纪,自然法与制定法的对立又以永恒法、自然法与世俗法的形式再现了,直至近代,自然法与制定法的对立还在延续,近代启蒙运动者再一次发明了一种立基于人权的自然法,并维持了自然法与实证法的对立。时至今日,全球范围内仍存在着自然法的不停翻新,也就说,直至今日,我们社会的心智结构中仍然保留着自然法与制定法的对立。

第二节 制定法的自然正当性

自然法与制定法(习俗)的这种对立意味着什么呢?在笔者看来,意味着一种空间关系的确立,这种空间关系并非一般意义上的地理上的空间关系,

---

① 〔古希腊〕柏拉图:《申辩篇》,24B。
② 〔古希腊〕亚里士多德:《尼各马可伦理学》;1134b:18—21。

而是对世界秩序的一种立体空间建构。立体空间意味着一种等级秩序,空间的存在意味着两种对立的事物不仅是有分别的,而且有上下等级之分。在这种立体空间关系中,自然法居于上层,是高级法(higher law);制定法居于下层,是低级法(lower law)。基于这种立体空间关系,我们把制定法与自然法构成的世界秩序称为"二元秩序"。可以图示如下:

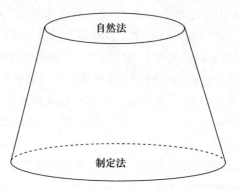

立体化的二元秩序意味着什么呢?意味着对立的两者之间不仅存在着泾渭分明的区分,而且还意味着两者之间一种正当性的授权关系,即由自然法赋予制定法以正当性,其关系可以图示如下:

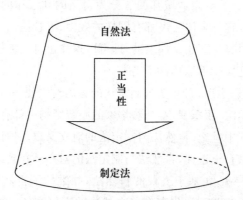

这一解释并不令人感到突兀,正如卡尔·波普尔(Sir Karl Raimund Popper,1902—1994年)所观察到的那样,人类之所以要在制定法之外寻求自然之道,根本原因乃是要建立起一种批判性的二元论。"以决定或社会约定为基础的由人强制执行的规范性法则,同超越了其力量范围之外的自然法则二者之间的一种有意识的区分……我们就可以把所达到的这种态度称为一种批判的二元论或批判的约定主义。"①这样做的目的,从制定法的角度来

---

① 〔英〕卡尔·波普尔:《开放社会及其敌人》(第一卷),陆衡等译,中国社会科学出版社1999年版,第124页。

说,是要立法者将制定法的责任扛在自己肩上,也就是说,立法者要为自己制定的与自然法不符的法而负责,"批判的二元论仅仅是主张,规范与规范性法则可以由人来制定并改变,特别是由遵守它们或者变更它们的某项决定或社会约定来制定并改变,并且正是因此人要在道德上对它们负有责任。"① 显然,对立法者而言,自然法扮演了一个评判制定法善恶、甚至是有效性标准的角色,制定法将依据其是否背离制定法而得到评判,这就是自然法的批判性意味,也是它的正当性意味所在。从这个意义上看,自然法构成了制定法的正当性基础。对于法律的这种自然正当性,凯尔森言简意赅地指出:"自然法学说的特征是实在法与自然法之间的基本的二元论。在不完善的实在法之上,存在着完善的——因为它是绝对正义的——自然法;而实在法只能由于符合自然法才能证明是正当的。"②

法律的这种自然正当性并不是笔者无中生有的异想天开或轻率鲁莽的一时断言,而是影影绰绰地浮现在自然法的整个发展历史当中,并构成了自然法历史的首要关切。正如布伦纳·菲赛尔(Brenner M. Fissell)所说:"人类的立法永远面临着正当化的负担。政治哲学和法哲学中一个根本的问题是:人们为什么应该服从法律?似是而非的回答或许是诉诸法律的物理强制力。而当我们对人类的知识史哪怕只是投上最粗率的一瞥,我们也能马上发现许多更精细的理性化的回答。其中,一个经久不衰的回答是由自然法传统提供的……自然,作为永恒、正当、卓越、不可更易的世界秩序,其功能是为人类行为和人类立法树立一种'高级标准',法律的任务是引导人类行为符合这种'高级标准',法律自身也被这种'高级标准'所评判。"③

在人类历史的早期,人类创造了神灵,这就凭空在凡俗与神圣之间建立了一种空间等级关系,人类因为有了神灵的引导与约束,所以,才能过一种有意义的生活。但是,那时的法律(习俗)与自然法融为一体,因为无所谓制定法的概念,所以整个浑然一体的氏族自然法都因为受造于神灵而获得正当性。

随后,在英雄时代,英雄已经控制不住地想要制定法律,由此形成了制定法与自然法的分化与对立,所以,制定法与自然法之间的空间关系被开辟出来了,这时的自然法,由于受到宗教的某种强有力的束缚,所以,是一种充满

---

① 〔英〕卡尔·波普尔:《开放社会及其敌人》(第一卷),陆衡等译,中国社会科学出版社 1999 年版,第 125 页,翻译根据英文版有改动。
② 〔奥〕凯尔森:《法与国家的一般理论》,沈宗灵译,中国大百科全书出版社 1996 年版,第 11 页。
③ Brenner M. Fissell, The Justification of Positive Law in Plato, *American Journal of Jurisprudence*, Vol. 56, 2011, pp. 89, 91.

了神灵的自然法,而制定法,由于去古未远,所以在根本精神上不可能背离自然法,因而,制定法,其依据在于受神灵庇佑的自然法。

在智者的时代,智者发展出了一种法律实证主义观念,他们毁坏了神灵与神灵自然法,由此也毁坏了神祇时代与英雄时代法律的神意正当性,法律没有超越性的正义可言了。不过,智者虽然把法律的神意正当性下降了,却并没有完全否认法律的正当性,他们似乎在法律之外,发现了某种自然,正是这种自然继续保证了法律的正当性。智者的自然总体上来说是一种生物学意义上的自然,他们把人的生存、情欲,人类社会的差异、弱肉强食当作了自然。比如在《海伦颂》(Encomium of Helen)中,高尔吉亚(Gorgias,约公元前483—前375年)替海伦辩护说,海伦之所以跟随帕里斯王子去往特洛伊,不外乎四个原因:受到神意和命运的安排、被暴力劫持、被言辞说服、被情欲诱惑。① 如果是受神和命运的捉弄,那么"强者被弱者所阻绝不是自然的,反之才是自然的";如果被劫持,那么出于自然也不可能反抗;如果是言辞所动,因为语言本身的力量,出现一念之差也是自然;如果被情欲所诱惑,那么按照自然也是无法选择和抗拒的。所以,高尔吉亚认为无论哪种情况,海伦作出的选择都是受到她自身自然或本性的驱使,因而我们根本没有理由去责备海伦。② 就人类社会的自然而言,希庇亚斯和安提丰似乎认为人人平等才是一种自然,"按照自然,无论是野蛮人还是希腊人,我们生下来都是一样的。应该关注自然现实,这对所有人都是必要的……我们都是用口鼻来呼吸,用手来拿吃的东西。"③而色拉叙马霍斯和卡利克勒(Callecles)刚好相反,他们都认为,人类社会的自然是一种强弱分明,弱肉强食的状态,所以色拉叙马霍斯认为正义就是强者的利益,法律则是强者的宣言——这种法律无疑是合乎自然的;卡利克勒同样认为人类社会的自然是一种弱肉强食的状态,"自然本身是要强者超过弱者",但是与色拉叙马霍斯看到的相反,他认为人类社会的法律很多时候并没有符合这种自然,"制定法律的人是弱者……根据自然制定的法则可能和我们制定的法律不一致;一些人由于自然禀赋变得强大了,就会反对违背本性的习俗。"④总之,就像波普尔所说的那样,智者的自然总体上来说是一种生物学意义上的自然,是存在于人与人类社会中的一种自然规律,"它是这样一种理论,尽管事实上道德法则和国家法律是任意性的,但还

---

① 汪子嵩:《希腊哲学史》(第二卷),人民出版社2014年版,第103页。
② 同上书,第102—104页。
③ 〔法〕吉尔伯特·罗梅耶—德尔贝:《论智者》,李成季译,人民出版社2013年版,第117页,翻译有改动。
④ Michael Gagarin, Paul Woodruff, *Early Greek Political Thought from Homer to the Sophists*, Cambridge University Press, 1995, pp. 230-231, 310-311, 368-369.

存在着某些恒久不变的自然规律,从中我们能够推出这样的规范。"①就像一天吃几顿饭是一种约定俗成,但是生物自然主义者会说,吃饭也有自然,因为如果你吃太少或吃太多,就会饿死或撑死。

智者毁坏了神灵与神灵自然法,发展出了一种实证法的观念,然而,必须看到,他们马上发明了一种生物学的自然作为补救。他们认为人类社会的制定法应该符合这种自然,不过,由于他们各自所看到的自然各不相同,因此不同的智者观察到制定法与这种自然有时背离有时契合,所以他们对制定法的态度就形成两种立场:

一种是批判制定法,认为它违反了人的自然,希庇亚斯就是典型,他对法律的看法与品达(Pindar,约公元前518—前438年)刚好相反,品达认为"法律是人类的国王",而希庇亚斯认为"法律是人类的僭主",这是因为,在希庇亚斯看来,法律不过是一种反自然的暴力。法律是一个僭主,它压迫的正是自然。②"按照自然,你所有人都是我的家人、亲属和同胞,但是从习俗来看却不是这样,我们亲疏有别。按照自然,人类都是一体,但是习俗是人类的暴君,将违反自然的东西强加到我们头上。"③安提丰也持同样的看法,"法律规定乃是附加的,而自然的规定才是必然的;法律的规定来自非天然的约定,而自然的规定乃是天然的,并非来自约定。"④"绝大多数因合乎法律而被法律认为是正义的事情,其实是违逆自然的。"⑤"法律促使我们做的事往往不合自然;法律劝阻我们做的事情往往合乎自然。"⑥卡利克勒也是如此,他认为"本性和习俗在大部分场合是对立的"⑦,所以他的态度是彻底反对法律。⑧

一种是肯定制定法,认为它促进了自然,持这种观点的有普罗泰哥拉(Protagoras,公元前492—约前422年)、克里底亚(Critias,约公元前455—前403年)、杨布利柯辑录的无名氏(Anonymus Iamblichi)。柏拉图在《普罗泰哥拉篇》(Protagoras)中指出,普罗泰哥拉认为,人类的联合单单依靠人的自

---

① 〔英〕卡尔·波普尔:《开放社会及其敌人》(第一卷),陆衡等译,中国社会科学出版社1999年版,第136页。
② 〔法〕吉尔伯特·罗梅耶—德尔贝:《论智者》,李成季译,人民出版社2013年版,第94—95页。
③ Michael Gagarin, Paul Woodruff, *Early Greek Political Thought from Homer to the Sophists*, Cambridge University Press, 1995, pp. 460-461.
④ 〔法〕吉尔伯特·罗梅耶—德尔贝:《论智者》,李成季译,人民出版社2013年版,第114页。
⑤ Michael Gagarin, Paul Woodruff, *Early Greek Political Thought from Homer to the Sophists*, Cambridge University Press, 1995, p. 245.
⑥ Ibid., p. 245.
⑦ Ibid., p. 368.
⑧ 参见彭慧东:《自然与约定之争——古希腊智者思想研究》,载《研究生法学》2012年第2期。

然并不足够,还需要法律的辅助和支撑。普罗泰哥拉似乎看到的是人性自然中恶的一面,所以,法律不仅要本于人之自然的好的一面,还要改善、克服其消极的一面。"自然是习俗的前提和基础,习俗是对自然的完善和提升,二者是统一的关系。"① 与普罗泰哥拉相反,克里底亚看到的恰好是这种好的自然,所以他说:"相比法律,好的品性(即自然,笔者注)更可靠,能言善辩的人常常用诡辩来颠覆法律,他们却不能破坏好的品性。"② 杨布利柯辑录的无名氏著作《哲学劝学篇》(Protrepticus)也表达了类似的观点:"法律如同正义一样,是人类的国王,它们都植根于我们的自然。"③ 无名氏甚至说:"美德来自于法律,邪恶则源于无法。"④ 所以,《哲学劝学篇》认为自然与法律是统一的,自然是法律的基础,但是与普罗泰哥拉相似,无名氏也认为法律可以促进人的自然。

对我们来说,值得注意的是,智者反对制定法与支持制定法的两派,其实他们之间的差异没有我们想象的那么大,实际上,他们共同的理论前提都认可自然对于法律的优先性,"都把'自然'看作规定人的行为的根本目的和力量"⑤,都认可制定法的正当性来自于自然,都认为自然是法律的前提和基础。正如柯费尔德(G. B. Kerferd)所说:"法与自然的对立不管在什么时候,以什么形式出现,它通常都包含了自然为价值之源的意思。"⑥ 实际上,智者之所以对制定法的态度不同,仅仅是因为他们眼里所看到的自然是不一样的,如果他们眼里的自然是正面的,那么就需要打破束缚自然的法律,重新确立符合自然的法律,所以对制定法人大多持反对态度,希庇亚、安提丰和卡利克勒就是如此;如果他们眼里的自然是负面的,那么就需要法律来提升自然,普罗泰哥拉就是如此;而克里底亚和无名氏似乎看到的自然是好的,法律也是好的。

智者的自然最大的特色就是它的生物学色彩,他们所主张的自然其实是一种生物性的自然,比如说人的生理、心理特性,社会的平等与不平等的现象或规律等,这种自然说到底是一种社会现象、社会事实或社会规律。要从这种自然中引申出基本的道德诫命,起码存在两个方面的困难:一是这种自然立足于一种社会观察,然而社会、人性包罗万象,不同的人有不同的观察,比

---

① 彭慧东:《自然与约定之争——古希腊智者思想研究》,载《研究生法学》2012年第2期。
② 〔法〕吉尔伯特·罗梅耶—德尔贝:《论智者》,李成季译,人民出版社2013年版,第128页,翻译有改动。
③ Michael Gagarin, Paul Woodruff, *Early Greek Political Thought from Homer to the Sophists*, Cambridge University Press, 1995, p. 293.
④ Ibid., p. 294.
⑤ 洪涛:《逻各斯与空间——古代希腊政治哲学研究》,上海人民出版社1998年版,第189页。
⑥ 〔英〕柯费尔德:《智者运动》,刘开会、徐名驹译,兰州大学出版社1996年版,第128页。

如有人觉得人的理性是自然,有人觉得感性是自然,有人觉得社会上人人平等是自然的,有人觉得社会的自然就是人的差异性,这样一来,这种自然就是多变的、众说纷纭、莫衷一是的东西,这就是为什么智者心中的自然各不相同的原因所在;二是智者的这种自然具有一种实证的色彩,它们本质上是人的生理、心理规律和社会规律,是一种经验层面的东西,这些规律虽然从生物学上来说存在必然性(比如不吃饭就会饿死),但是必然性并不代表就是合理的、可欲的、道德的(比如弱肉强食可能是自然的,但是是合理的、可欲的和道德的吗?),所以,必须发展出一种合理的、可欲的、道德的自然,归根到底,自然的生命恰在于它是一种应然的、批判意义上的自然,因为只有这样的自然才能对现实构成张力和压力。所以,一旦智者把自然理解为一种生物主义的自然,它也就失去了它宝贵的批判性,失去了对现实生活和制定法的观照意义。

基于此,为了反对和取代这种自然观,一种新的自然哲学上场了,它后来被称为是真正的自然,或哲学的自然。提出这种新的自然观的正是苏格拉底。苏格拉底的自然不再是那种生物学意义上的自然,而是一种哲学的自然、义理的自然。施特劳斯(Leo Strauss,1899—1973 年)据此认为苏格拉底是第一个发现真正自然的人,也是第一个发现哲学的人,他因此被认为是政治哲学的创立者,也是自然正当理论的始作俑者。[1] 可以说,对真正自然的发现堪称一个具有里程碑意义的事件,时代由此划分。在前哲学时代,正当性的标准是要诉诸传统和神圣;而在哲学时代,正当性的标准则取决于自然,自然正当的观念自此确立。[2] 这种正当,不仅是指正当的生活、正当的行动,也指向了正当的立法,所以,法律的自然正当也由此确立。

苏格拉底、柏拉图、亚里士多德的自然正当思想虽有所不同,但是对我们的主题而言,显然他们之间的共同之处才是重要的。他们之间的共同之处在于,他们都强调了制定法(包括习俗法),要符合自然法的基本原则,虽然从他们各自的说法来看,很难发现有关制定法或习俗法若不符合自然法,就会减损甚至完全失去法律效力之类的表述,但是从他们各自的哲学体系来看,制定法与习俗法符合自然法,是自然哲学的本质性规定,也是我们迈向善好生活的本质性规定,在这一点上,苏格拉底师徒三人之间没有本质区别。就柏拉图来说,自然法是一种善的法理念,制定法是对自然法的分有和摹仿,就像

---

[1] 〔美〕列奥·施特劳斯:《自然权利与历史》,彭刚译,生活·读书·新知三联书店 2003 年版,第 121 页。
[2] 张敏:《现代性危机的救治——施特劳斯"自然正当"观念的内涵与理论地位》,载《武汉大学学报》2010 年第 5 期。

有一个完美的床理念,世间的床都是对它的摹仿,巧手的工匠摹仿得像,而拙劣的工匠摹仿得不像,如果摹仿得过去拙劣,那造出的东西恐怕也就不能称为床了。制定法也是一样,有一种善的法理念,有些立法者摹仿得像,有些立法者摹仿得不像,如果摹仿得过于拙劣,那就不能称为法了。正如罗门(Heinrich A. Rommen)所说,"真正的法,真正的正当,属于理念世界,因而永恒不变;实在法属于现象世界,因而一直在变。实在法只有带有法律的理念时,它们才能声称自己具有法效力。"①亚里士多德则主张"一切自然正当都是可变的"②,但是,如果正当的标准本身是可变的,那不是从根本上否定了这种正当吗?对此,托马斯·阿奎那提出了一种经典的理解③,按照阿奎那的说法,自然正当的原则、自然正当各项更加具体的规则所由之得来的公理,乃是普遍有效和永恒不变的,但是从自然法所得出的各种具体规则则是可变的。④ 按照这种理解,制定法是在自然法的基础上变化而来的,自然法只是提供了一些基本原则,但是制定法却要根据具体的社会情势而变化,这种说法显然并没有否定制定法的基础是自然法,相反,它完全承认了这一前提,它恰恰是在这个前提之下,讨论制定法的可变性的。对柏拉图来说,法律的自然正当是指制定法必须本于自然才是正当,对亚里士多德来说,他并没有否认这一点,但他强调了法律本身在自然法原则允许范围内的可变性。

斯多阿主义者抱持一种世界主义、理性主义的世界观,他们认为真正的法是普适于整个世界的,是一种理性的诫命,是永不更易的,而城邦的法却多种多样,千变万化,但是城邦制定法与自然法的联系在于,城邦法必须基于自然法的诫命而制定,这是由自然法的本质属性所决定的,也是制定法的正当性所在。"每个人都面对着两种法律:一种是他所在城市的法律,另一种是世界之城的法律,前者是习俗法,后者是理性法。就这两种法律而言,第二种法律具有更高的权威,每个城市的习俗法都必须与其保持一致。这是因为,虽然'三里不同风,十里不同俗',但是理性却是普遍而同一的,习俗可以千差万

---

① 〔德〕海因里希·罗门:《自然法的观念史和哲学》,姚中秋译,上海三联书店2007年版,第13页,翻译根据英文版有改动。
② 〔美〕列奥·施特劳斯:《自然权利与历史》,彭刚译,生活·读书·新知三联书店2003年版,第160页。
③ 对于亚里士多德的自然正当的可变性,阿奎那理解为制定法对自然法原则进行细化时的可变性;阿威罗伊主义理解为"法律上的自然正当",依赖于法律或习俗的规定;施特劳斯则认为,亚里士多德所说的自然正当的可变,其实说的是基于自然对具体事务作出的裁决是可变的。参见〔美〕列奥·施特劳斯:《自然权利与历史》,彭刚译,生活·读书·新知三联书店2003年版,第160—162页。
④ 〔美〕列奥·施特劳斯:《自然权利与历史》,彭刚译,生活·读书·新知三联书店2003年版,第160页。

别,但是其背后的理性必须始终如一。"①施特劳斯认为,在斯多阿学派那里,自然法第一次由幽暗走向了明处,法律的自然正当性也被宣告:"不可变的和普遍有效的自然法……是所有实在法的基础;与自然法相抵触的实在法是无效的。"②

在苏格拉底、柏拉图、亚里士多德、斯多阿学派之后,西塞罗也认为自然法是一种普遍理性的体现,制定法无法更改、废除这种理性的律令,相反,制定法应当服从这种理性的律令,西塞罗以法与立法这样的术语表达了自然法与制定法之间的这种空间关系:"想要用人之立法来改变这种法是不正当的,部分地废除这种法的做法也是不正确的,要完全地铲除这种法律,则是不可能做到的。这种法屹立于天地之间,元老院和公民大会的命令无法废除它,它的存在也无需仰赖于人的确定和解释。这种法是永恒不变的,它在罗马和雅典是同一个样子,在过去和未来也是同一个样子。它适用于所有的时空,所有的民族。它是神之法,神既是它的创造者,也是它的颁布者和执行者。"③托尼·伯恩斯(Tony Burns)认为,西塞罗对自然法的看法具有如下意味:第一,存在着某种不依赖于国家制定法而存在的自然法或自然正义原则;第二,这种自然法可以被人的理性所认识;第三,按照这些自然法,正义与非正义、善与恶才有了判断的标准;第四,制定法的使命在于体现和执行自然法的诫命;第五,制定法正义与否,乃至有效与否,依赖于自然法对它的评价。④也就是说,制定法的正当性基础在于自然法,正如西塞罗所说的:"法的本质,包含着正当和真实。"⑤

西塞罗的这种关于法与立法关系的看法随后也被罗马法学家继承,罗马法学家把自然法再细分为自然法与万民法两种,前者意指普适于一切动物的法,包括人,也包括其他动物;后者意指适用于所有人的法。而作为自然法对立面的制定法,则被称为市民法。罗马法学家认为市民法应该服从万民法和自然法,因为万民法和自然法是普世理性的体现,而市民法只是从万民法和自然法中演化而来的,只不过结合各国实际情况进行了适当的变化;同样,罗马法学家也像西塞罗一样,认为自然法在一定意义上赋予了制定法以正当性,波洛克爵士(Sir Frederick Pollock,1783—1870年)在评价罗马法学家的

---

① 〔美〕乔治·萨拜因:《政治学说史》(上卷),邓正来译,上海人民出版社 2008 年版,第 194 页,翻译根据英文版有改动。
② 〔美〕列奥·施特劳斯:《论自然法》,杨水兴译,载《政治思想史》2010 年第 3 期。
③ 〔古罗马〕西塞罗:《论共和国》3.22.33。
④ Tony Burns, *Natural Law and Political Ideology in the Philosophy of Hegel*, Avebury Ashgate Publishing Ltd, 1996, pp. 16-20.
⑤ 法学教材编辑部编:《西方法律思想史资料选编》,北京大学出版社年 1983 年版,第 77 页,翻译根据英文版有改动。

自然法观念时说,自古以来,自然法就被看作是"一种与具备理性和社会性这两项根本特征的人的本性相一致的终极原则,此原则构成了或应当构成判断各形各色的制定法是否正当的标准"①。萨拜因(George Holland Sabine,1880—1961年)也评论说:"有些罗马法学家对万民法与自然法做出区分,有些则否,但是任何罗马法学家都绝不会怀疑是否存在着一种更高的法,和西塞罗一样,他们都认为这种更高的法是理性的、普遍的、永恒的和神圣的……人们从来都不曾认为,法律只是一个合法的立法机构的意志——这个观点实是颇为晚近的观点。人们在当时认为,'自然'确定了制定法必须尽力遵循某些规范,一如西塞罗所指出的,一项'不合法的'(unlawful)的制定法根本就不是法律。"②

到了中世纪,罗马法学家的自然法观念被进一步发展,普适于一切动物(人类与非人类)的自然法被转换成了由上帝发布的永恒法,并且永恒法还把它的辖制范围扩展到了一切事物(包括非动物类事物)身上,颇有点类似于宋明理学家所说的无所不在的"理"了;而适用于一切人类的万民法则被转换成了自然法;适用于特定国家的市民法则被转换成了世俗法或人法。同样重要的是,在中世纪,古代的那种制定法从自然法中演化出来并应该服从自然法的正当性观念也被继承了。中世纪主导性的基督教观念认为,制定法是从自然法箴规中引申出来的,是结合各国的具体情况对自然法的进一步具体化,因此,制定法只有合乎自然法才是正当而有效的,背离自然法则可能会减损、甚至失去法效力。比如东方希腊教父奥里根(Origenes Adamantius,185—254年)就认为:"实在法如果不与上帝创立的自然法相矛盾,不制订出稀奇古怪的法令来扰乱人们的意识,它才是合理的成文法。"③其他早期教父,诸如德尔图良(Tertullianus,150—230年)、塞尔修斯(Celsus,约2世纪)、拉克坦提乌斯(Lactantius,250—325年)、阿塔纳修(Athanasius,298—373年)、普瓦蒂埃的圣希拉里(Hilary of Poitiersc,300—368年)、安布罗夏斯特(Ambrosiaster,卒于382年)、安布罗斯(Saint Ambrose,340—397年)、杰罗姆(Saint Jerome,347—420年)、圣伊西多尔(Isidore of Seville,560—636年)等也都持有差不多类似的看法。④

奥古斯丁同样将法律区分为永恒法、自然法与世俗法。世俗法形式多

---

① 〔美〕乔治·萨拜因:《政治学说史》(上卷),邓正来译,上海人民出版社2008年版,第216页,翻译根据英文版有改动。
② 同上。
③ 〔古罗马〕奥里根:《驳凯尔斯》,I1;V37。转引自倪正茂:《法哲学经纬》,上海社会科学院出版社1996年版,第49页。
④ 占茂华:《自然法观念的变迁》,法律出版社2010年版,第89页。

样，面貌各异，但追本溯源，它们的效力都来自自然法与永恒法，如果世俗法违背了自然法与永恒法，那它们就根本不是法，不具有法效力。他以一种无可辩驳的口吻指出了制定法的正当性在于自然法和永恒法："如果人法不是出自神法，那么，就没有公正和合理可言。"①而不公正、不合理的法律，根本就不是法律，"如果法律是非正义的，它就不能存在"②，这就是著名的"恶法非法"（lex iniusta non est lex）的断言。所以，世俗法的效力来源于自然法与永恒法，这根本上是因为，世俗法的正当性来自自然法与永恒法，而正是世俗法的正当性决定了其有效性。刘日明先生对此说得颇为透彻："根据奥古斯丁的观点，在永恒法、自然法、政治国家的世俗法三者之间就有了高低不同的序列关系。上帝的意志和理性即永恒法是至高无上的，它调整和规定着万事万物的自然秩序，防止其混乱；永恒法之下的是自然法，它是人对上帝的永恒法的智性参与，是上帝的永恒法在人的意识中的复现；最下位的是政治国家的世俗法，它是统治者制定的法律，这种实证法只有以永恒法为支撑才有约束力。一句话，自然法要从上帝的永恒法那里取得效力，而政治国家的世俗法要从自然法那里取得效力。"③

在奥古斯丁之后，基督教鼎盛时期的教父格拉提安（Flavius Gratianus，359—383 年）也持同样的看法："自然法命令我们去做的无非是上帝希望我们做的，自然法禁止我们去做的无非是上帝厌恶我们做的。经书里记载的是上帝的命令，也是自然法的律令。所以，只要违背了经书与上帝的话，也就违背了自然法。此外，如果某事物受经书与上帝的命令辖制，那么它也同样受自然法的辖制。无论是教会颁布的法令，还是世俗政权颁布的法令，只要它们违背了自然法，那就根本不应该为人们所接受。"④

到了托马斯·阿奎那那里，这一古已有之的法律的自然正当性观念再次被重申了。阿奎那认为自然法来源于上帝所定的永恒法，而制定法（阿奎那称之为人法）则来自自然法。这里的"来自"包含两个方面的含义：首先，制定法的内容是从自然法原则中具体化而来的，这根本上是因为，自然法本身是原则性的，因而对于规范人类社会的事务是不充分的。阿奎那举了一个例子说，比如这样一个自然法箴规：人作恶须受到惩罚。但是具体怎么惩罚呢，就要诉诸"一种自然法之具体化之决定"，同样，正义必达每一个人是自然法原

---

① 〔古罗马〕奥古斯丁：《论自由意志》，转引自〔意〕托马斯·阿奎那：《阿奎那政治著作选》，马清槐译，商务印书馆 1963 年版，第 111 页。
② 同上书，第 116 页。
③ 刘日明：《法哲学》，复旦大学出版社 2005 年版，第 70 页。
④ Walter Ullmann, *Medieval Political Thought*, Penguin Books, 1965, p.175.

则,但是怎样施行正义则是制定法的工作。① 阿奎那说:"自然法之普遍原理,因人类事务之复杂多样,而不能以同样之方式适用于一切人;因此有随着不同人群而变化的多样之实体法存在。"② 正如后世教皇利奥十三世(Leo XⅢ,1810—1903年)所说:"现在另有一些世俗权威所制定的法律,它们并非直接地而是稍有些缈远地从自然法而来,而自然法则在一个普遍的泛泛的而不明确的层面上决定了它的很多方面。例如,虽则'自然'要求所有人去为公共和平与繁荣作贡献,但运用什么方式,在何种环境与条件下,均须为人之理智所决定而非由自然本身来定。"③ 其次,更重要的是,制定法的效力将依据自然法而得到评判。永恒法与自然法,相较于人法,属于更高的秩序,人法正是从这些高级法而获得法效力与正当性的。"法律唯有符合如下标准才可被视为正当:其目标在于共同福利,其创设者没有越权……相反,法律可能因为两个原因而变得不正当,其一,它损害了人的福利……其二,法律也可能因违反神圣的善而归于不正义。"④ 吴经熊先生对此评论说:"于圣托马斯而言,正如吾等所知,自然法乃所有人法之渊源。没有一个与自然法相冲突的实证法能够被视为法。"⑤ 于阿奎那而言,永恒法、自然法、人法,仿佛组成了一个连续不断的法序列,就好比一棵树:永恒法乃是根基,自然法是树干,而人法之不同部门则是其枝叶。⑥ 从这个意义上说,自然法不仅是人法的源头,也是其正当性基础。

近代的自然正当则演变为一种自然权利的正当,即制定法必须符合自然权利的要求才是正当有效的,霍布斯虽然在一定程度上可以说是法实证主义的开创者,但是我们不要忘了,他据以建立利维坦的逻辑,是出于公民的一种普遍性的对于不安全的恐惧,由此而建立的利维坦,也因此被赋予了内在的至高使命——维护它子民的安全。而这种安全,其具体内容不外乎维护子民的人身、生命、财产之安全,即人民的自然权利,利维坦所确立的立宪君主,固然拥有子民交托的全部权利,但是他据以立法的宗旨却有一个根本的限制,即不得危及子民的安全,尤其是生命安全,所以,霍布斯甚至颇有点荒谬地认为士兵可以为了保命而正当地做逃兵。⑦ 洛克、卢梭思想中的自然权利正当表达得更直白一些,他们都承认自然状态下人们享有天赋的自由权、平等权、

---

① 参见吴经熊:《正义之源泉:自然法研究》,张薇薇译,法律出版社2015年版,第13页。
② 同上书,第37—38页。
③ 同上书,第12—13页,翻译有改动。
④ ST,1a2ae96.4.
⑤ 吴经熊:《正义之源泉:自然法研究》,张薇薇译,法律出版社2015年版,第37页。
⑥ 同上。
⑦ 〔英〕霍布斯:《利维坦》,黎思复、黎廷弼译,商务印书馆1985年版,第170页。

财产权,为了更好地保障这些权利,人们通过社会契约建立了国家和政府,既然成立国家和政府的初衷是为了保护人民的自然权利,那么,国家和政府的立法之基本宗旨就被限定下来了,立法不仅因为权威制定而有效,也因为符合自然权利才正当而有效。

正因为自然法其实扮演了制定法之正当性基础的角色,所以,即使在自然法的基础被摧毁之后,现代自然法学家还在不停地试图恢复自然法的昔日荣光,因为他们知道一个基本的事实:没有自然法,现代实证法只能是一种无根基的法,取决于主权者无常的意志。在此,我们可以再次回味一下厄内斯特·巴克爵士(Sir Ernest Barker,1874—1960年)的这段话:

> 自然法观念的起源可以归因于人类心灵的一种古老(我们已经可以将其追溯至索福克勒斯的《安提戈涅》)而又不可磨灭的活动,这一活动促成人类的心灵形成一种永存不移且永恒不变的正义观念。对于此种正义观念,人类的权威只能去表述,或者说应该去表述,但是却不能去创制,也就是说,述而不作;对于此种正义观念,如果人类的权威未能加以表现,那它就必须为此付出代价——它发布命令的权力会被减损、甚至是被褫夺。此种正义,被视为是一种高级的、终极的法,它引申自宇宙的自然,出自上帝之存有与人之理性。此种法,即最后可以被诉诸的法,在某种意义上高于制定法或立法(law-making)。立法者,最终是在自然法之下,臣服于自然法。①

第三节 自然法观念的历史嬗变

自然法观念依系于自然观念,自然法实际就是自然的某种道德诫命或内在要求,因此,为方便计,我们将自然法与自然联系在一起进行讨论,我们认为,凡自然为 X 的地方,自然法即是指由 X 发出或推导的诫命。

自然在希腊语中叫做 physis,它的含义非常复杂,在古希腊的早期思想者那里,physis 即指向了万物生长这一现象,由于万物生长背后似有一股原力推动,早期思想者认为这股原力出自神。从这个意义上讲,physis 一开始就包含万物生长的起始、过程、结果和原力的因素。后来,亚里士多德将自然界定为以下几个方面的内容:(1) 它指事物的生长的过程;(2) 它指事物生长的内在驱动力或自然力;(3) 自然物赖以组成的质料;(4) 自然物生长后呈

---

① Sir Ernest Barker, *Tradition of Civilization*, Cambridge University Press, 1948, pp. 312-313.

现的形式或形状;(5)事物的本质或本原(essence)。① 加拿大学者杰拉德·纳达夫(Gerard Naddaf)认为自然有三重意味:(1)绝对的本原,即万物原初生发的原因或原初构成的元素;(2)一种生发成长的过程;(3)作为生发成长过程的成果或结果。② 张汝伦先生认为,自然最初意指万物生长的过程,由此引申并包含了万物的始基、原力、结构等元素,最后是事物的本质的意思。③

自然观念的复杂性在于,它是一个不断流变的观念,因此,历史上的自然观念仿佛是一个万花筒,包容了各种极为不同的对于自然的看法。以古希腊为例,古希腊人的自然有时是指神所规定的东西;有时是指自然界的自然,是指自然规律,"诸如描述日、月、行星的运动,季节的更替等等的规律,或万有引力定律,或者例如热力学定律"④;有时又是指人的自然,而人的自然又可以分为人的生理自然和灵魂的自然;有时还指是社会的自然;有时指的是一种哲学的自然或义理的自然。

正如维柯所认为的那样,最初的自然法其实是一种神灵的自然法,英国哲学史家康福德(E. M. Corneord)正确地指出,physis 这一观念,并非由自然哲学家首创,而是来自原始的宗教,甚至是巫术时代。Physis 不是可感知的物理学意义上的自然界,而是超越感知的,是"元物理学的",自然,不是别的,它是灵魂(soul),是神(god)。⑤ 罗门对此描绘道:"在各民族的初始时期,法律规范、道德规范、宗教规范都没有分化,它们浑成一体,创造它们的是神。人们赖以生活的秩序,乃是神所创建的秩序,是一种神圣的秩序。在古希腊也是这样,在希腊人的眼中,所有的法律文本上都刻着神的印章。早期日耳曼人也有同样的想法,他们认为他们的法律出自神。罗马人也没有什么两样,尽管他们的法律天才让其法律两度成为世界性法律。在罗马人中间,早期的法律也都是神法。"⑥

最初的神灵自然法背后的神灵是一种民族神或氏族神,这种神灵观念很快显示出了弊端,主要的弊端有两个:(1)这种民族神或氏族神是地方性的,

---

① 〔古希腊〕亚里士多德:《形而上学》1014b。
② Gerard Naddaf, *The Greek Concept of Nature*, State University of New York Press, 2005, pp. 17-20.
③ 张汝伦:《什么是"自然"?》,载《哲学研究》2011 年 4 期。
④ 〔英〕卡尔·波普尔:《开放社会及其敌人》(第一卷),陆衡等译,中国社会科学出版社 1999 年版,第 120 页。
⑤ F. M. Cornford, *From Religion to Philosophy: a Study in the Origins of Western Speculation*, Harper&Brothers Publishers, 1957, p. 128.
⑥ 〔德〕海因里希·罗门:《自然法的观念史和哲学》,姚中秋译,上海三联书店 2007 年版,第 3—4 页。

随着各民族或氏族对外交往(包括战争)的增加,人们很快发现其他民族或氏族也有自己的神,这时他们不免会产生一些比较,并开始反思自己所信仰的神灵,甚至会怀疑这种信仰。特别是那些在战争中战败了民族或氏族,他们对自己所信奉神灵的质疑会更强烈。① (2) 更为重要的是,那些原初的民族神或氏族神大多除了强力这个优点外,不具备真正的美德。甚至许多神灵,从道德的眼光来看,差不多可以说是恶棍。荷马所描述的奥林匹斯山的诸多神灵,就是典型。在荷马的笔下,奥林匹斯诸神争权夺利、猜疑妒忌、欲壑难填,他们杀人、放火、强奸、通奸、受贿,简直无恶不作。宙斯为了争权杀死自己的父亲,与兄弟争战,与妹妹乱伦;阿波罗与美神阿芙罗狄忒通奸;美神阿芙罗狄忒因与赫拉、雅典娜争夺"最美丽的女神"称号而唆使帕里斯王子拐骗海伦,由此引发特洛伊战争。所以,基督教学者薛华(Francis August Schaeffer,1912—1984年)说:"希腊人与罗马人心中的神,只是比生命多一些东西的男女,基本上与人类没有分别。"②

由于这些弊端,从公元前8世纪中叶的荷马时代到公元前5世纪末的苏格拉底时代,出现了一股对氏族神的反动思潮,人们把眼光对准了物理性的自然,从而反对一种神学意义上的自然,形成了**自然主义的自然观和自然法**。自然主义者们着力于对自然作物理的观察或建构,泰勒斯(Thales,约公元前624—前546年)认为世界由水构成,阿拉克希曼德(Anaximander,约公元前611—前545年)认为世界由气构成,赫拉克利特认为世界由火构成,并认为事物是绝对运动变化着的,但是变化背后有着不变的规律。不过,虽然自然主义者们反对氏族神,但是,在他们"唯物主义"的背后还是出现了神的影子,这就是自然主义者的自然神论,比如说,泰勒斯说,万物充满神,克赛诺芬尼(Xenophanes,约公元前565—前473年)一方面认为万物由土生成,另一方面又指出:"有一个唯一的神"③,赫拉克利特也说:"神统治一切。"④

随着眼光越来越转向物理意义上自然(从伦理学角度来说,就是世俗意义上的自然),神灵的支配权就越来越小。到了智者学派,终于对神灵产生了一种根本的怀疑,普罗泰哥拉是最著名的智者,也是典型的怀疑主义者,他怀疑神是否真的存在,他认为即使存在,我们也不会知道诸神的启示是什么,诸

---

① 参见季涛:《法律之思——法律现代性危机的形成史及其现象学透视》,浙江大学出版社2008年版,第18页。
② 〔美〕弗朗西斯·薛华:《前车可鉴:西方思想文化的兴衰》,梁祖永等译,华夏出版社2008年版,第2页。
③ 北京大学哲学系外国哲学史教研室编译:《古希腊罗马哲学》,商务印书馆1982年版,第46页。
④ 同上书,第21页。

神的神秘性与我们自己人生的短促都阻碍着我们对于诸神的认识。① 由于眼里没有神,所以他说出这样的话就一点也不奇怪:"人是万物的尺度,是存在的事物亦是不存在的事物的尺度。"② 在这里我们要记住的是,普罗泰哥拉所说的人不是一般人、"中人"或是"平均人",而是每一个个别的人,他所说的尺度,也不是指理性的尺度,而是以个体的感觉为万物尺度。高尔吉亚则将怀疑论推向了极端,在《论自然》一书中,他指出世界上无物存在,不仅不存在的东西不存在,而且存在的东西也不存在,然后,他"退一步说",即使世界上有某个东西存在着,那它也是不可被认知的,所以,还是等于不存在,最后,他又"退一步说",即使世界上有某个东西存在并且也可以被认知,人也没有合适的能力和途径去认知,或者说,由于存在物不能传达关于它的信息和知识,人对它的认识总是片面的。由于怀疑神的存在,智者学派所理解的自然是一种生物学意义上的自然,但与早期自然主义者有所不同的地方在于,他们所理解的自然,并不是一种自然界的自然,而是一种人与社会的自然。由于强调人与社会的自然,所以,智者学派形成了一种**人文主义的自然观和自然法**。我们可以看到,伊壁鸠鲁(Epicurus,公元前341—前270年)的快乐哲学也同样可以说是发轫于这种人文主义的自然观,趋乐避苦可以说就来自于人的某种自然本性。

然而,这种人文主义的自然把自然定位于人的自然本性、规律,甚至人类社会的一些不平等现象上,就使得自然逐渐失去了它的批判性意味。从某种意义上说,智者的自然是一种实证、实然意义上的自然,它在祛除神灵自然法的神秘色彩的同时,也祛除了它作为应然自然法的批判性色彩。一直以来,自然法就像是制定法的一面镜子,可以照出制定法的内在问题,并成为制定法的正当性基础。一旦自然法失去了这种应然的特质,也就不能成为制定法的正当性基础了。所以,在人文自然法之后,自然法急切地要恢复它的超验根基,恢复它应然的特质,对此,苏格拉底、柏拉图、亚里士多德师徒无不了然于心,从某种意义上,正是他们的努力使得自然法起死回生了。

苏格拉底、柏拉图、亚里士多德师徒一方面要恢复自然法的批判性色彩,另一方面,却又不能走荷马的老路,将自然法交托给喜怒无常的神,自然法必须是具有内在义理的,即使有必要设定一个神,这个神也必须义理化,或者说,理性化。职是之故,苏格拉底学派的自然法,是一种哲学自然法,是一种义理化的自然法。

---

① Routledge History of Philosophy Vol 1: *From the Beginning to Plato*, edited by C. C. W. Taylor, Routledge Press, 1997, p. 229.
② Ibid.

这种哲学自然法首先体现在苏格拉底的**天赋自然法**[①]观里,苏格拉底并不是从人的自然本性角度来谈论自然法,而是从人的道德本性角度来探讨自然法。苏格拉底认为,人的灵魂中有一种自然,自然法不能依赖于外在的自然或人的生理的自然,而是要依赖这种灵魂的自然。人的生物的自然可能体现为各种各样的欲望,正如智者所说,海伦的表现正是她本性的展露,但是在这个欲望横流的社会如果再去强调欲望的自然,只会使得世界彻底地失去正义,最终就会像智者所做的那样,不关心什么是正义、什么是美德、什么是正当的生活,而只是痴迷于修辞术和演讲术等在论辩中获胜的技术。[②]对苏格拉底来说,人的灵魂由理性、激情和欲望三种成分组成,可贵不是欲望而是理性。所以,苏格拉底提倡一种理性自然法,一种普遍的道德,"在苏格拉底的心目中,自然的必然性、规律性、普遍性的最后根源不在自然本身,而在人,在人的理性,在人人必须遵守一种理性的强制性,在人的本质——德性。"[③]从这一点出发,苏格拉底给美、善、正义、智慧、勇敢等各种美德下了定义,规定了他们的确切含义。苏格拉底认为,在我们的现象世界之外,存在一个美、善、正义的可以认知的客观的价值世界,认识这些价值才是认识了真理,认识真理对人来说至关重要,因为不认识真理,就会自以为正确地去作恶,只有认识真理,人才能向善,所以,他以提问、质疑的方式教导人们认识真理,对苏格拉底来说,真理就是美德。

这种哲学自然与自然法其后体现在柏拉图的**理念自然法**中,柏拉图热衷于二分法,人分为肉体和灵魂,肉体的主要功能是感觉、经验,灵魂的主要功能是理性、感知。感觉、经验的世界是现象世界,它就像过眼烟云一样,是一个变动不居的、不真实的世界;理性感知的世界是一个独立于现象世界的理念世界,也是真正本真的世界。现象世界只是对感觉世界的分有和摹仿。对柏拉图来说,似乎每一种现实的事物都有一个理念的原型,所以有许多理念,所有这些理念构成了理念世界。对柏拉图来说,真正神奇的地方在于,理念世界不仅包括了关于万物的理念,而且也包括关于道德、伦理、正当行为的理念,最终,一切理念都被统辖在善的理念之下,柏拉图的理念世界也是一个理性的世界。[④]

从这个理念世界出发,柏拉图似乎认为在人类的制定法之上,还存在一

[①] 参见〔德〕阿图尔·考夫曼:《当代法哲学和法律理论导论》,郑永流译,法律出版社2002年版,第59页。
[②] Alasdair MacIntyre, *A Short History of Ethics*, Routledge & Kegan Paul, 1967, p.14.
[③] 叶秀山:《苏格拉底及其哲学思想》,人民出版社1986年版,第125页。
[④] 理念或原型虽然无数,但并非乱成一团,没有秩序,而是在善理念统领下构成一个有理性的精神整体。参见〔美〕梯利:《西方哲学史》,葛力译,商务印书馆1995年版,第62页。

个理念的自然法,这种理念的自然法是法的原型,或者说,制定法应该按照自然法来制定,或者说,是分有和摹仿。对柏拉图来说,这个法理念所提出的总原则或诫命是什么呢？实际上就是他提出的可以概括为"各尽所能,按绩分配"(from everyone according to his capacity and to everyone according to his merits)正义观。① 柏拉图的正义就个人来说,是要实现理性、激情和欲望的和谐,具体来说,就是要理性占支配地位,激情是辅佐,欲望受控制,"心灵的各部分各起各的作用",不至于相互干涉从而"能够自己支配自己,自身内部秩序井然","就好像将高音、低音、中音以及其间的各个音符有序地安排在一起,使之成为一个有节制的、和谐的整体",这样的个人便是正义之人。② 就城邦来说,是要统治者、保卫者、生产者三个阶层各安其位,各守其职,各尽其分,统治者代表理性,处于统治地位;保卫者代表激情,是卫护者;生产者代表着欲望,从事生产经营。明白了自然法总原则,对于立法者来说,就是要在制定法中实现这种正义。

这种哲学自然法还体现在亚里士多德的**目的论自然法**里。亚里士多德没有柏拉图那种神圣的癫狂,他无法接受柏拉图虚无缥缈的理念论假设,而是试图从一种现实的层面来理解自然。③ 亚里士多德认为一切事物从最初的质料(比如橡树种子),借助于某种动力,都会奔向一个形式(比如成年橡树),一个目的(telos)。事物的这样一种发展成熟的过程是一个潜能实现的过程,也是一个自然展露的过程。亚里士多德的自然观虽然相比苏格拉底、柏拉图有所下降,但是他又没有下降到智者那样的程度,他与智者存在根本的不同,亚里士多德对他所理解的现实的自然设定了一个目的,正是这个目的使得他的自然与现实保持了一种张力,由此不同于智者,但是又不至于玄乎到理念的层面,由此不同于柏拉图。

亚里士多德认为,自然是一种由事物的本质所驱动的不断成长、不断完善的过程,就人而言,人的自然体现在从孩童到成年的过程中;就人类而言,人类的自然是一种从野蛮走向文明的过程,从最初的山洞巨人走向城邦动物的过程;就城邦来说,它也经历了一个自然成长的过程——从最初的村镇到规模巨大的城邦。就如亚里士多德所理解的那样,自然是一个从潜能到实现的过程。在这个过程中,人与城邦的联系在于,人的自然要在城邦中才能实现,人的本质体现在城邦的本质追求中,而城邦的本质,按照亚里士多德的说

---

① 〔美〕列奥·施特劳斯:《自然权利与历史》,彭刚译,生活·读书·新知三联书店2003年版,第150页。
② 〔古希腊〕柏拉图:《国家篇》,443D—E。
③ 参见〔美〕列奥·施特劳斯:《自然权利与历史》,彭刚译,生活·读书·新知三联书店2003年版,第159页。

法，就是追求至善，因此，人的生活的本质，也就是过一种善的生活，这种善的生活，如亚里士多德一再强调的那样，要在城邦中实现。亚里士多德自然法的总纲同样表现在他的正义原则上。亚里士多德的正义范畴包含了普遍正义和特殊正义之分，普遍正义的箴规只有一条，那就是遵守法律，遵守法律就像信守诺言一样，成为一个绝对的道德律令，当然，这里亚里士多德想到的应该是正常状态下国家按照自然法原则而制定的法律。特殊正义则分为分配正义和矫正正义两种，前者指的是根据人们的功绩、能力、需求等标准来分配财富、荣誉等公共物品，它是一种比例上的平等；后者又称交换正义，指的是法律上的一视同仁，它无视人们之间的自然差异，而给予绝对平等的对待。

虽然我们可以看到苏格拉底、柏拉图、亚里士多德三人自然和自然法观念的不同，但是与智者相比，他们的自然法都是一种义理化的自然法。这种义理化的自然法最大的特点就是理性化，因此也是普遍主义的。这种自然法观念随后被斯多阿派所继承，斯多阿派设想的是一种世界城邦，"哲人的城邦，就是世界。"①在这种世界城邦中，存在一种普适的自然法，芝诺（Zeno of Elea，约公元前 490—前 425 年）曾写过《论国家》一文，该文的原则是人不应该随拥有各自法律的城邦、人群而分离开来；因为，所有人都是同胞，对他们而言，他们只有唯一一种生活，只可服从唯一一种事物的秩序，如同受共同法管理的畜群一般。②但是同时，人又不可避免地居住在特定的城邦里面，这种现实的城邦受着习俗与制定法的统治。不过，在斯多阿主义者看来，在这种普世性的自然法与地方性的制定法之间，自然法的地位无疑更加优越。"每个人都面对着两种法律：一种是他所在城市的法律，另一种是世界之城的法律，前者是习俗法，后者是理性法。就这两种法律而言，第二种法律具有更高的权威，每个城市的习俗法都必须与其保持一致。这是因为，虽然'三里不同风，十里不同俗'，但是理性却是普遍而同一的，习俗可以千差万别，但是其背后的理性必须始终如一。"③

这种义理化的自然法，一直越出希腊，而在罗马也得到了传承，西塞罗吸收了斯多阿学派的营养，对自然法作如是观："真正的法是理性的，正确的，与自然相契合。它永存不移，永恒不变，适用于一切人。这种法律，命令人们履行义务，禁止人们为非作歹。对于它的诫命，好人身体力行，坏人我行我素。

---

① 〔古希腊〕克里西普，残篇，II，528。转引自〔法〕菲利普·内莫：《民主与城邦的衰落——古希腊政治思想史讲稿》，张竝译，华东师范大学出版社 2011 年版，第 337 页。
② 〔法〕菲利普·内莫：《民主与城邦的衰落——古希腊政治思想史讲稿》，张竝译，华东师范大学出版社 2011 年版，第 337 页。
③ 〔美〕乔治·萨拜因：《政治学说史》（上卷），邓正来译，上海人民出版社 2008 年版，第 194 页，翻译根据英文版有改动。

想要用人之法来改变这种法是不正当的,部分地废除这种法的做法也是不正确的,要完全地铲除这种法律,则是不可能做到的。这种法屹立于天地之间,元老院和公民大会的命令无法废除它,它的存在也无需仰赖于人的确定和解释。这种法是永恒不变的,它在罗马和雅典是同一个样子,在过去和未来也是同一个样子。它适用于所有的时空,所有的民族。它是神之法,神既是它的创造者,也是它的颁布者和执行者。"①罗马法学家同样抱持这种义理化的自然法思想——只不过在罗马法学家那里,自然法发生了裂变,一分为二为自然法与万民法。罗马法学家对自然法与万民法的认识与斯多阿—西塞罗的传统一脉相承,自然法与万民法被认为是普遍理性的反映,自然法与万民法之间的分野在于,前者是普适于所有动物的法,包括天上的动物,地上的动物,还有海里的动物,当然,它也适用于作为万物之灵的人类;而后者则只适用于人类,包括各个民族和种族,但是却不适用于其他动物。② 而罗马法学家眼中的市民法,也与前面时代的制定法概念一脉相承,它是根据自然法与万民法并结合一国的民族特性变化而成的面貌各异的法,正如盖尤斯(Gaius,约130—约180年)在所著《法学阶梯》中写的:"一国人民为自己制定的法律是这一国人民所特有的,它叫作市民法。"③保罗(Julius Paulus Prudentissimus,约卒于222年)也认为,国内法指的是城邦中对全体或多数人有利的那种法律。④ 在这里,罗马法学家明确地认为市民法是对自然法与万民法的具体化,而罗马法学家由于其务实的特性,他们的主要工作都集中于这种具体化的市民法领域,以至于很少有机会谈论抽象的自然法。⑤ 但是,自然法和万民法的理念体现在这些具体制度上:法律下的平等、信守承诺、公平交易、意图较之言语或文字和各种程式更为重要、保护受赡养者、承认以血统关系为基础所提出的各种主张、契约的达致是建立在协议之上、父亲对子女的财产和人身的控制权的削弱、已婚妇女在对其财产和子女的控制方面与丈夫平等、废除有关奴隶的法律措施等。⑥ 罗马法学家工作重心的转移使人难免误以为他们不关心自然法与正义,其实不然,我们应该看到,在罗

---

① 〔古罗马〕西塞罗:《论共和国》3.22.33。
② 参见〔古罗马〕查士丁尼:《法学总论——法学阶梯》,张企泰译,商务印书馆1989年版,第6—7页。
③ 同上书,第6页注①。
④ 〔俄〕登特列夫:《自然法——法律哲学导论》,李日章等译,新星出版社2008年版,第24—25页。
⑤ 博登海默认为古罗马时期的许多法学家与西塞罗一样同样受到斯多阿学派的影响,但是由于"这些学者的工作很大程度上是一种实践性的工作,因此他们几乎没有机会就法律和正义的性质问题进行抽象的理论讨论。"参见〔美〕博登海默:《法理学——法哲学及其方法》,邓正来译,中国政法大学出版社1999年版,第15页。
⑥ 〔美〕乔治·萨拜因:《政治学说史》(上卷),邓正来译,上海人民出版社2008年版,第217页。

马法学家具体工作的背后,是他们对自然法观念的持守,鲁道夫·施塔姆勒(Rudolph Stammler,1856—1938 年)看到了这一点:"在我看来,这就是古典罗马法学家的普遍意义之所在,也是其永恒价值之所在。他们有勇气将他们的目光从当时的日常问题提升到整体的高度。而在对个案的逼仄地位进行反思时,他们将他们的思想转向了整个法律的一般性原则,亦即实现生活中的正义。"①

在中世纪,基督教确立了其支配性地位,认为自然由上帝所创造,自然法也由上帝所确立。在《圣经·旧约》中,摩西借上帝之口颁布了十诫:(1) 不可拜异教神;(2) 不可造偶像;(3) 不可妄呼主名;(4) 守安息日为圣日;(5) 孝敬父母;(6) 不可杀人;(7) 不可奸淫;(8) 不可偷盗;(9) 不可作伪证陷害人;(10) 不可贪图别人的财产。② 这十诫就是上帝所启示的自然法的总纲,这些由神所直接确立的自然法,被称为神圣律法,天地毁灭而律法不倒。在《圣经·新约》中,自然法的总纲就两条:(1) 爱上帝(你应当全心、全灵、全意、全力爱上主,你的天主);(2) 爱人(你应当爱近人如你自己)。③

中世纪教父的自然法观念则更为复杂,他们有人持守传统的自然法与制定法二分的观念,只不过将传统自然法的根基从哲学的自然转向了上帝的意志或理性。比如东方希腊教父奥里根就认为:"法律有两种,一种是自然法,上帝是它的创立者,另一种是实在法。"④大约同时代的教父德尔图良同样认为自然法是上帝制定的,是神圣不可侵犯的。⑤ 另一些中世纪教父则将罗马时代的自然法观念与基督教神学进行了结合⑥,他们把罗马法学家的自然法观念转换成了由上帝颁布的永恒法(斯多阿学派、西塞罗已使用过永恒法这个说法,以强调自然法永恒不变的特质),将适用于一切人的万民法转换成了自然法,这种自然法被认为是对上帝永恒法的有限分有,而将罗马时代的市民法转换成了世俗法的概念。早期基督教教父中最为重要、也最具影响的教父奥古斯丁即是如此认识,他认为法有永恒法、自然法与世俗法之分⑦,永恒法体现着上帝的意志,它与上帝同在;自然法是人对于这种体现上帝意志的永恒法的分有、摹仿和领悟;世俗法则是世俗国家制定的法。奥古斯丁指出,世俗法也是法,它必须符合正义原则,不符合正义原则的法与其说是法,毋宁

---

① 〔德〕施塔姆勒:《正义法的理论》,夏彦才译,商务印书馆 2012 年版,第 94 页,翻译有改动。
② 《圣经·出埃及记》20:2—17。
③ 《圣经·马太福音》22:34—40。
④ 〔古罗马〕奥里根:《驳凯尔斯》,I1。转引自倪正茂:《法哲学经纬》,上海社会科学院出版社 1996 年版,第 48 页。
⑤ 倪正茂:《法哲学经纬》,上海社会科学院出版社 1996 年版,第 51 页。
⑥ 占茂华:《自然法观念的变迁》,法律出版社 2010 年版,第 91 页。
⑦ 刘日明:《法哲学》,复旦大学出版社 2005 年版,第 70 页。

说是非法,因为它已不具有法的身份和法的效力,因此,世俗法虽是人造法,却不是完全的生造法,它是人依据永恒法和自然法而造的。世俗法致力于维护公共善,唯因公共善在不同的时空,不同的民族而有所不同,所以,致力于维护公共善的世俗法也因之有所不同。从这个意义上说,我们可以理解,为什么世俗法的面貌是多变的,比如在一个风俗敦厚、人心高尚的国家里,人们热心公益,只有有限的私心,此种国家,采取民主的制度,规定执政官由人民民主产生,此种法律就是一个正义的法律;而在一个礼崩乐坏、人心不古的国家里,人们道德败坏,见利忘义,此种国家,采取民主的制度可能适得其反,而规定道德精英担任公职的法律则是正义的。

中世纪唯名论者奥康姆的威廉也提出了自然法与制定法的区分,不过,他的立场比较晦涩,在《彼得·伦巴四部语录批注》(Commentary of the Sentences of Peter Lombard)和《神学问答》(Quodlibetical Questions)中,威廉认为一切道德律令、自然法都取决于不受任何约束的上帝意志,因此,上帝的意志就是"唯一不变的、客观的道德标准"①,威廉甚至提出了一个臭名昭著的观点,即上帝意志决定一切,因此,诸如抢劫、通奸、杀人,只要它们是出自上帝的命令,那么马上就会从恶行变成美德,所以,从这个意义上说,杀人放火并非恶行,恶行就是违反上帝的话语,"恶不是别的,就是做了与有义务去做的事相反的事情。"②所以,他认为,自然法就是上帝的意志,上帝的意志不受任何约束。但是在后期的《对话集》(Dialogus)和《九十天之作》(Opus nonaginta dierum)中,他又认为自然法是纯然理性的,他认为自然法是"理性的命令",是永不变易的。③ 显然,威廉的立场前后存在极大的反差,这导致了人们对威廉自然法思想截然不同的解读④,但是奥克利(Francis Oakley)认为,威廉的思想本质上是意志性的,上帝对世界拥有绝对的权力,他可以选择用什么样的法则来统治世界,**但是上帝选择了用一种理性的方式来统治**,也就是说,就上帝对统治方式的选择来说,他是意志性的,但是作为选择的结果,上帝出于对世界的爱,选择了发布理性的自然法,所以,虽然自然法是纯然的理性,但是最终,"不是理性,而是神圣意志为道德和自然法提供了终极基础。"⑤

---

① Francis Oakley, *Natural Law, Laws of Nature, Natural Rights: Continuity and Discontinuity in the History of Ideas*, The Continuum International Publishing Group Inc., 2005, p. 75.
② Ibid.
③ Ibid.
④ Ibid., p. 76.
⑤ Ibid., p. 77.

托马斯·阿奎那认为法律体系可以分为永恒法、自然法、人法和神法。永恒法是上帝统治整个宇宙的法,是上帝神圣理性所定之律法,永恒法由无言之言来表达,它体现在万事万物的"理"中。自然法是"理性造物对于永恒法的参与"①,阿奎那认为自然法的基本律令包括三个方面:首先,生命是一种善,因此,"任何有助于保存人生命之行动及减少于其之阻碍之准则,属于自然法";其次,繁衍与教育后代是一种善,因此任何保持家庭完整性以及提升其福利的属于自然法;最后,人乃一个理性生物,其有了解有关上帝之真理及平静、和谐地生活于人类社会之自然倾向。因此,任何保证宗教上以及智识上之自由的,任何能在社会中确立正义、和平与秩序之事务,都属于自然法。② 人法,即属人的成文法,是国家制定的实证法,它应当是对自然法一般律令在特定事项上的应用;神法是上帝的启示,它指导人去认识人生的真谛,去追求超自然的目标。③ 显然,阿奎那的自然法理论与罗马时代的自然法理论是一脉相承的,并且阿奎那自然法同样是义理化的,在阿奎那那里,上帝本身就是纯然理性的,是爱与智慧的合一,永恒法正是上帝理性的直接体现,自然法是人之理性对永恒法的参与,自然法虽不脱离人的本性,但是还要受到理性的辖制,"圣托马斯并不将人之自然倾向本身看作构成自然法之原则,而将其仅仅作为受理性筹划之自然素材。用其之言云:'无论人性中哪一部分之倾向,如由性欲引起的以及易怒暴躁的方面(the concupiscible and irascible parts),皆隶属于自然法,只要其亦为理性所管辖。'易言之,自然法乃关系到自然善(natural goods)之自然理性宣言。"④

阿奎那的这种理性自然法随后又在格劳秀斯那里得到传承,在格劳秀斯那里,自然法被定义为正当理性的诫命,任何行为,若符合自然理性,在道义上就是公正的,反之,若违反自然理性,在道义上就是罪恶的。⑤ 实在法源于自然法,自然法则根源于人的本性。格劳秀斯认为人的本性具有两大特征:一是社会性,人是社会性的动物;二是理性,人是一种有理性的动物,能够辨别是非。人是理性的,所以,自然法的根本特征就是理性化。作为基督徒,格劳秀斯也勉强承认自然法源于上帝,不过,他马上又对此作出了限定,他认为自然法可以脱离上帝而存在,"即使我们承认——不顶着最深重的罪名就无

---

① 吴经熊:《正义之源泉:自然法研究》,张薇薇译,法律出版社 2015 年版,第 24 页。
② 参见〔意〕托马斯·阿奎那:《阿奎那政治著作选》,马清槐译,商务印书馆 1963 年版,第 112 页。
③ 参见〔英〕莫里森:《法理学:从古希腊到后现代》,李桂林等译,武汉大学出版社 2003 年版,第 72—73 页。
④ 吴经熊:《正义之源泉:自然法研究》,张薇薇译,法律出版社 2015 年版,第 33 页。
⑤ 〔荷〕格劳秀斯:《战争与和平法》(第一卷),马呈元译,中国政法大学出版社 2015 年版,第 37 页。

法承认——上帝并不存在,或者即使存在也不会关注人类事务。"①所以,自然法一方面来源于上帝,是神圣的,另一方面又可以脱离上帝,是世俗化的,为了解决自然法的神圣性与世俗化之间的矛盾,格劳秀斯继承了、也强化了历史上关于上帝的这样一种信念:当上帝创造了我们的世界并赋予其规律之后,他就不再参与人间事务了。所以,上帝创造了自然法,但是随后,即便上帝本人也无法更改自然法,"自然法是不可改变的……上帝也不能改变自然法。尽管上帝拥有无限的权力,但某些事物也是他的权力所不及……例如,即使上帝也不能使二乘以二不等于四。同样,他也不能使内在的恶不成其为恶。"②自然法是纯粹理性的,上帝意志不再有效,所以萨拜因评论说:"上帝命令……没有给自然法这一定义添加任何含义,而且也绝不含有需经宗教认可之意。因为,假定上帝是不存在的,自然法也会给出完全相同的判定……自然法是不能为上帝的意志而改变的。"③职是之故,实际上是格劳秀斯"首先使得自然法脱离了与宗教权威的瓜葛"④。从这个意义上说,格劳秀斯动摇了自然法与上帝的关系,开创了霍布斯、洛克、卢梭等人的近代自然法传统。

古典自然法学派确立了一种自然权利正当的传统。这个传统其实最早可以追溯到格劳秀斯那里。人们认为,是格劳秀斯提出了如下表述:"自然法的概念……来自权利。"⑤正如菲尼斯所说,将自然法植根于自然权利是格劳秀斯的一项发明。⑥ 在格劳秀斯之后,古典自然法学派正式开启了自然法的世俗化之路,自然法不再根植于自有永有的上帝,而是渊源于人的"天赋人权",即自然权利。由此也形成了自然权利正当的理论,即自然法是从自然权利出发推导出的道德诫命(自然法是从自然权利中引申出来的,比如霍布斯的自然法理论的第 1 条"寻求和平,信守和平",即是从人"天赋"的生命权中引申而出),而制定法必须符合自然法与自然权利。

到了现代,随着"祛魅"过程的深入,神圣事物的根基进一步被毁坏,自然

---

① Francis Oakley, *Natural Law, Laws of Nature, Natural Rights: Continuity and Discontinuity in the History of Ideas*, The Continuum International Publishing Group Inc., 2005, pp. 63-64.
② 〔荷〕格劳秀斯:《战争与和平法》(第一卷),马呈元译,中国政法大学出版社 2015 年版,第 39 页。
③ 〔美〕乔治·萨拜因:《政治学说史》(下卷),邓正来译,上海人民出版社 2010 年版,第 102 页。
④ Francis Oakley, *Natural Law, Laws of Nature, Natural Rights: Continuity and Discontinuity in the History of Ideas*, The Continuum International Publishing Group Inc., 2005, p. 64.
⑤ Ibid.
⑥ John Finnis, *Natural Law and Natural Rights*, Clarendon Press, 1980, p. 206.

法也再也找不到赖以安身立命的神圣之源了,这一点即使对于那些志在恢复自然法传统的人来说也是如此,所以在菲尼斯那里,他所设想的七项基本善——生命、知识、游戏、美感经验、社交、实践理性、宗教——都是作为一种约定俗成而事先给定的,它们以类似于社会共识这样的身份而存在。

第四节 自然法本身的正当

至此,我们揭示的自然法与制定法的批判性二元论表明,制定法的正当性基础在于自然法。然而,自然法何以能成为制定法的正当性基础呢?通过对自然法历史的梳理,我们也许可以影影绰绰看出其中的原委,但还失之于晦涩,若要挑明了说,自然法之作为制定法的正当性基础,其根由有二:

其一,自然法是超越性的。在西方思想传统中,自然法一直是一种超越性的彼岸存在物,也只有如此,它才能与作为经验性的此岸存在物之制定法构成二元等级秩序,并有资格充当制定法正当性的基础。正如梁治平先生所说:"自然法之作为实在法的价值依据所以是绝对的和必然的,乃是因为它来自一个超验的世界,这个超验的世界或者是柏拉图的绝对理念,或者是基督教的神性的绝对存在。总之,这个超验世界是一个与现世截然分离的'另一世界'。"[①]自然法的历史很好地展示了它是如何作为一种超验物而存在的。早在"氏族自然法"的时代,自然法就被认为是直接出自神,是神的造物,正如维柯所说,那时人们把一切具体事物都看作是"由诸神灌注生命的存在实体",每一种具体事物背后都有一个神。法无疑也出自诸神,"第一种法是神的,因为人们都相信他们自己和他们的一切规章制度都依存于神。"[②]后来希腊的早期哲学家把目光投向了物质性的自然界,但是依然持有一种泛神论的观点,认为每一种事物背后都有一个神,并且这些哲学家尝试用水、火、土、气等来解释世界的构成,也不是像现代自然科学那样出自一种经验观察的方法。在这些哲学家中,据说赫拉克利特是第一个提出自然法概念的人[③],他把法律分成人的法律和神的法律,神的法律即是自然法。他的神,当然是那种自然泛神论的神,并非传统的奥林匹斯诸神,他的神,后来又理性化为逻各斯(Logos),但不管是自然神,还是逻各斯,显然都是超越性的、超验性的存在。不过,到了智者时代,自然法第一次出现了下降,从超验下降到了经验的

---

① 梁治平:《"法自然"与"自然法"》,载《中国社会科学》1989年第2期。
② 〔意〕维柯:《新科学》,朱光潜译,商务印书馆1989年版,第491—494页。
③ 刘鸿荫:《西洋法律思想史》,维新书局1970年版,第9页。亦请参见汪太贤:《从神谕到自然的启示:古希腊自然法的源起与生成》,载《现代法学》2004年第6期。

层面,由于智者将自然理解为一种生物学意义上的自然(虽然他们还不时地假借神的名义),所以,自然和自然法就不再是一种超越性的存在,不是彼岸世界的事物,而是此岸世界的,就这个角度而言,智者与中国的儒、法、道、墨等很像①,都是从社会、国家、人的生物性上推导出一些基本的道德箴规。不过,幸运的是,自然法的这种下降很快就被苏格拉底师徒扭转,苏格拉底、柏拉图把自然转换成了一种灵魂的自然、理念的自然,这是典型的彼岸世界了,实际上,在他们那里,理念世界与现象世界、理念自然法与现实制定法,正是一种彼岸世界与此岸世界之间的对立,并且彼岸世界被认为是本真的世界,对此岸世界构成了观照。亚里士多德的自然法具有更多的经验色彩,但是他没有把自然和自然法下降到智者的地步,他的自然法依然是受目的善驱动的,还是一种超验性的存在。到了斯多阿学派,他们把自然理解为一种世界理性。对犬儒学派来说,自然就是人的动物性:食欲、性欲、肌肉和本能,社会制度和道德因为反自然而遭到抵制,所以他们选择像动物一样活着;但是斯多阿主义正好相反,他们把自然看作是典范,而人的自然与动物的自然相比,又具有特别的高贵性,那就是选择文明地生活。② 就人要过社会生活而言,斯多阿主义者与亚里士多德很像,不过,与亚里士多德不一样的是,斯多阿主义者心之向往的不是一个狭小的城邦,而是一个世界之城,这是因为,人的自然是放之四海而皆准的,所以,根据人的普世的自然,必须要有普世性的城邦,施行普世性的理性法律,这是斯多阿主义者的"理想国"或"上帝之城"。很显然,斯多阿主义者的这种普世理性的自然与自然法也是超越此岸世界的存在——实际上,在斯多阿主义者那里,这种普世理性的自然法与局促于一时一地的城邦制定法恰成对照。而后,西塞罗、古罗马法学家的自然法思想差不多就是斯多阿普世理性自然法思想的接续,并且,在西塞罗那里,我们可以看到普世理性背后站着一个神,这为犹太传统的上帝与自然法在中世纪的

---

① 比如儒家从人的恻隐之心、羞恶之心、辞让之心、是非之心推出仁爱;法家从人的利益角度推出法律的治理;道家更像古希腊早期的哲学家,把目光放在物质性的自然界,试图从中推导出基本的道德原则,而且还去掉了古希腊早期哲学家的自然泛神论。所以,梁治平先生指出:"中国古代文化里面,缺少的正是这样一种超验世界。"见梁治平:《"法自然"与"自然法"》,载《中国社会科学》1989 年第 2 期。无疑是极有见地的,而这也不是梁治平一人的看法,李约瑟、昂格尔等人无不持有这样的看法。李约瑟认为中国人缺乏对有位格的、超验性的立法之神的观念,参见 Joseph Needham, Human Law and the Laws of Nature, in Joseph Needham, *The Grand Titration: Science and Society in East and West*, University of Toronto Press, 1969, p. 308. 昂格尔认为中国没有发展出法治其中一个主要的原因就是缺乏"超验的自然法"。参见〔法〕昂格尔:《现代社会中的法律》,吴玉章、周汉华译,译林出版社 2001 年版,第 63 页以下。从这个意义上,说中国有西方那样的自然法简直就是在偷换概念。

② 〔法〕菲利普•内莫:《民主与城邦的衰落——古希腊政治思想史讲稿》,张竝译,华东师范大学出版社 2011 年版,第 337—338 页。

结合准备好了前提。到了中世纪,传统的自然法经由罗马法学家的努力,被再度细分为永恒法和自然法,永恒法是独一神上帝意志与理性的直接体现,而自然法则是人这种理性造物对于上帝永恒法的分有和摹仿,这样一来,自然法就与永恒法一样,其终极的依据在于自有永有的上帝,因此,它作为彼岸世界物而存在就更没有疑问了。并且,永恒法与自然法的存在,被认为与世俗法或人法直接构成了对立的范畴,世俗法或人法的正当性根据在于永恒法与自然法。到了近代,随着上帝权威的崩解,随着"事实与价值的二分",一切超验的存在都很难成为现代政治科学和法律科学的基础,因此,古典自然法学家只好从无法证明(美其名曰"不证自明")的自然权利出发推导出现代意义上的自然法,这就是施特劳斯所提示的从"自然法"到"自然权利"的古今之大变局! 及至后来,连自然权利都有些立足不住,自然法彻底陨落了,成就了法实证主义的时代。然而,即使我们今日面临数千年未有之大变局,我们也无法否认在漫长的历史长河中,自然法曾经一直作为一种超越性的彼岸世界物而存在,并因此给予了此岸世界的制定法以正当性。归根到底,彼岸世界物之所以可以给此岸世界物以观照,是因为彼岸世界本身就不再需要证明,它可以自证其身,就像上帝一样,自有永有,而若由此岸世界物 A 给此岸世界物 B 以理由的话,人们难免会一步步对 A 追问下去。

其二,自然法是理性化的。理性意味着普适性、合理性,自然法只有是理性化的,它才能对制定法提出同样合理性的要求,所以,自然法要成为制定法的正当性基础,理性化是不可缺少的特质,尤其从长期来看就更是如此。不过,**西方自然法理性化的发展却不是一帆风顺地直线式发展,而是每个民族都在理性与意志之间反复拉锯,最后复归理性的一种螺旋式运动发展过程。**在古希腊的神祇时代,根据荷马和悲剧诗人的描写,显然,奥林匹斯诸神是纯粹意志性的,他们行事不太遵守固定的道德标准,而是以"我之快意"为行动准则,从某种意义上来说,荷马和悲剧诗人之所以把诸神写得有点"无恶不作",就是要呈现诸神的权威和力量——他们可以按照自己的意志为所欲为,人类与他们相比,不过是任人宰割的羔羊。但是到了古希腊早期哲人那里,尤其是伟大的赫拉克利特那里,理性化的力量开始登场了,赫拉克利特的自然法,是一种"逻各斯","逻各斯"一词指的就是自然的理智或理性,所以,赫拉克利特的自然法就是一种理性的命令。"在自然主义者看来,宇宙的秩序、法律和正义显示出单一的理智。"[①]赫拉克利特认为这种理性的自然法构成了人间制定法的范本,城邦只有依据这样的基于理性自然法而制定的制定法

---

① 〔美〕特伦斯·欧文:《古典思想》,覃方明译,辽宁教育出版社 1998 年版,第 49 页。

治理才是正义的。亦正是因为赫氏默认的制定法是仿自然法的理性法,所以他认为用法律来治理城邦是最优选择,并呼吁"人民应当为法律而战斗,就像为城垣而战斗一样"①。后来,智者对自然作了下降的处理,他们对自然的理解大多也建立在感性认识的基础上,不过,正如我们所看到的那样,这种短暂的降低很快又被苏格拉底师徒拉升了,苏格拉底、柏拉图认为自然法是灵魂的法、理念的法,而灵魂由理性、激情、欲望构成,正义之人就是理性占支配地位的人,理念也是一个只能理性才能认识的善的世界,由此导出的自然法无疑是理性的;亚里士多德认为自然法从善的目的中引申而出,自然法是永不更易的理性法。在此之后,斯多阿主义者更是认为自然法是世界理性的律令,芝诺像赫拉克利特一样,将原初之火视为理性,视为逻各斯,逻各斯展开之后,就会产生出各种"精液理性"(raisons spermatiques),它们会对个体进行指导。② 西塞罗对自然法的表述无疑令人印象深刻,他以坚定而清晰的口吻将自然法与理性相等同,他认为自然法就是纯然的理性。罗马法学家对自然法表述不多,但是他们像前人一样,把自然法视为是永不更易的,普适于一切人类的、甚至是动物的法,也清楚地表明这种自然法的理性化特质。到了中世纪,问题出现了反复,基督教的早期教父,包括奥古斯丁都把注意力放在上帝的至高无上的权威上面,强调了上帝的意志性色彩,"奥古斯丁更加强调上帝的意志,上帝的意志无疑是高于自然的,也不受自然的任何节制,实际上,上帝的意志甚至可以取消自然。"③所以,在奥古斯丁的法序列中,他突出的是永恒法而不是自然法。在唯名论者奥康姆的威廉那里,他注意到了上帝理性与意志之间的冲突,所以他的自然法理论也表现出了某种晦涩和摇摆不定,他强调了上帝享有至高无上的权力,但是他又同时强调了自然法的理性特征,所以,在某种意义上,他开创了一种新的理论路径,即将上帝的权力理解为第一性的,他可以随心所欲地改变一切,不过,上帝选择了理性的统治,理性正是上帝意志行使的结果(虽然我们可以追问,既然上帝权力是第一性的,那么,难道他不可以再次选择,选择非理性的统治?),这种看法其实已经在某种程度上偏向理性了。等到了托马斯·阿奎那那里,理性终于彻底地攻占了意志的堡垒,阿奎那所理解的自然既是上帝创造的,也内在于事物自身,连上帝本身都是完全理性的,上帝就是理性的化身,正因为如此,所以他的永恒法是上帝理性的体现,自然法则是人之理性对永恒法的领悟与参与。正因

---

① 北京大学哲学系外国哲学史教研室编译:《西方哲学原著选读》(上卷),商务印书馆1999年版,第27页。
② 〔法〕菲利普·内莫:《民主与城邦的衰落——古希腊政治思想史讲稿》,张竝译,华东师范大学出版社2011年版,第338—339页。
③ 唐丰鹤:《在经验和规范之间:正当性的范式转换》,法律出版社2014年版,第77页。

为阿奎那将上帝视为是纯理性，所以一定程度上取消了上帝的权威，据此，拉斯卡甚至认为："上帝的存在，从结构意义上来说，对于阿奎那的自然法理论阐述并非一个相关的、也不是一个必要的概念和条件。"[①]事情到了这个地步，随后催生出了格劳秀斯那种假设上帝不存在的纯理性自然法就不奇怪了，而我们在霍布斯、洛克、卢梭等古典自然法学派那里，终于可以看到上帝被彻底抛弃了，自然权利是一种理性的设定，由此而导出的自然法也是一种理性的演绎（虽然在历史法学和实证主义看来，这种所谓的理性自然法其实只不过是作者的主观呓语）。到了当代，除了一些教会自然法学家诸如马里旦（Jacques Maritian，1882—1973 年）之外，其他新自然法学家，比如菲尼斯就约定一些基本善作为推导自然法的前提，自然法在理性化的道路上一路狂奔。

第五节　结　　语

根据一种由来已久的看法，法可以分为自然法与制定法。自然法与制定法的分离与对立构成了法律历史叙事的一条主线，这种分离与对立意味着两者之间一种空间等级关系的确立，意味着自然法作为制定法批判者身份的确立，也意味着法律的自然与自然法正当性观念的确立，根据该观念，制定法的正当性被认为存在于作为高级法而存在的自然法之中，制定法因为背离自然法而减损或失去其应有的法效力。自然与自然法之所以可以作为制定法正当性的基础，根本的原因在于自然与自然法的超验性与合理性。

自然法观念与自然观念是表里关系，自然法观念跟随自然观念的变迁而变迁。回顾自然与自然法观念的演化史，它在古希腊的发展历程大致如此：第一个阶段是神灵主义的自然观和自然法到自然主义的自然观与自然法到智者学派风格各异的人文主义的自然观和自然法。第二个阶段是苏格拉底、柏拉图、亚里士多德师徒开创的意义深远的义理化的自然观与自然法到斯多阿学派普世理性的自然观与自然法。可以看出，这一演化过程基本就是一个自然观与自然法逐步理性化的历史。随后，这种理性化的自然法，一直越出希腊，在罗马也得到了传承，西塞罗就是这种理性自然法的接棒人，一直到罗马法学家那里，都是秉持这种义理化的自然观与自然法，不过，在罗马法学家

---

① A. Lisska, *Aquinas's Theory of Natural Law: An Analytical Reconstruction*, Clarendon Press, 1996, p. 120.

那里,传统自然法发生了裂变,一分为二为自然法与万民法。到了中世纪,自然与自然法的观念还在延续,只不过中世纪的教父们给自然与自然法打上了上帝的印记,所以,自然法的非理性观点再次回潮,奥古斯丁的自然法就明显带着上帝意志论的色彩,而到了后期的阿奎那那里,借助上帝本身的理性化,自然法再度复归了理性。随后,真正的新时代到来,在格劳秀斯及古典自然法学那里,自然与自然法背后的上帝之阴影逐渐被抹除,古代的自然法被转换成了近代的自然权利,一个人权的时代宣告到来。

第三章　法律的习俗正当性

> 只有在一定程度上与某个民族的过去相一致的法律,才能塑造这个民族的未来。①
>
> ——詹姆斯·乔治·弗雷泽

习惯(usage),就其本质来说,不过是一些有规律的行为,或更准确地说,它指向的乃是一种行为的规律性。唯习惯有个体习惯和群体习惯之分,前者诸如某人每天早上6点起床、写作时要抽烟等;后者,指的乃是一个群体的行为倾向或社会风尚。正是这后一种习惯构成了习俗(custom)的来源。因此,习俗乃是一种群体的习惯,或者说,是一种具有社会性特质的习惯。正如康芒斯(John Rogers Commons)所说:"'习惯',指的是个人的习惯……因为它只限于个人的经验、情感和预期;而习俗则是由那些集体地同样行动的其他人的经验、感觉和预期而来……习惯出于个人的重复,习俗则是出于团体的重复,虽则团体成员处于不停地变动中。"②

马克斯·韦伯正确地识别出习俗社会性的一面,他称它为一种"集体性的行动方式"③。但是韦伯在区分习惯与习俗时,又区分了另外两个相关的概念:成规(convention)与法律(law)。④ 在韦伯看来,成规与法律之间最大的分野在于法具有一种正式的强制力,而成规却没有任何"物理的或心理的强制",它简单的只是"构成该行动者所处环境的人们表示赞同与否这样的直接反应"。⑤ 不过,对于习俗与成规之间的分野,他显得有些语焉不详,他直承:"习俗与成规的界线往往是变动不居的。"⑥韦伯暗示,习俗只有经过成

---

① 〔美〕詹姆斯·乔治·弗雷泽:《〈旧约〉中的民间传说——宗教、神话和律法的比较研究》,叶舒宪、户晓辉译,陕西师范大学出版总社有限公司2012年版,第380页。
② See Commons J. R., *Institutional Economics: It's Place in Political Economy*, Macmillan, 1934, p. 155.
③ Max Weber, *Economy and Society*, ed. G. Roth and C. Wittich, University of California Press, 1978, p. 318.
④ Ibid.
⑤ Ibid.
⑥ Ibid., p. 319.

规，才能上升为法律（习俗法）。① 所以，社会规则的连续体可以谱写成：习惯（usage）—习俗（custom）—成规（convention）—法律（law）。②

韦伯并没有揭示习俗是如何经由成规演化成法律的，就韦伯对成规的认识来看，他可能完全没有领会成规的规范性意义，韦伯似乎完全是以一种社会学的外在的视角来观察成规的，他没有注意到成规具有一种内在的面向，即接受成规的群体成员对成规的一种主观态度。按照迈克尔·布拉特曼（Michael Bratman）的"可共享的合作活动"（shared cooperative activity）理论对成规所做的说明，成规不仅有"共享合作的行动"（shared cooperative activity），还有一种"共享意图"（shared intention），即希望自己的行动与别人协同的意图。③ 也就是说，成规不是一种偶然的雷同，而是有意识的趋同，既然是有意识的趋同，它必然具有一种内在态度，一旦有人违反，必定会招来群体的某种省察和随之而来的压力，如果这样来理解的话，成规并不是没有任何强制，与法律相比，也许更准确地说，成规具有一种软强制，而法律具有一种硬强制，比如说，前者可能诉诸群体舆论或态度冷淡，后者则可能诉诸暴力机器。

成规与习俗间的关系确实不易厘清，更多的学者似乎并不把成规与习俗理解为两种不同的事物，而是把成规理解为习俗的一种面相，"习俗与成规两个概念基本上是涵指同一种社会实存。如果说两者存在差别的话，也只是程度的差别。"④如果把成规理解为是习俗的一种面相，那么，这一面相无疑就是习俗具有约束力的一面。

如果这样来理解的话，那么，成规并不是习俗走向法律之路的一种跨越或飞跃，而应该说，习俗，本身就具有规则的气质，它与法律相去不远，"习俗对个人有一种强迫的效果"⑤。所以，真正使得习惯向着法律转化的关键一步，并不是习俗到成规，而是习惯到习俗，因为正是习俗的社会性使得习俗具有了非同寻常的约束力。

这里涉及的问题对于法实证主义来说可能是十分紧要的，但这并不是本书的核心关切。不过，到此为止的分析已经足以展示习俗与法律之间的微妙

---

① Max Weber, *Economy and Society*, ed. G. Roth and C. Wittich, University of California Press, 1978, pp.318-319.
② 参见林端：《法律人类学简介》，载〔英〕马林诺夫斯基：《原始社会的犯罪与习俗》（修订译本），原江译，法律出版社2007年版，第109页。
③ Michael E. Bratman, Shared Cooperative Activity, *The Philosophical Review* 101, 1992, pp.331-336.
④ 韦森：《经济学与哲学：制度分析的哲学基础》，上海人民出版社2005年版，第169页。
⑤ Commons J. R., *Institutional Economics: It's Place in Political Economy*, Macmillan, 1934, p.155.

关系了,正是由于意识到此种微妙关系,学术界长期流行两种对于习俗与法律关系的解说,我们不妨称其为"发生学"解说和"法源论"解说。

长期流行的"发生学"解说认为,法律是从习俗中分化出来的,人类社会的法律演变是一个从习俗到法律的过程。这种理论认为,人类早期并没有什么法律,最初是共同生活形成了一些习惯,这些习惯后来慢慢获得了广泛的接受和使用,变成了一种习俗,再后来,借助于物质化和制度化的强制力,这些习俗又演变成了法律。另一种流行的"法源论"解说则着重考察法律内容的渊源,它发现,法律与习俗在内容上是高度重合的,习俗是法律的主要渊源,法律的主要内容均是习俗性的。

笔者认为,这两种对于法律与习俗关系的解说根植于上述法律与习俗之间的微妙关系,虽然大致不谬,但是却掩盖了法律与习俗关系的其他方面,尤其是隐藏在"发生学"解说和"法源论"解说内部的习俗对于法律的正当性意涵完全被遮蔽了,而恰恰是这种习俗对于法律的正当性意涵才是对上述法律与习俗间微妙关系的最忠实而恰当的解读。

此外,虽然绵延不断的自然法传统已经给我们展示了一幅自然法与实证法的二元秩序图景,并且自然法作为一种"高级法"赋予了实证法正当性,但是,即使在自然法盛极一时的时代,都没有拒斥过习俗对于法律正当性的可能意义,实际上,我们更倾向于认为,在古代观念里,自然法、神的意志与习俗纠缠在一起,共同构成了法律正当性的基础。

第一节 历史中的法律与习俗

(一) 原始人的法律与习俗

原始人的法律与习俗被认为高度重合,差不多可以说是完全重合的。对于这个问题,虽说不同的论者有不同的说法,但是公允地说,要把原始人的习俗与法律相区分,在某种程度上依赖于对法律的界定与对习俗的界定,如果我们完全采取马克思(Karl Heinrich Marx,1818—1883年)的说法,法律是国家和阶级出现后的事物,那么原始人就没有法律可言,如果我们认为法律的本质特征是高度组织化的暴力,那么原始人也差不多只有习俗。这就是为什么哈特兰德(E. S. Hartland)在1924年出版的《原始法》中断言:"原始法实际上是部落习俗的总体。"[1]这个论断虽有欠严谨,但是我们心知肚明的是,哈特兰德并不是说一切部落习俗都是原始法,而是说原始法差不多就是部落习

---

[1] E. S. Hartland, *Primitive Law*, Methuen, 1924, p.5.

俗,更准确地说,原始法是部落习俗中的规范性习俗。西格尔(William Seagle)在他的《法律探索》一书中,也主张原始社会没有法律,原始人生活在"习俗的无意识控制"之下,西格尔认为,原始社会没有法律和法庭,如果有法律和法庭,那就说明这不是原始社会。① 另一些学者则持不同的看法,马林诺夫斯基(Bronislaw Malinowski,1884—1942年)从功能主义的角度指出,任何一个社会,都有对行为进行有序化的需要,也有解决纠纷的需要,而只要有这种需要,该社会总是会创造出某种产品来满足这些需要,这种产品在现代社会被称为法律;原始社会虽然诸事简陋,但是这种需要也存在,因而法律也存在,因为从社会学的角度来看,只要满足这种需要的都是法律,哪怕这种原始法律与现代社会的法律有着精巧程度上的巨大差别。正是从这种功能主义立场出发,马林诺夫斯基说:"使用一个广泛且极富弹性的法律的'最低限度的定义',无疑人们将会发现与在西北美拉尼西亚已发现的类型相同的新的法律现象"。② 另外一位原始法人类学者霍贝尔(E. Adamson Hoebel,1906—1993年)认为:"特殊的强力、官吏的权力和有规律性"构成了法律的必备要素,他对法律的定义大致如此:法律规范是这样的一种社会规范,即如果我们对它不作理会或公然违反时,就会受到拥有社会承认的、有权这样行为的特权人物或集团,以物质力量相威胁或实际运用这种力量进行制裁。③ 根据这样一个法律定义,他考察了北极爱斯基摩人部落、北吕宋岛伊富高人部落、北美平原印第安人部落、特罗布里恩德群岛美拉尼西亚部落、西非黄金海岸阿散蒂部落等五个部落的社会生活,指出即使在原始社会中,法律也是存在的。④ 然而,抛开这些学者在法律与习俗的定义上的不同,我们还没有发现哪位原始法学者否认原始法律与习俗的高度重叠性,即使是明确主张存在原始法的马林诺夫斯基和霍贝尔,都没有否认原始法律与习俗的重合。实际上,一个被广泛接受的观念是,即使原始法律是存在的,它也是从习俗中逐渐分化出来的,我们可以非常有把握地说,原始人的法律在很大程度上来自习俗。

(二) 罗马法与习俗

罗马法与习俗的关系要分成两个阶段来看,这两个阶段的分水岭是优士

---

① William Seagle, *The Quest for Law*, Alfred A. Knopf, 1941, pp. 33-69.
② 〔英〕马林诺夫斯基:《原始社会的犯罪与习俗》(修订译本),原江译,法律出版社2007年版,第45页。
③ 〔美〕霍贝尔:《原始人的法:法律的动态比较研究》(修订译本),严存生等译,法律出版社2006年版,第27页。
④ 参见同上书,第63—233页。

丁尼《国法大全》的颁布。

首先,第一个阶段,即在优士丁尼《国法大全》颁布之前的这段时期。这段时期,由于资料的匮乏,很难说清楚习俗法的地位。历史学家对此也是众说纷纭,有些历史学家声称,在罗马法的早期发展中,习俗是主要的法源,这种说法具有一定的可信性,因为公元前5世纪中叶出现的《十二表法》,就被认为是对当时流行习俗的一种汇编和演绎。

但是,除了《十二表法》这一证据之外,在罗马共和国的早期、晚期和罗马帝国前期,习俗的地位都是不确定的。历史学家的观点也经历了几次翻转:历史学家一度认为习俗在罗马法律发展中发挥了支配性的作用;但是后来又倾向于贬低习俗的地位,认为它至多不过是一种次要的法源;不过最近,历史学家又重新确认了习俗的主导性地位。① 扑朔迷离的情形即使是到了罗马帝国后期,都没有变得明朗起来,一些学者认为在罗马帝国后期制定法即使说不上是排他性的,也是支配性的法源;但是另外一些学者认为,即使制定法地位大大增强了,但是法律原理仍然来自习俗。彼得·斯坦因(Peter Stein)指出,这一时期由于中央政府放松了对于罗马行省的控制,所以各省都采用了本地习俗②;舒尔兹(Fritz Schulz)也认为,虽然帝国后期制定法增加,但是由于制定法在原理上对从前习俗的依赖,所以制定法的增加称不上是革命性的。③ 实际上,这段时期的许多立法其实都不过是对习俗的具体阐释,比如说,公元438年颁布的《狄奥多西法典》(Theodosian Code),该法典收录君士坦丁大帝(Constantine the Great,280—337年)以后罗马帝国敕令和法律,就明确承认了习俗的法源地位。

总体而言,在前优士丁尼时代,要确定习俗在罗马法发展中的地位是很困难的。但是范德吕嫩(David VanDrunen)指出,在这一时期,无论习俗有没有在罗马法中取得超群的地位,由于这些原因,习俗必定会起着重要作用:其一,一些杰出人士,比如西塞罗,就认为习俗是市民法的组成部分;其二,在罗马法的发展过程中,法学家发挥着重要作用,而罗马法学家一直认为习俗法和皇帝敕令都是罗马法的法源;其三,许多学者都认为,罗马法是保守的、理论化的、遵循传统的,其历史演进一直是平顺的、自生性的、有机的,这意味着对传统习俗的尊重;其四,一些罗马法学家认为,虽然皇帝的敕令是法,但是皇帝的权威却来自人民,皇帝的权威并不是内在的,而是作为整体的人民

---

① David VanDrunen, *Law and Custom: The Thought of Thomas Aquinas and the Future of the Common Law*, Peter Lang Publishing Inc., 2003, p. 16.
② Peter Stein, *Roman Law in European History*, Cambridge University Press, 1999, pp. 26-27.
③ Fritz Schulz, *History of Roman Legal Science*, Clarendon Press, 1946, pp. 278-279.

外在地授予的,而习俗恰恰就代表着人民的意愿,皇帝没有理由不遵守习俗。①

其次,第二个阶段,即在优士丁尼《国法大全》颁布之后的这段时期。如果说在优士丁尼《国法大全》之前,要确定习俗的意义还比较困难的话,那么,到了《国法大全》的颁布,一切都显明了。编纂《国法大全》的是一批熟悉历史的"编译者"(compilers),这一称呼意指他们熟悉早期的规则、观念和习俗,他们的工作与其说是在创造,毋宁说只是在汇编翻译已经存在的东西。实际上,编译者们所做的工作主要是收集古典时代的法律素材,然后将其收录进法典。从某种意义上来说,《国法大全》就是对从前材料的一系列征引。编译者所起的作用主要不是创作法律,而是拣选法律,他们要剔除原始素材中那些相互矛盾的地方,使得被拣选的材料尽可能地融贯。②

《国法大全》就是对先前材料的汇编,这些材料主要的部分就是习俗,所以,《国法大全》明确承认了习俗的地位。《法学阶梯》有这样的说法:"所有由法律和习俗统治的人民"③,这意味着在当时,法律与习俗统治着社会。值得注意的是,在《国法大全》中,《法学阶梯》是一部带有理论化色彩的讲义,当它说到"法律和习俗"时,它指的是成文法与习俗。根据《法学阶梯》的说法,法有成文法和不成文法之分。成文法包括了法律、平民会议决议、元老院决议、元首的命令、长官的告示以及有学问者的解答。④ 不成文法则是对习俗的确认,"事实上,经使用者的同意确认的持久的习俗,扮演了法律的角色。"⑤所以,根据《法学阶梯》的解说,我们可以把罗马法分为两大类:一类是法律,它是成文法;一类是习俗,它是不成文法。《法学阶梯》屡次将不成文法与成文法相提并论,已经再明白不过地表明了习俗的重要地位。而在《学说汇纂》中,习俗的重要性也被明确地承认,《学说汇纂》引用赫尔莫杰里安的话说:"完全由长期的习俗所认可并得到常年遵守的那个法作为公民的默示公约,也应该不亚于成文法一样被遵守。"⑥接着又引用保罗的话说:"甚至,这种做法被认为具有极大的权威,因为它不需要写为成文法就被认可了。"⑦也就是说,习俗如果不比成文法地位更高的话,起码也是分量相等的。结合《法学阶

---

① David VanDrunen, *Law and Custom*: *The Thought of Thomas Aquinas and the Future of the Common Law*, Peter Lang Publishing Inc., 2003, pp.16-17.
② 但是从结果来看,编译者的融贯性工作并没有做好,《国法大全》并不是一个非常融贯的法律体系。
③ CJC, Inst., 1.2.1.
④ CJC, Inst., 1.2.3.
⑤ CJC, Inst., 1.2.9.
⑥ CJC, Dig., 1.3.35.
⑦ CJC, Dig., 1.3.36.

梯》和《学说汇纂》的说法，我们可以看到，《国法大全》明确承认了不成文法的地位，也就是习俗的地位。

(三) 普通法与习俗

普通法在英国的产生是一个意外事件，在 1066 年诺曼征服之前，不列颠的法律发展与欧洲大陆基本同步，因为早期英格兰的统治者凯尔特人、罗马人、盎格鲁—撒克逊人实际上都是欧洲大陆人，但是诺曼征服后在英格兰建立了中央集权，普通法作为加强中央集权的副产品得以产生和发展。①

普通法意味着一种为人熟知的东西，布莱克斯通（W. Blackstone，1723—1780 年）沿用了传统的法律分类方法，他将英国市民法分为成文法与不成文法，前者他称为制定法（statute law），后者他称为普通法。依布莱克斯通之见，不成文的普通法包括一般性习俗、特殊的习俗（意味着该习俗只是用于个别地区）、某些以习俗为基础的特别法。② 一般性习俗被归为普通法是恰如其分的，因为它确实对所有英国人来说人所共知的东西，特殊的习俗和以习俗为基础的特别法在公众熟知上稍逊一筹，但是仍然称得上是"普通"的。

普通法之所以普通，是因为它根本上来说就是一种习俗，普通法就是习俗法，普通法是无法追忆的远古习俗，是"一堆古老的不成文的准则和习俗"，存在于民众的记忆中，它是一套"通过传统、使用和经验流传下来"的做法、态度、观念和思考模式。③ 1612 年，爱尔兰总检察长约翰·戴维斯（John Davis）爵士说："普通法不是别的，就是本王国的共通习俗。"④ 普通法的习俗性质在普通法的经典作者黑尔（Matthew Hale，1609—1676 年）、布莱克斯通等人那里得到了强调，比如黑尔明确将普通法与王国的一般习俗相等同，称其为"习俗法"。⑤ 布莱克斯通称呼普通法为"一般性的、古老的习俗"（general immemorial custom），称赞它构成了英国法的基石。⑥ 布莱克斯通认为，英格兰法的历史发展是一个以英格兰习俗为主体，不断同化、融合征服者法律的过程。⑦ 公元 871—899 年阿尔弗雷德国王在位期间，对当时的习俗法进行

---

① 参见高鸿钧：《英美法原论》（上），北京大学出版社 2013 年版，第 36—37 页。
② Sir W. Blackstone, *Commentaries*, 1: 63—64.
③ Gerald J. Postema, *Bentham and the Common Law Tradition*, Clarendon Press, 1986, p. 5.
④ J. G. A. Pocock, *The Ancient Constitution and the Feudal Law: A Study of English Historical Thought in the Seventeenth Century*, Cambridge University Press, 1987, p. 32.
⑤ Sir Matthew Hale, *A History of the Common Law*, Printed For Henry Butterworth, Law Bookseller, 1713, pp. 3-4.
⑥ Sir W. Blackstone, *Commentaries*, 1:73.
⑦ Sir W. Blackstone, *Commentaries*, 1:64—69.

了汇编,公元1042—1066年忏悔者爱德华在位时,又对阿尔弗雷德国王的法律进行了重新整理,奠定了后来普通法发展的基础,所以,正是这些英格兰古老而弥足珍贵的习俗,构成了普通法的实质性内容。① 而在诺曼征服之后,征服者首先进行的活动就是编纂和确认忏悔者的法律。② 梅特兰(Frederic William Maitland,1850—1906年)通过观察指出,他所处时代的许多习俗都已经成为普通法的组成部分③,波考克(J. G. A. Pocock)也说:"普通法一直被定义为不可追忆的习俗。在柯克和戴维斯之前的几百年中,借助于中世纪思想里常见的一个假设,人们就承认,英格兰法律是不成文法,法庭的功能是宣告本疆域内古老的习俗。"④甚至是当代,迈登(Stuart Madden)也指出无论是社会习俗还是行业习惯都在普通法发展过程中扮演着清晰可辨的角色。⑤ 值得注意的是,即使是普通法的激烈批评者边沁,都承认普通法是不成文的习俗性法,实际上,边沁正是站在现代实证法的立场上,批评普通法的不成文性和习俗性的。⑥

毫无疑问,普通法就是习俗,但是必须指出的是,并不是所有习俗都是普通法,霍格(Arthur Reed Hogue)和格伦登(M. A. Glendon)等人指出,法庭的引用成为决定习俗是否可以成为普通法的关键⑦,当然,对此作出经典表述的还是布莱克斯通。布莱克斯通认为是法官决定了习俗的有效性,能够被挑选出来作为普通法的习俗被认为应该是古老的、持存的、和平的、理性的、确定的和义务性的。⑧

第二节 基于习俗的法律正当性

通过对习俗与法律的历史进行梳理,我们不难看出法律与习俗之间具有

---

① 高鸿钧:《英美法原论》(上),北京大学出版社2013年版,第48—49页。
② J. G. A. Pocock, *The Ancient Constitution and the Feudal Law: A Study of English Historical Thought in the Seventeenth Century*, Cambridge University Press, 1987, p. 43.
③ Sir Frederick Pollock and Frederic William Maitland, *The History of English Law Before the Time of Edward I*, Cambridge University Press, 1923, p. 184.
④ J. G. A. Pocock, *The Ancient Constitution and the Feudal Law: A Study of English Historical Thought in the Seventeenth Century*, Cambridge University Press, 1987, p. 37.
⑤ Stuart Madden, The Vital Common Law: Its Role in a Statutory Age, U. ARK. *Little Rock L. J.* 18, 1996, pp. 573-574.
⑥ See David VanDrunen, *Law and Custom: The Thought of Thomas Aquinas and the Future of the Common Law*, Peter Lang Publishing Inc., 2003, p. 11.
⑦ See Hogue, A. R., *Origins of the Common Law*, Liberty Press, 1985, pp. 192-200; M. A. Glendon, M. W. Gordon & C. Osakwe, *Comparative Legal Traditions*, West Publishing Co., 1994, pp. 709-710.
⑧ Sir W. Blackstone, *Commentaries*, 1:76—79.

十分密切的关系。长期以来,学术界关于法律与习俗关系的主流解读是一种"发生学"解说,该解说认为,法律正是从习俗中分化出来的,人类社会的法律演变是一个从习俗到法律的过程。这种理论认为,人类早期并没有什么法律,最初是共同生活形成了一些习惯,这些习惯后来慢慢获得了广泛的接受和使用,变成了一种习俗。有些学者认为,早期习俗中那些社会性的、义务性的习俗就是法,或者说是习俗法,比如埃尔曼说:"习惯是一种不仅最古老而且也最普遍的法律渊源;它规定了因为经常的遵守而成为'习惯性的'行为,并宣布对背离行为的制裁。"①这意味着他将习俗直接视为了习俗法。另一些学者认为,早期社会中的习俗还不是法,法必须等到国家和阶级出现之后,或者最起码有一种比较正式的机构存在,对传统的习俗加以认可并以强制力保证其实施才变成正式的法,比如韦伯认为法律的演化是"从个人的习惯到群体的习俗、从习俗到成规、从成规到法律规则这样一种动态的内在发展行程"②。其中,习俗或成规与法律的最大分野就是后者背后的强制性力量。然而,这两种意见的分歧说到底只是一种对何谓法的看法的分歧,而对于法律与习俗的关系而言,这两种意见其实是一致的,都是从发生学的角度来观察法律与习俗的关系,认为法律是从习俗中演化过来的。

对法律与习俗关系的另一种主要解说是"法源论"解说,即认为习俗是一种主要的法源,法律的许多内容、甚至主要的内容都来自对习俗的认可。这种看法的合理性是一目了然的,历史上大量的制定法,其内容正来自于习俗,比如现存最古老的法律文本是公元前 2250 年左右出现的《汉谟拉比法典》,它的主要内容是对古老习俗的记录,除此之外,那些古代法典,诸如《亚述法典》《摩西十诫》《摩奴法典》《哥尔琴法典》《十二表法》,都是对古老习俗的汇编和整理。即使是现代,人为实证法日益膨胀的时代,亦不难在其实证法中发现大量的习俗性内容。

对法律与习俗的"发生学"解说与"法源论"解说其实都是关于法律与习俗关系的知识考古学,它们的论断可以凭借对古代社会的经验观察而获得证实或证伪。作为对法律与习俗关系的最为常见、最为盛行的解说,"发生学"解说与"法源论"解说当然不乏合理之处,但是从另一方面来看,长期流行这些单一的论调,却可能会掩盖习俗与法律关系的其他面相,尤其是掩盖掉习俗对于法律的正当性意义,为此,笔者提出一种关于习俗与法律关系的正当性解说,以对"发生学"解说和"法源论"解说作修正和补充。

对法律与习俗关系作正当性解说并不是没有原因的,其实,在传统的"发

---

① 〔美〕埃尔曼:《比较法律文化》,贺卫方、高鸿钧译,清华大学出版社 2002 年版,第 32 页。
② 参见韦森:《经济学与哲学:制度分析的哲学基础》,上海人民出版社 2005 年版,第 196 页。

生学"解说和"法源论"解说里边,在强调法律由习俗分化而来或法律的主要内容是习俗的观念里面,其实还包含着法律与习俗关系的另一面,即强调习俗对法律运作的支撑性作用。比如说,习俗被认为可以培养一种尊重法律、遵守法律的意识,这对于法律运作来说是至关重要的;习俗会限制和消解那些与社会生活相脱节的法律;习俗会弥补国家权力的不足,在一些国家权力覆盖不到的乡村和偏远地区,社会生活仰赖于习俗要多过法律。这些都体现了习俗对法律运作的支撑性作用。而在所有这些支撑性作用里面,最重要的一个支撑性作用就是习俗对法律正当性的赋予。从这个意义上来说,对法律与习俗关系的正当性解说正是从法律与习俗的"发生学"解说和"法源论"解说中分化、发展而来的,或者说,是对"发生学"解说和"法源论"解说言下之意的进一步发挥。

法律与习俗关系的正当性解说最基本的立场是要揭示习俗对法律的正当性意义,即法律正当性被认为出自习俗。这种立场,正如胡平仁、鞠成伟先生指出的:"习俗为法律的权威提供着正当性基础,以习俗为基础的法律就是正当的。"① 值得注意的是,此种认为法律的正当性来自习俗的看法并不是一个孤立的意见,美国著名法学家塔玛纳哈也指出,法律正当性除了自然法传统所提出的"道德/理性"的正当性之外,还有一种"习俗/同意"的正当性,即实证法的正当性取决于它与"习俗/同意"相符合的程度。② 塔玛纳哈总结道,实证法与习俗的关系有以下几个基本命题:(1) 从历史上看,实证法最初是从主要由习俗(customs)和习性(habits)控制的社会秩序中逐渐演化出来的;(2) 实证法的内容来源于习俗(customs)与实践(practices);(3) 那些违背习俗(customs)、习惯(usages)或习性(habits)的实证法不会产生实效,不具有正当性;(4) 习俗(customs)、习性(habits)和习惯(usages)就是法律。③ 显然,这里塔玛纳哈所总结的命题(1)属于"发生学"解说的范畴,命题(2)属于"法源论"解说的范畴,而命题(3)和(4)是正当性解说的范畴。

认为法律的正当性来自习俗的看法与其说是故作新奇的鲁莽断言,毋宁说是古已有之并一脉相承的一派观点。古希腊哲人虽认为法律的正当性来自神意和自然,但是从来就没有忽视习俗的重要性,实际上,在希腊人那里,习俗,同神意和自然一起,共同构成了法律正当性的基础。只不过,在早期希腊人那里,习俗也被认为来源于神圣,所以,有些时候,我们无法分辨他们到

---

① 胡平仁、鞠成伟:《法社会学视野下的法律与习俗》,载《湖北社会科学》2007 年第 3 期。
② B. Tamanaha, *A General Jurisprudence of Law and Society*, Oxford University Press, 2001, p. 4.
③ Ibid., p. 5.

底是在强调习俗还是在强调自然或神意。比如"安提戈涅的故事",安提戈涅的自然法是神的意志,因为它出自宙斯,所以它的"诞生不在今天,也非昨天;它们是不死的;没有人知道其在时间上的起源"①;同时,这种自然法,即埋葬自己亲人的律法,又毫无疑问的是当时的一种习俗。

在罗马人那里,习俗对于法律的重要性已经展露无遗,从对《国法大全》的检视来看,罗马人对于法律的习俗正当性思想可以从三个方面看出端倪,这三个方面也就是罗马人对习俗功能的看法。从《国法大全》的三个组成文件《法典》《学说汇纂》《法学阶梯》②之具体论述来看,罗马法中的习俗主要发挥三个方面的功能:作为法律、废除法律,以及解释法律。

首先,作为法律,《法学阶梯》已经说得很明显:不成文法是对习俗的确认,事实上,经使用者的同意确认的持久的习俗,扮演了法律的角色。③《学说汇纂》也明确指出,习俗拥有不亚于成文法的地位,"很有理由地,根深蒂固的习俗就像法律一样被遵守,这就是被称为由习俗所组成的法。"④赫尔莫杰里安说:"完全由长期的习俗所认可并得到常年遵守的那个法作为公民的默示公约,也应该不亚于成文法一样被遵守。"⑤习俗在什么时候被作为法律呢?一是当成文法欠缺时,被人所"日用"的习俗应该被当作法律一样被遵守,《学说汇纂》引用尤里安的话说:"在不适用成文法的情况下,应该遵守由习俗和惯例确定的规范"⑥;接下来又引用乌尔比安(Domitius Ulpianus,?—228年)的话说:"在成文法没有规定的情况下,长久的习俗通常代替法和法律而被遵守。"⑦二是在成文法规定模糊时,对此,《学说汇纂》引用卡里斯特拉图的话说:"对于法律的模糊规定,习俗和长期以类似的方式作出的判决应该具有法的效力。"⑧萨维尼在说到罗马习俗的法律效力时也指出:"如果制定法的表顺不明确或模糊,或者一个法问题完全缺乏制定法的规定",那么,习俗就可以被当作法律。⑨

其次,废除法律。习俗不仅在法律空缺时被作为法,而且在法律存在时,它还能废除法律。《法学阶梯》指出,自然法是不可变易的,但是"各个城邦为

---

① 〔爱〕J. M. 凯利:《西方法律思想简史》,王笑红译,法律出版社2002年版,第19—20页。另请参见罗念生:《罗念生全集》(第2卷),上海人民出版社2004年版,第307—308页。
② 《新律》是后来增加到《国法大全》中的。
③ CJC, Inst., 1.2.9.
④ CJC, Dig., 1.3.32.1.
⑤ CJC, Dig., 1.3.35.
⑥ CJC, Dig., 1.3.32pr..
⑦ CJC, Dig., 1.3.33.
⑧ CJC, Dig., 1.3.38.
⑨ 〔德〕萨维尼:《当代罗马法体系I》,朱虎译,中国法制出版社2010年版,第123页。

自己制定的法，或因人民默示的同意，或因尔后制定了另外的法律，惯于经常发生变动"①。在这里，"因人民默示的同意"就意指的是习俗，因为在古罗马，习俗意味着人民默示同意的东西。在《学说汇纂》中有这样的说法："法律不仅通过立法者的表决而被废除，而且也可以通过全体默示同意的废弃而被废除。"②也就是，法律可以被习俗所废除。虽然《法学阶梯》并没有说明法律要在符合什么条件时被废除，但是毫无疑问，习俗的这种对于法律的废除权是存在的，萨维尼举例证明说，罗马《十二表法》就通过裁判官告示被多次修正，而裁判官告示不过就是习俗；时效婚的有效性也被习俗所废除；询问之诉也同样如此。③

最后，解释法律。《学说汇纂》认为，习俗不仅是法律的有效解释者，甚至是最好的解释者，《学说汇纂》引用保罗的话说："如果对于一项法律的解释进行调查，首先应该考虑以前在同种情况下城邦适用的那个法；实际上习俗是法的很好的解释者。"④在《法典》中，虽然习俗的角色显得比较隐晦，但是当它指出法律是习俗的模仿者（imitator）和维护者（maintainer）⑤时，它也暗示习俗发挥着某种解释法律的功能，法律的内容既是根据习俗制定的，那么当法律出现幽暗不明需要解释时势必要参照习俗，保持法律与习俗的一致也是对习俗的一种保护。

罗马人对习俗功能的看法代表了西方思想传统的一种态度，这种态度在历史上并不是转瞬即逝的，它被欧洲前期注释法学派代表伊尔内留斯（Irnerius，约 1055—1130 年）所接受，后来又在托马斯·阿奎那那里得到了传承。托马斯·阿奎那写道：

> 凡法律皆是出自立法者的理性和意志……关于行动，人的理性和意志，是由言辞（speech）展现出来的，但是它也可以通过行动展现出来，比如说看一个人选择何为善并付诸实施。很明显的是，通过言辞，法律能够被改变和阐述明白，这表明了人类理性的内在活动和思想。通过行动，尤其是重复的行动——重复的行动构成了习俗，法律也能被改变和辨析清楚，有时甚至凭空确立了某种具有法律效力的东西。通过重复的外在行动，意志的内在运动和理性的观念被有效地宣示了，因为当一件事被一而再再而三地重复，它似乎只能被视为是理性慎思判断的结果。

---

① CJC, Inst., 1.2.11.
② CJC, Dig., 1.3.32.1.
③ 〔德〕萨维尼：《当代罗马法体系I》，朱虎译，中国法制出版社 2010 年版，第 124—125 页。
④ CJC, Dig., 1.3.37.
⑤ CJC, Code, 8.52(53).3.

由此，习俗能够被当作法、废除法，以及解释法。①

必须指出的是，托马斯·阿奎那在这里所说的法，是指他法体系中的人法（human law），而他所说的言辞（speech），其实指的是今天意义上的立法（legislation），人法能够被立法所改变和阐述明白，这差不多是一句废话，因为人法本就是人类凭着对自然法的领会和理解，并结合社会生活的具体情况而制定的。所以，这段话真正令人瞩目的地方就在于阿奎那也赋予了习俗与言辞或立法差不多的地位，习俗被认为能够取代法、废除法，以及解释法。阿奎那的这一番话，也表明了他对于实证法（人法）与习俗的看法，这种看法与罗马人的观念差不多完全一致。

首先，阿奎那指出，习俗能够被视作是法律，具有法的效力。阿奎那并没有就习俗是如何获得法的效力以及如何保障习俗实施等细节展开论述，但是他指出，不论是自由人还是服从立法者权威的人，都可以通过习俗来进行自我管理。阿奎那说："产生习俗的人民有两种。如果人民是自由的，能够自己为自己立法，由习俗所表现的人民之同意，胜于官长的权威。实际上，官长之所以能制定法律，全因他是人民的代表。如果人民是不自由的，他们无权自己给自己立法，反而要屈服于主权者的权威，那么，盛行于人民中习俗，如果获得有权者的允许，便也取得法的效力。"② 他还举了一些例子来说明习俗的法律效力，比如对于律师收费的额度问题，尽管实践中弹性很大，但是阿奎那认为要根据具体业务、当事人情况，尤其是根据社会习俗来确定收费额。③再比如说，对畅销产品的供应采取的措施要因时因地而异，但是，阿奎那指出，如果这些措施没有获得公共权威或习俗的支持的话，那么就是非法的。④

其次，阿奎那指出，习俗能够废除法律。阿奎那认为，在特定的场合人们可以悖于法律而行动，这样的行动不能被视为是恶。当法律失效的情形屡次发生，根据习俗，就表明这样的法律不再是有效的。法律被习俗所废除，正如它当初被颁布一样自然。因为对阿奎那来说，人法本来就是根据社会情势变化而变化，所以个人可以结合实际悖法而行，当法律一再遭到违反，那么，这种违法行为本身因为一再重复而确立了某种习俗，根据此种习俗，法律不再有效，旧的法律因此不再是法律，而习俗则取代了法。阿奎那说："人为的法律有时不适当，因而有时候，即在法律不合适的时候，可以不按法律行事，这样的行为不能算是恶的。……这样的情形多了以后，则习俗证明那法律已经

---

① ST，1a2ae97.3.
② ST，1a2ae97.3 ad.3.
③ ST，2a2ae71.4.
④ ST，2a2ae77.2 ad.2.

无用,这就等于正式颁布了相反之法律。"①

最后,习俗可以解释法律。虽然阿奎那希望法律能够尽可能的清晰明确,但是他也明智地承认,法律解释有时是必需的。在阿奎那看来,立法只是对一般情形作出规定,碰上特殊情况,严格遵守法律的字面意义反而有害于公共利益,此时便要由官员做主,解释修正这条法律②,而结合阿奎那论述的上下文来看,解释和修正法律的重要依据就是当时社会流行的习俗。③

阿奎那的法律与习俗观与罗马人具有非常明显的传承关系,这一传承也从一个侧面反映了西方思想传统对于法律与习俗关系的理解。笔者认为,阿奎那与罗马人的法律与习俗观可以从法律正当性的角度来解释,当罗马人与阿奎那一致指出习俗对于法律的三大功能时,其实是在集中表达这样一种思想:习俗不仅具有效力,而且具有高于实证法的效力,习俗是实证法正当性的基础。当罗马人和阿奎那说习俗可以作为法律时,他们所表达的意思就是习俗是有约束力的规范,这一点罗马人甚至比阿奎那表达得还要透彻,《学说汇纂》引用赫尔莫杰里安的话说:"完全由长期的习俗所认可并得到常年遵守的那个法作为公民的默示公约,也应该不亚于成文法一样被遵守。"④接着又引用保罗的话说:"甚至,这种做法被认为具有极大的权威,因为它不需要写为成文法就被认可了。"⑤习俗不仅是有约束力的规范,而且其约束力甚至要高于实证法所具有的约束力,实证法可以因违反习俗而失去效力,因此,在某种意义上,习俗构成了判断实证法与非法的标准。当罗马人和阿奎那说习俗可以废除法律时,他们着重指出的就是这一层意思。何谓废除法律? 即当实证法的内容与习俗相悖时,实证法将不再有效,实证法将被剥夺法的身份。值得注意的是,这层意思不仅明确地表达在习俗可以废除法律的主张中,还隐晦地表达在习俗可以解释法律的主张中。当罗马人和阿奎那说根据习俗解释法律时,他们也带有废除法律的意思,因为对罗马人和阿奎那来说,解释法律其实特指的是在法律适用过程中,官员如何结合个案实际来认定法律,这种对法律的认定不仅有澄清法律言辞和立法者原意之暧昧不明的地方,还有即使法律是清楚的,但是适用于个案会带来恶因而借助习俗废除法律的意思。阿奎那举例说,比如在敌人围城时,颁布了一条不得开城门的法律,这是符合公共利益的,但是如果碰上敌人正在追击几位有能力保卫城市的公民,此时按照法律字面意义不给他们开城门就是错误的,所以,法律必须被官员

---

① ST, 1a2ae97.3 ad.2.
② ST, 1a2ae96.6 sed contra.
③ See ST, 1a2ae95.3; 1a2ae96.2; ST, 1a2ae97.3 ad.2.
④ CJC, Dig., 1.3.35.
⑤ CJC, Dig., 1.3.36.

结合具体情况进行修正或废除。①

习俗不仅具有效力，而且（还应）具有高于实证法的效力，习俗在某种意义上构成了判断实证法正当与否的标准。在此，我们不得不将习俗与自然法作对比。在自然法传统里，自然法同样被认为不仅具有效力，而且具有高于实证法的效力，自然法构成了判断实证法正当与否的标准，正是这样，才确立了自然法与实证法的二元秩序，并由自然法赋予实证法以正当性。同样，习俗具有高于实证法的约束力，习俗是判断实证法是法与非法的标准，我们也可以说，习俗与法律构成了一种二元秩序，法律的正当性由习俗所赋予，这便是所谓的法律的习俗正当性命题。

法律若与习俗不一致，便借机废除法律。这跟自然法传统的核心主张"恶法非法"何其相像！不同的无非是，当自然法传统说"恶法非法"时，它的判准是自然法或神意，而当习俗主义者说"恶法非法"时，它的判准换成了社会习俗，仅此而已。如果说自然法传统主张的"恶法非法"是一种神意或自然的正当性的话，那么，我们就可以说，习俗主义者主张的"恶法非法"就是一种基于习俗的法律正当性：法律的正当性建立在习俗的基础上，若不能与习俗保持一致，法律便没有效力，不配称之为法。

这并不是一个牵强附会的结论，实际上，阿奎那就在罗马人的基础上前进了一步，明确指出了习俗的这种正当性判准的意涵。范德吕嫩指出，阿奎那赋予了习俗一种准宪法的角色：法律的效力存在于习俗所确立的边界里面，越界无效。② 作为一个自然法学家，阿奎那指出，法律应该符合美德、正义、接近自然、吻合习俗、因地制宜、必要、有用、表达清晰、服务于公共善。③ 对于实证法，阿奎那继承了塞维利亚的伊西多尔（Isidore of Seville）的看法，认为实证法必须与当前社会广泛流行的习俗保持一致，否则就会招致无效。在为伊西多尔辩护时，阿奎那说道："法律应当与人类习俗保持一致，因为若不尊重他人的习俗，人就不能在社会上生存。"④ 实际上，在阿奎那看来，人法差不多就是习俗，人法就是习俗的一部分。

习俗对于法律来说，扮演着一个类似宪法的角色，违宪无效。这当然是一个颇为现代的比喻，其实这里面表达的意思再明白不过了：习俗是法律正当性的基础，法律如果不是全部从习俗中取得效力的话，也起码是部分从中获得了权威与效力，即获得了正当性。对于习俗的此种正当性，著名的法人

---

① ST，1a2ae96.6 sed contra.
② David VanDrunen, *Law and Custom: The Thought of Thomas Aquinas and the Future of the Common Law*, Peter Lang Publishing Inc., 2003, p.41.
③ ST，1a2ae95.3 obj.1.
④ ST，1a2ae95.3.

类学家詹姆斯·乔治·弗雷泽(James Geerge Frazer,1854—1941年)可谓早已看破,他的一席话可与我们的观点相互印证:

> 一般的法律不会在它们被编纂的时候像雅典娜从宙斯的头中生出来那样全副武装地蹦出来……即便是新法律,也很少或从来就不是完全新创的,它们几乎总是要凭借并且以现有的习俗和公众意见为前提,后者或多或少与新法律相一致,人们的内心早已默默地准备接受它们了。世界上最专制的君主也无法强迫他的臣民接受一种绝对新式的法律,因为它可能违背了他们自然习性的整个倾向和趋势,触犯了他们世袭的观点和习惯,玷污了他们最珍视的一切情感与渴望。甚至表面看来最具革命性的立法活动,也总是有一些保守的成分来成功地确保某个共同体的普遍认可和遵守。①

第三节 习俗正当性的基础

法律的习俗正当性认为制定法的正当性源自不可追忆的习俗,那么,我们难免好奇的是,习俗本身究竟有何魔力,能够提供这种正当性呢?或者说,习俗本身的正当性又得自何处呢?为此,我们必须进入西方思想传统中,对习俗观念进行更为深入的爬梳。

总体来说,西方思想传统对习俗的认识经历了一个从神圣到世俗的过程。维柯对这一过程有很好的描述,维柯将诸民族的早期历史分为三个阶段:神祇时代、英雄时代和凡人时代。② 第一个阶段是神祇时代,人们通过共同生活培育出了习俗,这种习俗构成了当时的法律,这些习俗中很大一部分与神灵信仰直接相关,然而,即使是那些与神灵信仰无关的习俗,亦被认为出自神。事实上,这个时代的一切制度与规范均被认为由神确立。所以,此一阶段,习俗当然是神圣的。第二个阶段是英雄时代,英雄在希腊神话中一直被认为是半神半人的物种,许多英雄,诸如阿喀琉斯(Achilles)、赫拉克勒斯(Heracles)等都是神与人的结合后的混血儿。这个时代的习俗同样被认为出自神或半人半神的英雄,习俗依旧是神圣的。到了第三个阶段——凡人时代,情况发生了逆转。这一阶段,人具有了理性推理与反思的能力,不再像从

---

① 〔美〕詹姆斯·乔治·弗雷泽:《〈旧约〉中的民间传说——宗教、神话和律法的比较研究》,叶舒宪、户晓辉译,陕西师范大学出版总社有限公司2012年版,第379—380页,翻译根据英文版有改动。
② 参见〔意〕维柯:《新科学》,朱光潜译,商务印书馆1989年版,第四卷"诸民族所经历的历史过程",第489页以下。

前那样蒙昧,同时,他们的眼界也开阔了,通过战争或通商他们接触到了其他民族的神和习俗,在反对其他民族的神与习俗的过程中,他们也开始反思自己民族的神与习俗。这个时代,随着智慧的增加,人们开始认为人性中有一种不变的自然(nature),与这种自然或本质相比,习俗显然是多变之物,是世俗之物,"今天和在昨天,(自然律)在希腊和在波斯都是一样的……但是关于婚礼,或葬礼,则有数以百计的风俗。"①由此也形成了这个时代自然与习俗的对立,自然成为高于习俗的范畴,后来到了苏格拉底时代,这种自然与习俗的对立慢慢演变成了知识与意见的对立。②

虽然在西方思想传统中,习俗经历了一个从神圣到世俗的过程,其地位有所贬低。但是从另一方面看,习俗从来也没有下降到与立法等量齐观的地步,相反,主流的不言自明而又天经地义的观念一直要求立法吻合习俗,习俗被认为具有某些不同于立法的特质。实际上,出于以下两种理由,习俗被认为是自身正当的:(1)习俗被认为体现了人的自治与自由;(2)习俗被认为体现着理性。亦由于这种自身正当,它得以作为立法正当性的基础。

首先,习俗体现着人的自治或自由。要理解这一观念,首先需要了解西方思想史中被当作常识的一个观念,即对西方思想传统来说,习俗意味着人民默示同意的东西,习俗是一种人民自己给自己的立法。习俗意味着人民默示的同意,这一观念在逻辑上并不难理解,因为习俗,不管是神灵启示的、英雄制定的、还是人民通过社会生活实践自然形成的,它既然为后来人所遵守,当然就可以视为是人民默示同意的。根据塔玛纳哈的考证,习俗意味着人民默示同意的观念可以追溯到古罗马时代,"习俗就是人们默示的同意;由于人们长期的使用,习俗深深地植根于社会。"③正是因此,所以《国法大全》中直接用"人民默示的同意"来指代习俗,比如《学说汇纂》说:"法律不仅通过立法者的表决而被废除,而且也可以通过全体默示同意的废弃而被废除。"④这里"全体默示同意"指的就是习俗。罗马人的这种观念在中世纪也被当作理所当然,成为当时社会所习以为常的看法,"中世纪的法学家们几乎毫无例外地将习俗性规则对人们的约束作用归结为人们的默示同意。"⑤这种观念也被阿奎那所接受,甚至当作一种常识,所以他只是言简意赅地指出,"自由人能

---

① 〔英〕厄奈斯特·巴克:《希腊政治理论》,卢华萍译,吉林人民出版社2003年版,第64—65页。
② 自然与习俗亦可称为自然与约定,参见〔美〕萨拜因:《西方政治思想史》,邓正来译,上海人民出版社2008年版,第59—63页;〔英〕卡尔·波普尔:《开放社会及其敌人》(第一卷),陆衡等译,中国社会科学出版社1999年版,第119页。
③ Alan Watson, *The Evolution of Law*, Johns Hopkins University Press, 1985, p.44.
④ CJC, Dig., 1.3.32.1.
⑤ Walter Ullmann, *The Medieval Idea of Law*, Barnes and Noble, 1969, p.63.

够自己给自己立法,由习俗所表现的人民之同意,胜于官长的权威。"①可见,在阿奎那看来,习俗意味着人民的同意,它是一种人民自己给自己制定的法律。

习俗是人民默示同意的这一观念不仅从罗马人到阿奎那一脉相承,后来又再次出现在普通法传统之中,普通法强调习俗是通过人们长期习用所形成的,也就意味着人民对于习俗的默示同意。布莱克斯通说:"在我们的法中,习俗的品性仰赖于它的长期被运用……在有记忆的时间内没有出现过悖反的情形。正是这让它有了分量和权威。"②在这里,布莱克斯通明确地指出习俗的权威来自它被人民的使用和接纳,也就是默示的同意。所以,可以看出,在西方思想传统中,习俗意味着人民同意的观念已经是一种常识,正是因此,当代美国法理学家塔马纳哈直截了当地宣告,习俗就意味着同意。③

习俗意味着一种人民所默示同意或以行动来表示同意的东西,这种观念认为,习俗是在人类社会生活中长期演化而生成的,习俗体现的不是或不只是神的意志,而是人的意愿。习俗,用一种更直白的话来讲,是人类通过长期试错、践行,自己给自己制定的法律。既然习俗是自己给自己的立法,那么,遵守习俗就是在遵守自己的话语,服从习俗就是在服从自己的意愿,所以,习俗反映的不是一种他律,而是一种自律。既然习俗是一种自律,所以遵守习俗或以习俗为基础的法律,就不是在限制自己的自由,而是在实现自己的自由。

所以,习俗体现着人的自治,习俗之治是人们自己为自己制定法律并运用这种法律来进行自我管理。这层意思,在伟大的阿奎那那里表达得非常清楚,阿奎那指出,两种人可能会发展出习俗:一种是自己为自己立法的自由人;第二种是服从立法者权威的不自由的人。对于第一种人而言,他们自己为自己所立之法正是习俗,阿奎那说:"如果他们是自由的,能够自己为自己立法,由习俗所表现的人民之同意,胜于官长的权威。实际上,官长之所以能制定法律,全因他是人民的代表。"④对于第二种人而言,即便他们没有那么自由,他们必须服从主权者的权威,但是他们也仍然享有发展习俗来塑造社会的权利,"盛行于人民中习俗,如果获得有权者的允许,便也取得法的效力。"⑤对第二种人来说,习俗同样是真切有效的,只不过,相对于自由人而

---

① ST,1a2ae97.3 ad.3.
② Sir W. Blackstone, *Commentaries*, 1:67.
③ B. Tamanaha, *A General Jurisprudence of Law and Society*, Oxford University Press, 2001, pp.4-5.
④ ST,1a2ae97.3 ad.3.
⑤ Ibid.

言,对不自由的人来说,习俗是第二位的,他们必须优先服从主权者的立法,而对自由人来说,他们优先服从的是习俗。①

通过这两种人的对比,习俗具有的自治、自由的意味更为明显。自由意味着服从习俗优先于服从立法,不自由意味着服从立法优先于服从习俗。这是因为,在阿奎那看来,立法体现的是主权者的意志,服从他人意志当然意味着自己的不自由;而习俗体现的是人民自己的意愿,所以,服从习俗只不过是在服从自己,这意味着自治,意味着自由。

所以,一旦我们接受习俗是人民默示同意的法律,那么,我们就不会对习俗意味着人的自由和自治的观点有任何费解之处了,人民用经过自己默示同意的习俗或以这种习俗为基础的法律来进行自我约束和自我管理,这当然就是自治,也是人民自由的实现。

其次,习俗体现着理性。习俗是理性的体现,这一点同样可以见之于罗马人的思想,《学说汇纂》引用杰尔苏的话说:"一项规范不是基于理性而是出于错误被规定……它在类似的事情上没有效力。"②萨维尼也解释说:"为了具有效力,习惯法必须是理性的。"③后来,这种观念又在阿奎那那里得到了深刻的说明。阿奎那指出,习俗意味着重复的行动,而"通过重复的外在行动,意志的内在运动和理性的观念被有效地宣示了,因为当一件事被一而再再而三地重复,它似乎只能被视为是理性慎思判断的结果"④。习俗,或者说不断重复的行为,为什么代表着一种理性的慎思判断呢?要真正理解其中的内涵,最好必须对理性本身有一个清晰的认识。毫不夸张地说,理性一词具有巨大的含混性,基于本书的目的,我们只需要指出,习俗所体现的理性,并不是指我们通常所认为的那种精英人物甚至是圣贤人物的个人理性或建构理性,而是意指社会或集体通过长时间实践、试错所积累起来的反映历代智识和集体智慧的渐进理性。对于这种理性的要义,哈耶克(Friedrich August von Hayek,1899—1992年)有过集中的阐发,他指出,在人类历史中,有一种人认为自己的理性是全知全能的,他们自认为可以知晓一切、计划一切、安排一切,他们对传统、历史和习俗持一种轻蔑的态度,认为凭着自己的理性,就可以重构社会,哈耶克称此为唯理主义的进路或建构理性的进路。⑤ 持这种理性观念的人往往过于迷信自己的理性能力,他们所偏好的制度往往会是政

---

① ST, 1a2ae97.3 ad. 3.
② CJC, Dig., 1.3.39.
③ 〔德〕萨维尼:《当代罗马法体系I》,朱虎译,中国法制出版社 2010 年版,第 126 页。
④ ST, 1a2ae97.3.
⑤ F. A. Hayek, *Law, Legislation and Liberty: Rules and Order* (I), The University of Chicago Press, 1973, pp. 9-10.

治上的专制、经济上的计划、思想上的某种意识形态的唯我独尊。哈耶克指出,人类根本不可能有任何人能够具备这样的理性能力,人类的知识和理性往往是极其有限的,"每个人对于大多数决定着各个社会成员的行动的特定事实,都处于一种必然的且无从救济的无知状态之中。"① 哈耶克嘲笑那些建构理性主义者对理性所抱有的过于自信的看法为"致命的自负",并指出,这些对理性的过度自信最后必然导致非理性的行为,甚至整个社会都陪他们一起陷入癫狂。② 站在一种谦逊和实事求是的立场上,哈耶克指出,人类文明史上还有另外一种传统,这种传统由大卫·休谟(David Hume,1711—1776年)、马修·黑尔、亚当·斯密(Adam Smith,1723—1790 年)、亚当·弗格森(Adam Ferguson,1723—1816 年)、卡尔·萨维尼、亨利·梅因(Henry Sumner Maine,1822—1888 年)、卡尔·门格尔(Carl Menger,1840—1921年)、埃德蒙·伯克(Edmund Burke,1729—1797 年)、熊彼特(Joseph Alois Schumpeter,1883—1950 年)、卡尔·波普尔、当然也包括哈耶克本人等所开创和传承③,他们持一种渐进理性的观念,这种理性观认为没有人是全知全能的,个人的知识和理性能力是有限的,但是通过聚合众人的分散的知识和有限的理性能力,人类却可以获得远远超过任何个人的具有全局性的知识和理性能力,甚至接近全知全能,这种累积历代智慧和众人智慧的理性就是一种渐进理性。渐进理性和知识虽不可能为任何个人所掌握,但是事情的奥妙在于,它可以体现在一些事物之中,比如说,市场就是众人知识的集合体,虽然没有任何一个商家可以知道所有消费者的需求,但是他总知道某些个别消费者的需求,当市场把所有商家掌握的需求信息集合在一起,市场就差不多等于知道了所有消费者的需求,正是在这个意义上,市场,相比于任何精英个人,才是资源的有效配对者,这是因为,本质上,市场才是那个拥有更多信息、知识和理性的心智。再比如说,习俗,它同样是历代人智慧、知识和理性的凝练,它比基于人为理性的制定法要知悉更多,也更能适合于该社会人民的真实需要。所以,渐进理性,就是历代人群体知识、智慧与理性的集合体,它不是拍脑袋想出来的,也不是调研出来的,它是世世代代、千千万万人通过真实的生活实践掌握并积累起来的智慧和理性。

渐进理性是一个历史传统,罗马人对于习俗的看法已经隐隐地具有这种理性观念,而在阿奎那那里表达得更清楚一些。当罗马人认为,习俗必须具

---

① F. A. Hayek, *Law, Legislation and Liberty: Rules and Order* (I), The University of Chicago Press, 1973, p. 12.
② Ibid., pp. 31-34.
③ Ibid., pp. 22-24.

有 legitime praescripta 或 canonice praescripta,意即长时间持续时,它就隐含着这种渐进理性的观念①;当阿奎那说,重复行为反映了一种理性的慎思判断时,他指的就是习俗体现了渐进理性的意思,重复行为,结合阿奎那对习俗社会性的论述,可以明白,指的是社会中人民集体的重复和长时间的重复,这种重复行动,反映了群众集体的智慧、集体的理性,也就是说,反映了渐进理性。

当然,习俗体现着渐进理性和集体理性,这一点虽然在罗马人和阿奎那那里已露端倪,但是只有在英国普通法传统中才算得上表达得淋漓尽致。柯克(Sir Edward Coke,1552—1634 年)认为,普通法与理性密切相关,"理性是法律的生命,而普通法不是别的,它本身就是理性。"②他表达的正是普通法或习俗反映渐进理性的思想。如前所述,渐进理性与历史连续性、实践、群体智慧、合理性是紧密相连的,而普通法理论强调的恰恰就是这些方面。在历史连续性方面,福蒂斯丘(John Forteseue,1394—1479 年)、柯克等人宣称,普通法的历史可以追溯至特洛伊王子登临不列颠,甚至自创世纪以来就存在,即是说作为普通法内容的习俗源远流长之意,它是历代智慧的结晶。③ 柯克等人对习俗久远历史的强调,言下之意是,这么多年代的持续运用(实践),说明这些习俗是合理的,是符合人民需要的。"在普通法思维中,历史连续性与合理性这两个概念是密切相关的。经历时间考验的规则和实践表明了它的明智已经得到了民众亲身经历的证实。时间和许多个体的长期体验,确证了这些行为方式和价值的智慧和品性。"④实际上,在普通法看来,只有长久连续地存在并被使用,才能证明该规则或习俗的公正性和合理性。⑤ 这根本是因为,通过岁月积累下来的渐进理性,那些累积的岁月智慧,是任何一位精英的理性所可望而不可即的,马修·黑尔明确地指出了这一点,他说:"与其冒险将自己的幸福和安宁托付给一个根据我自己的理论建立的王国,还不如选择根据某部法律而被幸福地治理了四百年或五百年的一个王国,虽然相比那部法,我更清楚我理论的合理之处。"⑥鲍斯提摩(Gerald J. Postema)在评论时指出,之所以相信渐进理性,倒不是因为我们的祖先作为个体比我们更聪明,而是因为"不要说任何个人,哪怕是整整一代人,其经验和智慧都不可能

---

① 〔德〕萨维尼:《当代罗马法体系I》,朱虎译,中国法制出版社 2010 年版,第 126—127 页。
② Sir E. Coke, *Institutes*1, sect. 21.
③ 参见高鸿钧:《英美法原论》(上),北京大学出版社 2013 年版,第 45 页。
④ Gerald J. Postema, *Bentham and the Common Law Tradition*, Clarendon Press, 1986, pp. 7-8.
⑤ 参见高鸿钧:《英美法原论》(上),北京大学出版社 2013 年版,第 56 页。
⑥ Gerald J. Postema, *Bentham and the Common Law Tradition*, Clarendon Press, 1986, pp. 63-64.

与经过无数世代累积起来并沉淀在法中的经验和智慧相提并论"①。所以，即使某个精英人物再聪明睿智都无济于事，戴维斯说，习俗是通过群体实践来形塑的，"一个已经做出的合理的行为被发现对人民来说是好的、有益的、符合他们的天性和取向(disposition)的，他们就会反复地运用它和践行它，通过这样的重复并扩散开去，它就会变成一个习俗"②，它反映了渐进理性，所以，戴维斯声称："就打造和维系一个国家而言，这样的习俗法是最完美、最卓越的，是无与伦比的。"③习俗或普通法累积了岁月智慧、集体智慧，是连绵数代、数以亿万计的人民群众在每天的日常生活实践中通过不断试错所积累起来的经验和理性，是积少成多、积沙成塔、积跬步以至千里的渐进理性的呈现，它不仅远远超过任何精英、英雄或圣贤的个人理性或小团体的理性，它甚至已经接近了上帝的完全理性！柯克的这段话可谓是深得渐进理性的三昧：

> 我们属于往昔，职是之故，我们需要前人的智慧。如果失去了先辈的启迪和赐予的知识，我们就会变得一无所知。我们在地上的时日只是往昔岁月和逝去时光的投影。在那里，法律借助于连续若干时代中最卓越之人的智慧，凭借着历时长久而持续不断的历练，通过一次又一次地精炼而逐渐趋于完善。这是任何一个人都做不到的，要知道个体的生命如此短暂，即令将某一时代世间所有的智慧都装入某人的头脑，他也是力有未逮。因而可以这样说：optima regula, qua nulla est verior aut firmior in jure, neminem oportet esse sapientiorem legibu：任何人都不应当认为自己比法律更明智。④

习俗在时间长河中叠加众人智慧而形成，它接近于一种全知全能的完全理性。完全理性本来只能在上帝身上存在，渺小、有缺陷的、"朝生夕死"的人类，虽然不乏有人自命精英，却不可能达到或接近这种完全理性，实际上，人类历史告诉我们，许多自命全能的人，其行为很快便显得无比乖张可笑，与理性毫不沾边，甚至背道而驰。渐进理性作为西方思想中的一个独特的传统，却在人性缺陷的基础上，提出了一种接近完全理性的方法，即通过累积世代人的集体智慧的渐进理性来达到臻于完美的完全理性，这一观念，堪称人类思想史上的一朵奇葩。而习俗作为此种渐进理性的具体体现，无疑具有了内在的合理性与正当性。

---

① Gerald J. Postema, *Bentham and the Common Law Tradition*, Clarendon Press, 1986, p. 64.
② J. G. A. Pocock, *The Ancient Constitution and the Feudal Law: A Study of English Historical Thought in the Seventeenth Century*, Cambridge University Press, 1987, p. 33.
③ Ibid.
④ Ibid., p. 35.

第四节 结 语

本章在检视法律与习俗之关系的基础上，提出了一种法律的习俗正当性命题，该命题认为，法律的正当性来源于不可追忆的习俗，只有与当时社会流行的习俗保持一致的法律，才可能是有效的，一旦法律严重偏离了习俗的内容，习俗得以扮演一种准宪法的角色，宣告"恶法非法"，法律因而失去效力，也失却法律的身份。

法律的习俗正当性命题可以在罗马法与阿奎那关于习俗功能的看法中意会，因为当罗马法与阿奎那说习俗扮演了作为法律、废除法律和解释法律的功能时，他们的意思是习俗与法律相比，是一种仿佛可与自然法相比拟的"高级法"，实证法必须与这种"高级法"保持一致，它也正是从这种"高级法"中获得正当性的。

但是习俗毕竟不同于传统的自然法，自然法可以将自己的根基建立在永恒的理念和至善之上，也可以建立在上帝的意志或理性之中，自然法因此而具有了正当性，但是作为法律正当性之基础的习俗，它本身的正当性来自何处呢？对此，我们认为，西方思想传统中的习俗，一直与两种观念联系在一起，即认为习俗体现了人的自治与自由、习俗体现着渐进理性。习俗正因为其自治性与合理性，而具有内在的正当性，并因此成为法律正当性的基础。

第四章 法律的功用正当性

> 大自然将人类置于两位君王——快乐和痛苦——的宰制之下。只有它们才能指明我们所应为,决定我们所将为。是与非的判断标准,因与果的内在联系,无不取决于这两位君王。①
>
> ——杰里米·边沁

在现代性的大背景下,边沁发展出了一种实证主义法律观,法律被定义为主权者的决断。此种实证法以彻底挣脱自然法的羁绊为己任,却又无法面对对其本身正当性的质问,由此造成了现代实证法的正当性危机。作为时代的弄潮儿,边沁敏锐地注意到了此种姿态决绝的实证法即将面临的正当性拷问,为此,他天才洋溢地提出了法的功用正当性理论。该理论一方面试图以功用原则取代自然法来约束现代实证法本质上的恣意性;另一方面,却又巧妙地回避了自然法的非实在性问题,将功用原则建立在实证的地基上,保证了他理论立场的统一。

第一节 现代性下实证法的诞生

所谓现代性,字面含义是指现代社会所呈现的种种特性。② 与古代的灵性社会相比,现代社会最大的特点莫过于它的物质化、机械化、祛魅化。尼采(Friedrich Wilhelm Nietzsche,1844—1900年)曾经一语道破天机地呐喊出"上帝死了"③,可谓道尽现代性的全部意涵与全部危机,因为"上帝死了",一切世俗事物的根基便不存在,一切事物的正当性便成了悬疑,由此造成现代

---

① 〔英〕边沁:《论道德与立法的原则》,程立显、宇文利译,陕西人民出版社2009年版,第2页。
② 值得注意的是,对现代性一词的理解其实非常混乱,因为从字面意义上说,现代性是现代社会的特性,但是谁又可以准确描述出现代社会的全部特性呢?不同的人看到的东西自然大不相同,所以,喻中认为现代性是一个破碎的概念,是一个"虚构的理论神话"。参见喻中:《法的现代性:一个虚构的理论神话》,载《法律科学(西北政法大学学报)》2013年第5期。但是,笔者认为,许多学者对现代性的认识不仅是目光所及领域不同的问题,还存在根本上的认识不清,即没有认清现代性其实是"上帝死了",现代社会的正当性基础崩解了,从而呈现的一种无根基特性。
③ 〔德〕尼采:《快乐的科学》,黄明嘉译,华东师范大学出版社2007年版,第191页。

社会的种种无根基特性,是为现代性。至于平日惯说的什么工具理性化、价值审美化①,不过是现代性无根基的一些具体表现罢了。

自从文艺复兴以来,人文主义兴起,就表达了人脱离上帝掌控的决心,新教改革让信仰主观化,实质上是让世俗事物脱离宗教的掌控,上帝的权威越发岌岌可危。因此,毋庸置疑的是,自文艺复兴时起,现代性就滥觞了,从最初的不甚清晰和左右摇摆,到尼采一语道破天机,现代性的趋势一直延续至今。可以非常有把握地说,15世纪以来人类的主要智识成就就是在揭示现代性的面目、它取得的惊人成就、它所造成的正当性危机,以及可能的解决方案。

早在尼采之前,立足于与现代性志趣相投的英国经验主义传统,休谟就已经洞悉了现代性的奥秘,休谟振聋发聩地宣称"事实与价值二分",言下之意是一切有效的知识只能建立在经验事实的基础上②,而价值则属于主观偏好的范畴,说到底,它只是个人的一己信念,根本不可能取得真理的地位,遑论作为正当性的源泉了。事实是"是"的范畴,价值是"应当"的范畴,它们之间的分别犹如天壤之别。③ 在休谟看来,古代的自然法学把法律的正当性建立在灵性的自然或上帝之上,完全僭越了是与应当的区分,是近乎愚昧的行为。

事实与价值二分使得休谟确立了一种实证主义哲学,他也被科拉科夫斯基(Leszek Kolakowski,1927—2009年)认为是真正的"实证主义哲学之父"④。在休谟思想的哺育下,但最终是在现代性思潮的映照下,边沁发展出了他的实证主义法律观。⑤

边沁在某种程度上完全继承了休谟的经验主义和实证主义哲学,事实与价值的二分理论也构成了边沁讨论本体的基础。边沁将本体区分为真确实体(real entity)、拟制实体(fictitious entity)与虚构实体(nonentity)。真确实体

---

① 参见李佑新:《现代性的双重意蕴及其实质问题》,载《南开学报》2004年第1期。
② 后来卡尔纳普把它扩展到逻辑推定的范畴,参见〔美〕卡尔纳普:《通过语言的逻辑分析清除形而上学》,载洪谦主编:《逻辑经验主义》上卷,商务印书馆1982年版,第31—32页。
③ 参见唐丰鹤:《在经验和规范之间:正当性的范式转换》,法律出版社2014年版,第155—156页。
④ Leszek Kolakowski, *The Alienation of Reason: A History of Positivist Thought*, Doubleday & Company, Inc., 1968, p.30.
⑤ 颜厥安先生说:"与其说法实证主义学说的发展受到实证主义哲学的强烈影响,不如说法实证主义与孔德之后始获命名之实证主义哲学都同样受到来自自然科学经验研究成果的重大冲击,两者在学说成立发展的过程中是一起长大的,甚至还显现了相当程度的相互独立性。"参见颜厥安:《法与实践理性》,中国政法大学出版社2003年版,第248—249页。此话不难理解,因为实际上就连实证主义哲学都可谓是现代性的产物,起码是借着现代性而发扬光大的,所以,现代性才是实证主义哲学和法实证主义的根源,而自然科学不过是现代性的一种代表或表征罢了。

是人可以感知到的,一个真确的实体是一个物体(body)或一项物质(substance),是"可由感官(senses)感知(perceived)的任何东西"。[①] 真确实体包括感觉(perceptions)和感觉背后的物体,其中感觉是真正的真确实体,而感觉背后的物体是根据感觉被推断出来的。拟制实体是思维想象的产物,没有它们,语言便不能展开,甚至思想也不能展开。拟制实体分为两大类:一是物理性的,包括物质、形式、数量、质量等等;二是政治性的,包括义务、权利、权力、资格等等。拟制实体若具有真实性,则须能够还原到真确实体,也就是还原到人的感知,若不能还原,就是虚构实体,或者说是乌有体。[②]

在此种思想的影响下,边沁认为,法律可以"被定义为宣示某种意志(volition)的那些标记(signs)的集合。它由某个国家的主权者(sovereign)设立或采纳,调整的是特定情形下特定的人或群体所采取的行为,在所涉情形中,这些特定的人或群体应该服从主权者的权力"[③]。这个概念中,主权者、主权者的意志和表达这种意志的标记都是真确实体,因此这个定义是一个完全的法律实证主义风格的定义。

由于边沁的法实证主义坚持事实与价值的二分,所以,这种法律,不可能再根植于超验的自然法,这正是实证法全部的特质和意蕴所在。我们不妨将亚里士多德对法律的看法与边沁的法律概念作一个对比:

> 推崇法治就是推崇神和理性的统治,推崇人治则是在推崇魔鬼和兽性的统治。因为欲望就沾染着兽性,而激情会扭曲统治者和最卓越之人的灵魂。法是纯然的理性,它不应被欲望所左右。[④]

显然,亚里士多德对法律的看法代表了古希腊哲学的意见,苏格拉底、柏拉图等人认为人的灵魂由理性、激情和欲望三部分构成,理性是思考与推理的能力;欲望是兽性,其本质是贪婪,它不知餍足地追求满足与快乐;激情是介乎理性与欲望之间的第三者,它既可以成为理性的"天然辅佐",也可以与欲望结盟从而反对理性。个人的正义就是理性处于支配地位、激情是辅佐、欲望得到控制的一种和谐状态。[⑤] 所以,人是高尚还是卑劣取决于是理性联合激情控制了欲望,还是欲望联合激情控制了理性,柏拉图将此种情形比喻

---

① Philip Schofield, *Utility and Democracy: The Political Thought of Jeremy Bentham*, Oxford University Press, 2006, p. 8.
② Jeremy Bentham, A Fragment on Ontology, Essay on Logic, Essay on Language, in John Bowring (ed.), *The Works of Jeremy Bentham*, Vol. 8, Thoemmes Press, 1995, pp. 193-339.
③ Jeremy Bentham, *Of Laws in General*, ed. H. L. A. Hart, Athlone Press, 1970, p. 1.
④ 〔古希腊〕亚里士多德:《政治学》1287a。
⑤ 〔古希腊〕柏拉图:《国家篇》,第 4 卷 439D—442D。

为一架由三匹马拉着的马车,马车的走向由三匹马之间的联盟与角力情况而定。① 亚里士多德将法律定义为摒绝了欲望的理性,说明法律的本质是神圣的,因为,在希腊人的观念里,理性即是神性,实际上,人的理性被认为来自神——古希腊人的这种理性观念跟现代资本主义社会的那种"计算理性"实是大相径庭。

再来看边沁的定义,边沁将法律的基础置于真确实体的基础上,它拒斥法律与神圣事物之间的任何瓜葛,实际上,神圣事物在边沁那里是乌有体。"如同霍布斯一样,边沁将法等同于立法(legislation),是日益集权的公共权威发布的具有普遍约束力的命令……法不宜被看作是某种'更深刻'东西的体现——不论这种更深刻东西指的是自然,还是道德原则。其间的原因在于,在今时今日,对自然或自然法观念的普遍认可已然崩解。"②这是多么具有现代性的一段话啊!那么,在边沁那里,法律,或更准确地说,实证法,将成为什么呢?显然,只能沦为一种纯粹的意志,一种主权者的恣意,一言以蔽之,法律,就是主权者的决断。

所以,实证主义真正的本质就在于它的意志性上,法律是一种意志,是激情和欲望,是兽性。法律是一种意志,这种意志是专断的,因而是命令——命令一词完全暴露了实证法的专断性本质,难怪法实证主义那么喜欢它。命令之所以体现的是专断,是因为,按照边沁的说法,命令具有两个维度:一个是心理学维度,即命令传递的是发令者的意志;另一个是社会学维度,即命令隐含着一种权力关系,命令是权力的上位者对下位者发布的行动指令。从这个意义上说,命令是一类因表达意志的人和意志所指向的人之间存在权力的社会关系而有别于其他类型意志的意志。③ 质言之,命令体现了意志的专断性:

> (命令)意在阻止或摒绝听令者对命令所命行为的利弊得失进行任何独立的考量,以此来决定做与不做。职是之故,发令者表达的意志并不是听令者从事该行为的理由,哪怕是最强有力或支配性的理由。这是因为,一旦发令者表达的意志被当作从事该行为的理由,这就已经表明听令者可以对是否从事该行为进行独立权衡,而这恰恰是发令者意在摒绝或排除的。④

---

① 〔古希腊〕柏拉图:《斐德罗篇》,246A—B,253B—255A。
② Gerald J. Postema, *Bentham and the Common Law Tradition*, Oxford University Press, 1986, p.315.
③ Ibid., pp.324-325.
④ H. L. A. Hart, *Essays on Bentham: Jurisprudence and Political Theory*, Oxford University Press, 1982, p.252.

命令,正如霍布斯所说:"当一个人说'得如何如何'或'不得如何如何'时,如果除了说话者的意志外别无其他理由,便是命令。"①

自然法传统认识到了制定法的意志性与专断性,所以它试图净化这种兽性的法律,将其纯净化为全然的理智,而实证法思想由于视任何神圣事物为乌有,所以,只能放任制定法流于恣意,由此将制定法或古人所说的立法转变成了实证法观念。**实证法本身就是一种世界观,一种以无根基性为特质的世界观。**从两者鲜明的对比上,我们大概可以对实证法的本质更加了然于心。

最终,现代实证法以一种特别的形象深入人心,它本质上是一种上位者的意志,法律权利义务不过是此种意志的产物;作为一种专断的意志,它要求下位者无条件地效忠与服从,如果下位者拒绝献上这种效忠与服从,那么,它就将动用武力进行制裁。所以,现代实证法所构建的社会关系,本质上是一种意志与服从的关系,它所设想的社会,不是一种通过社会公认的神圣观念或共同习俗而团结在一起的社会,而是一种由某种强力捏合在一起的社会。② 在这个社会里,虽然上位者可能会尽量考虑下位者的情感和利益,但这些只是附属性的,并不是该社会的本质要求。

第二节 法律的功用正当性

然而,法一旦被界定为纯然的意志,它的正当性就成了问题,这里所理解的正当性,是指法律本身的根基何在的问题。法的正当性与法的本真性(authenticity)密切相关,可以说,只有具备正当性根基的法,它才能合适地被称为法,具有对法的本真性而言必不可少的法效力维度,而不具备正当性根基的法,它的效力或者受到减损,或者竟完全失去了法效力,不配称之为法了。

很明显,当亚里士多德把法律定义为摒绝了欲望的理性时,实际上,他是说在制定法或立法之上,还有一个来自神的理性的自然法,而世俗主权的制定法或立法,应该符合这种理性自然法,所以,最终,即使是世俗性的法律,它在应然的意义上,也应该是一种"摒绝了欲望的理性"。在此,古希腊人心目中的"自然法—制定法(立法)"即构成了一种二元秩序图景,而制定法(立法)的正当性正立足于自然法,对此,凯尔森说得煞是透彻:"自然法学说的特征是实在法与自然法之间的基本的二元论。在不完善的实在法之上,存在着完善的——因为它是绝对正义的——自然法;而实在法只能由于符合自然

---

① 〔英〕霍布斯:《利维坦》,黎思复、黎廷弼译,商务印书馆 1985 年版,第 198 页。
② See Hume, L. J., *Bentham and Bureaucracy*, Cambridge University Press, 1981, p. 64.

法才能证明是正当的。"①

不过,这一图像虽然支配了人类思想数千年之久,但是,自文艺复兴始,它就已经出现了裂痕,到了休谟所处的时代,一切都崩解了。休谟提出事实与价值的二分理论时,他一定意识到了自古希腊以来的所有自然法,都毫无疑问属于他所说的价值的范畴,因而只是主观臆想的产物。如果说这一观念在休谟那里还只是有所意识,还不甚明了的话,那到了边沁这里,一切都显明了。边沁对自然法的攻击正是建立在事实与价值二分理论的基础上,虽然他攻击的对象主要是近代的人权自然法理论,但是他攻击的逻辑却可以扩展到神学自然法的范畴——这是由事实与价值二分的理论逻辑决定的。

边沁从实证主义的立场出发,认为自然法理论只是一些拟制实体,并且找不到功用原则(Principle of Utility)的支撑,变成了一种乌有体,因此,本质上只不过是一些呓语或胡话。"被称为自然法的,既不是法律,也不是制裁,只是自命为立法者之人的意见。"②因此,"一个人在脱离任何实际的法理学体系,不赞成某种行为模式时,就说存在着反对它的自然法……他因为无法说清楚为什么不赞成它,所以就会转而谈论正确的规则、事情的合宜性、道德感,以及别的想象的标准。然而,无论名词怎么变幻,自始至终表达的都仅仅是他经过乔装改扮的私人意见。"③而所谓的理性,并没有一个标准,是完全相对的,说到底,不过是表达了一种个人的喜好。"何谓与理性相左?……让别人爱怎么回答就怎么回答;对我来说,我可以十分直白地承认,所谓与理性相左,就是与我的理性相左,也就是说,与我喜欢的不符。我甚至能更进一步地补充说,对其他人而言,事情也是这个样子,所谓与理性相左,就是与他们所喜欢的不符。所以,对短语'与理性相左'最直接,可能也是最贴切的翻译,就是'与我所喜欢的相背'。"④

然而,一旦自然法被定性为呓语胡话或个人偏好,它也就失去了充当制定法或立法正当性基础的资格。所以,自然法被摧毁了,也就意味着实证法危机的开始。边沁或边沁主义者们可能会辩护说,实证法虽然失去了自然法这一正当性根基,但是它大可以将自身的本真性建立在主权权威的基础上,因为按照实证法的定义,法律是主权者的决断,主权的权威保证了法律的权

---

① 〔奥〕凯尔森:《法与国家的一般理论》,沈宗灵译,中国大百科全书出版社1996年版,第11页。
② UC lxix, 109.
③ UC lxix, 102.
④ Jeremy Bentham, A Comment on the Commentaries, in *A Comment on the Commentaries and A Fragment on Government*, edited by J. H. Burns and H. L. A. Hart, Oxford University Press, 2008, pp. 197-198.

威性。而按照边沁的说法，主权的权威来源于民众的服从惯性和倾向。边沁说："任何权力（指政治权力）得以确立靠的是什么？……正好是一种服从的惯性和服从的倾向：惯性，是就他过去的行为而言的；倾向，是就他将来的行为而言的。"①正如鲍斯提摩所说，边沁所理解的人民对主权者的服从不是机械的(mechnical)，而是交互的(interactional)②，主权者的权威由惯例所确立并受惯例所限制，惯例确立了某种边界，政府不可逾越边界颁布法律，由于惯例所确立的边界是人所共知的，所以一旦政府越界，这种越轨行为也就人所共知。臣民对政治权力的服从并不是无条件的，按照惯例，臣民的服从只能被限定在惯例确立的边界内。在边界之内，臣民愿意遵守主权者制定的任何法律，但是一旦越界，臣民将不会服从任何主权者及其颁发的命令。③ 那能不能说，法律的本真性来自主权权威并最终受制于习俗呢？这里值得注意的是，虽然边沁承认他的主权者是受到习俗的实际限制的，并因此存在一种针对主权者的法律(laws in principem)④，但是，边沁自己也承认，在理论上，主权权威是不受任何限制的，"对于主权者的权威，不存在什么先在的、理论上的限制。特别是，我们不能从一些规定什么是善的、公正的、或恰当的法的抽象规范政治理论中推导出这些限制。"⑤

也就是说，如果将法律本真性诉诸主权权威，就意味着一种在逻辑上不接受任何限制的主权者颁布的任何法律都是本真性的法，那么，法律还是可以被归结为恣意或决断，但是，如此一来，何以约束主权者的意志呢？难道任何走火入魔的主权者制定的极其反正义的法律都是法律？实证法思想对此势必说是，但是这恰是问题所在，也是边沁的关切。

边沁正是在这一点上与后来的法实证主义者分道扬镳了，也可以说，边沁实际上还不能算是那种纯正的法律实证主义者，因为他将法律界定为主权者的意志和命令后，随即就意识到了问题的所在，而边沁理论最有特色的地方不在于他的法律意志说，而在于他对意志的规训，也就是他的法之功用正当性理论。

---

① Jeremy Bentham, A Fragment on Government, in *A Comment on the Commentaries and A Fragment on Government*, edited by J. H. Burns and H. L. A. Hart, Oxford University Press, 2008, ch. IV, para. 35.
② Gerald J. Postema, *Bentham and the Common Law Tradition*, Oxford University Press, 1986, pp. 235-236.
③ See Ibid., pp. 245-246.
④ Philip Schofield, *Utility and Democracy: The Political Thought of Jeremy Bentham*, Oxford University Press, 2006, p. 231.
⑤ Gerald J. Postema, *Bentham and the Common Law Tradition*, Oxford University Press, 1986, p. 249.

依边沁之见,法律若不想沦为主权者为所欲为的意志也即恣意的话,那么,就必须接受功用原则的支配,在这里,边沁迈出了他理论生命中最关键的一步,表达了用功用原则驯化立法者恣意的想法,边沁理论的这一飞跃,也是现代法律正当性理论的一次重生,从法正当性的视角观之,边沁此举,无疑是说,他将现代实证法的正当性建立在功用原则之上,亦即,现代实证法的正当性,来自功用原则,合乎功用,可谓正当,法才成其为法;悖于功用,其效力不免减损。

值得注意的是,基于这种功用正当性的逻辑,边沁甚至认为法律所从出的主权者的权威也立足于功用原则,如前所述,边沁认为主权者的权威由民众的服从惯性和倾向所确立,但是民众何以形成这种服从惯性和倾向呢? 说到底还不是基于功用的考量? 所以,甚至主权本身的正当性都"依赖于人们基于功利考量而形成的服从习惯"①,边沁说主权者理论上不受限制,实际上却受到某种限制,现在我们可以明白,这种限制,本质上是一种基于功用的限制,习俗不过是这种限制的一种表现形式罢了。

虽然功用原理并非边沁首创,古希腊的伊壁鸠鲁(Epicurus,公元前341—前270年)就已经提出了快乐主义的伦理学②,其后经爱尔维修(Claude Adrien Helvétius,1715—1771年)、贝卡利亚(Beccaria,1738—1794年)等人一脉相承,薪火不绝。但是将法律的正当性奠基于功用原则之上,确是边沁发前人之所未发。亦正为此,边沁也以前无古人的清晰和详细阐述了仿佛不言自明的功用原理。在《道德与立法原理导论》中,边沁开宗明义地指出:"大自然将人类置于两位君王——快乐和痛苦——的宰制之下。只有它们才能指明我们所应为,决定我们所将为。是与非的判断标准,因与果的内在联系,无不取决于这两位君王。"③令人惊异的是,边沁在这里完全罔顾了实证主义的基本立场和先辈休谟关于不要跨越是与应当的鸿沟的告诫,他直接从苦乐的事实性支配现象跳到了应当的范畴,认为唯有快乐和痛苦,才能"指明我们所应为,决定我们所将为"④。实际上,功用原则,就是一个应然意义上的原则,所谓功用原则,"就是根据任何行为对于利益攸关者的快乐看起来必将产生的增减倾向而决定赞成与否的原则;换言之,就是根据任何行为对于这种快乐是促进或阻碍而决定赞成与否的原则。"⑤从是到应当的飞跃,

---

① 李燕涛:《边沁主权思想的发展及其内在逻辑》,载《求索》2012年第12期。
② 参见徐国栋:《伊壁鸠鲁学派的快乐主义、边沁功利主义与英国法人性假设的形成》,载《河南财经政法大学学报》2013年第2期。
③ 〔英〕边沁:《论道德与立法的原则》,程立显、宇文利译,陕西人民出版社2009年版,第2页。
④ 同上。
⑤ 同上书,第3页,翻译有改动。

表明边沁将功用原则视作一切事物正当性基础的决心,立法并不是立法者的为所欲为,而是必须要遵循一个应然的规范,此即功用原则。"对于一项符合功用原则的行为,人们总可以说它是应当做的行为,至少可以说它不是不应当做的行为。人们还可以说做出这个行为是对的,至少可以说做出这个行为不是错的。"① 正如斯科菲尔德(Philip Schofield)所说的,功用原则意味着"快乐构成道德上的善,痛苦构成道德上的恶",所以,一旦决定成为功用原则的信徒,就意味着"认同提高功用的任何行为"。② 另一位学者也持同样的看法:"边沁先生坚称,在任何情况下,我们都应当义无反顾地抛开源自道德认同的前设,通过坚定和谨慎的分析转而将事物的根基建立在纯粹功用的基础上。然后,运用新的道德算术,确定事物的成分、数量和价值,并根据这种计算的结果来定位我们的道德认同。"③

但是也不能说边沁完全背弃了实证主义的基本立场,事实上,功用原则,即便边沁把它当作了一个应然的规范,但是,功用原则的基础,依然建立在实证的立场上。对边沁来说,拟制实体若想得到证明,必须得到真确实体的支持,他所提倡的功用原则就是一个拟制实体,它依赖于最大多数人的最大幸福,而幸福又是一个拟制实体,因此幸福并不能被视作是功用原则的最终依靠,证明之链还必须继续回溯,最终,边沁认为幸福就是快乐,而其反面则是痛苦,快乐和痛苦不再是拟制实体,而是真确实体,因为快乐和痛苦是感觉自身。④ 这样,功用原则作为一个拟制实体最终得到了真确实体的证明。这就是为什么边沁用快乐和痛苦来界定功用原则,并将其视作唯一正确原则的原因。边沁对于真确实体的依赖充分说明了其理论的"经验—事实"取向,也表明他依然持守实证主义的立场。

就这样,边沁在不违背实证主义立场的基础上,以功用为目标,以功用原则为道德指导原则,提出了实证法的功用正当性思想,边沁的抱负在于,他既不能逆现代性之潮流,去子虚乌有的自然法中去寻找实证法的正当性,但是又不能真正斩断实证法的一切羁绊,让它沦为主权者的恣意,为此,他别出心裁地提出了法的功用正当性,功用立足于真确实体,并非自然法那样的呓语或子虚乌有之物,而实证法受到功用的牵制,自不可放浪形骸,流于恣意。因此,边沁堪称新时代的法正当性之奠基人。

---

① 〔英〕边沁:《论道德与立法的原则》,程立显、宇文利译,陕西人民出版社2009年版,第4页。
② Philip Schofield, *Utility and Democracy: The Political Thought of Jeremy Bentham*, Oxford University Press, 2006, p. 33.
③ James Steintrager, *Bentham*, G Allen and Unwin Ltd., 1977, p. 13.
④ Philip Schofield, *Utility and Democracy: The Political Thought of Jeremy Bentham*, Oxford University Press, 2006, p. 9.

第三节 边沁对普通法的批评

边沁对法律功用的看法首先就体现在他对普通法的看法上。边沁对于英国普通法的憎恨是众人皆知的,这种憎恨是一套系统对另一套完全格格不入的系统的那种整体性憎恨。18世纪的英国普通法面临着非常深重的危机,一方面,以习俗为基础的普通法依然是英国法律的基础,但是,判例法的本质使得普通法在18世纪中期变成了一堆复杂烦冗的技术规则、陈旧落伍的概念和故弄玄虚的程序。① 边沁时代的普通法,如徐国栋先生所言,存在以下问题:(1)严重的不周延性;(2)缺乏普遍性;(3)混乱性;(4)难以接近性。② 另一方面,议会制定法在快速崛起,当时的议会制定法旨在保护占统治地位的社会集团的利益免遭社会大众侵犯,这些制定法在统治阶层的控制下,内容非常残酷,一些根本够不上处罚的行为都被判处死刑,不仅法律非常残暴,充满"德古拉法的精神",而且整个制定法非常混乱、矛盾和反复无常。对此,布莱克斯通坚定地捍卫普通法的基本立场,认为制定法的抵牾、轻率、复杂和不人道,刚好是威胁到法律自身的更深层疾病的最显著症状——议会主权的不负责行使所导致的。③ 但是,布莱克斯通也意识到普通法独有的困难,所以他尝试引入欧陆自然法理论对传统普通法进行修补和修正。布莱克斯通在一定程度上承认了制定法的存在,但是为了避免英国制定法过程中出现的那种主权者恣意的情况,他引入上帝法、自然法(或神法)、国际法对市民法施加限制,这其实就是传统的自然法学的法律正当性思路,通过自然法来限制制定法的恣意,赋予制定法以正当性。

由此,在布莱克斯通那里,英国普通法正当性的神话被建立在两个基石之上:(1)普通法,一直以来被视为是来自于不可追忆的习俗,普通法体现着人们的习俗,表达着人们的社会生活,代表着人们对于法律的默示同意;(2)普通法背后站着理性的自然法,以理性自然法为依归,自然法修正了习俗法。④

边沁对普通法神话的这两个部分进行了无情的抨击,对自然法的批评已

---

① Gerald J. Postema,*Bentham and the Common Law Tradition*,Oxford University Press,1986,p. 266.
② 徐国栋:《边沁的法典编纂思想与实践——以其〈民法典原理〉为中心》,载《浙江社会科学》2009年第1期。
③ Gerald J. Postema,*Bentham and the Common Law Tradition*,Oxford University Press,1986,p. 265.
④ Ibid.,pp. 268-269.

如前述,在此不赘。实际上,更加让边沁义愤填膺的是,普通法根本不符合功用原理。按布莱克斯通的理解,普通法的主体是一套以习俗为基础的判例法体系,而在边沁看来,判例法这种形式,特别不符合功用原理。

在这里,有必要对功用原理再作一番审视,早在《道德与立法原理导论》中,边沁就已经注意到了功用的两种截然不同的类型,在该书第十二章中,边沁区分了刑事损害的主要损害与次要损害。所谓主要损害,指的是由某一个或一大批可认定的个人所承受的损害;所谓次要损害,则源于前一类损害、而扩展至全社会或另外一大批不可认定个人的损害。边沁认为,次要损害由两种要素构成:危险和惊恐。危险是可能性,是它所涉及的一大批人因主害而面临的遭受这种损害的可能性;惊恐是一种恐惧之苦,是基于担心遭受主害必然产生的损害和麻烦而产生的恐惧,这种恐惧,是一种对未来伤害的预期。① 在这里,按鲍斯提摩的看法,边沁所指涉的主要损害和次要损害中的危险都是一种客观的损害,而次要损害中的惊恐则是一种主观的损害,是一种预期的损害。② 此后,边沁的想法愈发清晰,在手稿中,他区分了两种功用:源生功用(original utility)和预期功用(expectation utility)。③ 源生功用是某种事物带来的直接功用,比如一项法律判决给当事人带来的功用;预期功用实际说的某些事物的预期功能,根据它们,我们可以预测他人的行为,并对自己的生活作出安排,这是一项使得社会生活成为可能的功用:

> 正是通过预期,我们才能形成行动的一般计划;正是通过预期,一些孤立而独立的时间点才能被串联成线,作为一个整体,这些连续的时刻造就了生活的延续。预期是把我们的现在和未来串成一线的链条,甚至越出我们的时代而串联起以后的世世代代。个体的感受构成了这一链条的各个节点,并通过这一链条向后延展。④

预期功用主要来源于两个方面:(1)习性(habit)、习俗(custom)、人们的成规性行为模式;(2)源自制定法、官方习惯、先决意见的法律等,它们都能给人们提供稳定的预期。"预期功用是那些源自对人们恰当行为之信念的功用,不论是私人行为,还是官方行为,这些行为受已经确立的实践、习性、习

---

① 参见〔英〕边沁:《论道德与立法的原则》,程立显、宇文利译,陕西人民出版社2009年版,第118—119页。
② Gerald J. Postema, *Bentham and the Common Law Tradition*, Oxford University Press, 1986, p.170.
③ UC lxx(a). 20;UC xcvi. 74;UC lxxii. 1.
④ Jeremy Bentham, Principles of the Civil Code, 转引自 Gerald J. Postema, *Bentham and the Common Law Tradition*, Oxford University Press, 1986, p.161.

俗,或普遍规则调整。"①对边沁来说,他所谓的功用更多就是指此种预期功用,"功用是由两部分组成的:(1)原生的,(2)源于预期的。正义……取决于后一种意义上的功用。"②

在边沁看来,普通法的判例法本质使得它不可能符合功用原理,尤其是预期功用意义上的功用,在边沁看来,普通法的判例法性质使得它本质上成为一种法官和律师的立法,"普通法,如果不是法官法(judge-made),就什么也不是。"③由于这种法律是由法官通过个案裁判的方式确立的,它始终欠缺一个明确的法律条文,所以本质上是不确定的、混乱的,甚至是自相矛盾的,"这个关于什么是普通法的松散和抽象的观点表明界定普通法是多么困难……普通法不是被任何形式的言辞所确立的,而是被权威的行为所确立的。用来表达普通法的言辞是因人而异的:你的,我的,随便哪个人的。"④虽然类似布莱克斯通这样的普通法的拥护者说普通法的基础是古老而神圣的习俗,但是边沁指出:"如果普通法归根到底就是习俗或实践的话,那么它就是法律精英、合伙人、法官公司的技艺习惯。普通法的习俗,与其说是'国家的习俗',毋宁说是'法庭的习惯',它由不合法的伴侣所生,并在堕落中培育。"⑤普通法如果本质上就是不确定的,那么人们也就不可能根据它来进行预期,从这个意义上说,普通法是没有功用的。其次,边沁进一步指出,普通法不仅不是人们据以安排社会生活、起着稳定预期作用的习俗,它本质上是法官的恣意或专断:"不确定性……到了极限,哪怕是同一个行为规则,用的都是不同的说辞来表述……在一桩诉讼的每一个场合,据以决定案件成败的行为规则……据以决定诉讼当事人的规则,都取决于法官的专断意志。这种专断意志,即使在相同的场景下,每次都以改头换面的形式,仿佛首次出现。"⑥在边沁看来,这种法官的专断意志不仅是高度不确定的,而且更要命的是,它是溯及既往的,既然普通法是法官法,"法官每次赋予其法律效力的规则,乃是一个他想要制定的规则。"⑦也就是说,普通法是法官按照案情临时决定创制一个适合于它的立法,然而再把这个新创制的立法适用于待决案

---

① Gerald J. Postema, *Bentham and the Common Law Tradition*, Oxford University Press, 1986, pp. 151-152.
② UC xcvi. 74.
③ Gerald J. Postema, *Bentham and the Common Law Tradition*, Oxford University Press, 1986, p. 274.
④ UC lxix. 151.
⑤ Gerald J. Postema, *Bentham and the Common Law Tradition*, Oxford University Press, 1986, pp. 274-275.
⑥ BL ADD. MSS 33, 549, fo. 17.
⑦ Jeremy Bentham, Petition for Codification, in John Bowring (ed.), *The Works of Jeremy Bentham*, Vol. 5, Thoemmes Press, 1995, p. 546.

件,从这个意义上,边沁指出,普通法本质上就是溯及既往的。① 边沁称其为"狗法"(dog law),"当你的狗做了任何违反你意愿的事情时,你等它做了,然后又因为它做了而打它。这就是你对你的狗的立法之道,亦是法官对你我的立法之道。他们不是事先告诉一个人什么是他应该禁止去做的……他们什么都不说,直到这个人做了某件事,他们说这件事是被禁止去做的,然后据此绞死了他。"② 而要命的是,这种溯及既往的狗法是不可能具有预期效用的,事实上,法律之所以不能溯及既往,恰恰就是溯及既往的法律无法提供预期,即无法让民众据以安排其社会生活。最后,边沁指出,本质上作为法官造物的普通法,不仅不能为社会增进功用,而且还会沦为法律职业集团谋求私利的工具,从而减损了整个社会的功用。边沁认为,普通法之所以被弄得复杂难懂、混乱不堪,是法律职业集团故意为之的结果,其目的是不让普罗大众接近法律,从而迫使他们把法律问题交给法律职业阶层,法律职业阶层由于垄断了法律的解释权,也就可以对当事人开出高昂的价格,从而谋求高额利润。由此,边沁视普通法为"法官公司"的产品。③ 换言之,边沁似乎认为法律本可以不必如此复杂的,普通法的复杂和混乱完全是人为的,目的是提高准入门槛,加强法律职业集团的议价权。"在法律与诉讼当事人间,筑起了程序、术语和官员等令人望而生畏的樊篱",这让法律职业阶层获得了非同寻常的话语权,但是代价是"不可避免的腐败与普罗大众对法律的普遍无知",最终,"大部分人都完全不能从法律运用中受益,也不接受法律的保护——甚至还有一部分人受到法律的恐吓"。④ 这种对于法律的操纵虽然增加了社会上一部分人的利益,但是从整个社会的角度来观察,总的利益应该是减少的,所以,普通法,如同边沁一再控诉的那样,违背了功用原则。

  它使人们的预期落空了,并且会动摇人们对于法律规则稳定性的信念,这些法律规则也许是合理的,也许是不合理的。要知道,对人有价值的一切事物都仰赖于这种稳定性。打破预期权宜行事对当事人来说可能是有非常大的好处的,但是无论如何,这个好处绝不可能与因打破预期而对共同体造成的危害相提并论。恰如其分地说,这就是"捡了芝

---

① Gerald J. Postema, *Bentham and the Common Law Tradition*, Oxford University Press, 1986, p. 276.
② Jeremy Bentham, Truth Versus Ashhurst, in John Bowring (ed.), *The Works of Jeremy Bentham*, Vol. 5, Thoemmes Press, 1995, p. 235.
③ Gerald J. Postema, *Bentham and the Common Law Tradition*, Oxford University Press, 1986, p. 267.
④ Ibid.

麻,丢了西瓜";或如培根勋爵所说,是一个人为了煮鸡蛋而点着了整个房屋。①

所以,一言以蔽之,普通法完全不能胜任法律的根本任务。"在我们需要其内容和本真性不容置疑的清晰、确定、公开的规则时,普通法只给我们提供了争议不断、变幻无常的规则和有效性标准。"②

既然边沁认为普通法的问题出在稳定预期上,那么,就有必要以一种更好的法律来取代它。以边沁之见,这种取而代之的法律,出于稳定预期的必要,必须符合以下特性:第一,此种法律必须体系完整,这是一种从形式到内容的完整,形式完备,内容整全,包含了几乎所有法律问题的答案;第二,法律必须是和谐有机的整体,贯彻同样的精神和原则,法律规则的表达没有逻辑上的相互矛盾,因为相互矛盾的法律也将带来预期的混乱;第三,法律规定必须明确,不能模棱两可,含糊其词会让人无所适从,无法确立稳定预期的框架;第四,法律的表达必须平白易懂,条文简练,原理清晰,让人易于接近,令人望而生畏的法律很难为人民提供预期。用边沁的话来说,就是掌握法律的知识"无需教授的指导,一个父亲可以在不接受任何帮助的情况下教育他的孩子学习法典"③。

第四节 边沁的功用主义立法

边沁的法典化计划规模宏大,堪称万全法典(Pannomion)计划,其立法构想包括如下十个部分:(1) 宪法;(2) 民事法;(3) 刑事法;(4) 民事、刑事诉讼程序;(5) 关于报偿的立法;(6) 关于议事程序的立法;(7) 关于财政的立法;(8) 关于经济的立法;(9) 国际法;(10) 关于以上九个部门的形式、方法、术语、概念的关联性及意义的说明。④ 显然,这是一个整全(integrity)的立法计划。

对边沁而言,基于法的功用正当性理论,他整个体系化立法的目标是要符合功用原则,即符合最大多数人的最大快乐这一目标,此乃不言自明之事。

---

① Jeremy Bentham, A Fragment on Government, in *A Comment on the Commentaries and A Fragment on Government*, edited by J. H. Burns and H. L. A. Hart, Oxford University Press, 2008, p. 409.
② Gerald J. Postema, *Bentham and the Common Law Tradition*, Oxford University Press, 1986, p. 295.
③ 转引自封丽霞:《法典编纂论———一个比较法的视角》,清华大学出版社 2002 年版,第 153 页。
④ 参见〔英〕边沁:《论道德与立法的原则》,程立显、宇文利译,陕西人民出版社 2009 年版,序言第 6—7 页。

在《道德与立法原理导论》中,边沁的主要关切是如何为现代立法确立一个普遍性的原则,从而约束立法者的恣意,为现代立法提供正当性。①

但是,在边沁那里,不仅存在一个作为立法鹄的的功用原则或功用目标,还存在一个在事实上支配人们的功用规律——通过经验观察可以发现,人们的行为实际上是遵循趋乐避苦的基本规律的,即边沁所说:"大自然将人类置于两位君王——快乐和痛苦——的宰制之下。"功用原则是应然意义上的,是应该要遵守的道德性原则;而功用规律,即人们趋乐避苦的本性,是实然意义上的,类似于支配人们的某种自然规律。

对边沁来说,为了实现应然的功用目标,必须要从实然的苦乐定律入手,根据人们趋乐避苦的天性,通过法律来配置人们行为的苦乐后果,从而达到调整其行为的目的,所以,为了在立法中贯彻功用原则,为了应用苦乐定律,立法者便不得不明了计算苦乐的数学②,边沁详细列举了快乐和痛苦的类型,快乐包括14种类型,分别是感官、财富、技能、和睦、美名、权力、虔诚、仁慈、恶行、回忆、臆想、期望、交往、善行之乐;痛苦包括12种类型,分别是贫穷、感官、笨拙、不和、恶名、虔诚、仁慈、恶行、回忆、臆想、期望、交往之苦。③对于这些苦乐而言,怎样计算它们的数量呢?边沁认为,就个人来说,快乐或痛苦本身之值的大小,要根据下列六种状况而定:(1)其强度;(2)其持久性;(3)其确定性或不确定性;(4)其贴近性或遥远性;(5)其繁衍性;(6)其纯粹性。④ 就群体来说,群体的苦乐不过是群体成员个人苦乐的相加之和,所以,仍然可以从个人的角度来衡量之,具体来说,取决于七个要素:(1)其强度;(2)其持久性;(3)其确定性或不确定性;(4)其贴近性或遥远性;(5)其繁衍性;(6)其纯粹性;(7)其广度。⑤ 边沁注意到,苦乐最终是一个因人而异的事,所以,他讨论了影响苦乐的个人主体性因素:(1)健康;(2)力气;(3)忍耐性;(4)身体缺陷;(5)知识的数量与性质;(6)智力;(7)精神的坚定性;(8)精神的稳定性;(9)爱好;(10)道德情感;(11)道德偏爱;(12)宗教情感;(13)宗教偏爱;(14)同情情感;(15)同情偏爱;(16)厌恶情感;(17)厌恶偏好;(18)精神错乱;(19)习惯性活动;(20)金钱境况;(21)同情性关系;(22)厌恶性关系;(23)身体的基本结构;(24)精神的基本结构;(25)性别;(26)年龄;(27)地位;

---

① Philip Schofield, *Utility and Democracy: The Political Thought of Jeremy Bentham*, Oxford University Press, 2006, p. 34.
② See Ibid., pp. 40-44.
③ 〔英〕边沁:《论道德与立法的原则》,程立显、宇文利译,陕西人民出版社2009年版,第28页。
④ 同上书,第24页。
⑤ 同上书,第25页。

(28)教育;(29)气候;(30)血统;(31)政府;(32)宗教信仰。①

对边沁来说,功用原则既是一项立法必须遵守的应然的原则,也是一项在事实上支配人们行为的实际准则(此时称之为功用规律)。立法,一方面,以功用原则为指针,以最大多数人的最大快乐为目标,另一方面,如何驱使人们做出符合这一目标的行为,也依赖于立法者对苦乐两种元素的灵活配置。对个人行为之操控来说,边沁区分了七种来源的苦乐,即物理的、政治的、道德的(民意的)、宗教的、同情的、厌恶的、报应的束累(sanctions)②,对于这些束累,立法者应予以灵活操控,以刺激适当的动机,从而产生适当的行为。立法者就是要善于运用这七种苦乐,驱使人们做立法者希望他做、最终有利于社会快乐的事。

然而,支配边沁的整个法典化构思的,仍然是应然意义上的功用原则,他的法典化方案涉及宪法、民法、刑法、程序法、国际法等领域,其中最主要的是民法与刑法的设计。

(一) 刑 法

边沁指出,一切法律共同具有或应该共同具有的总目标,是要增加社会的快乐总量,因而首先要尽可能地排除那些会减少快乐总量的一切事物,换句话说,要排除痛苦。

在功用思想的观照下,边沁认为一切犯罪都是给自己、他人和社会带来的痛苦,"犯罪是指一切基于可以产生或者可能产生某种罪恶的理由,人们认为应当禁止的行为。"③这些痛苦可能对特定的个别人、不特定的群体、社会全体成员或不特定的大多数人,甚至对犯罪人自己产生,基于这些痛苦所施加的对象和覆盖面,犯罪可以分为私罪、反射罪、半公罪、公罪。④私罪是对某些特定的人进行的犯罪,即将痛苦施加于特定个人的犯罪,由于个人的快乐有人身、财产、名誉和身份四个不同的来源,所以私罪又可以分为人身犯罪、财产犯罪、名誉犯罪、身份犯罪。反射罪是侵害自己的犯罪,由于反射罪施加痛苦给犯罪人自己,虽然也有害于社会的整体快乐,但是如果要惩罚这样的犯罪,反而会带来更多的痛苦,所以边沁指出,他划分

---

① 〔英〕边沁:《论道德与立法的原则》,程立显、宇文利译,陕西人民出版社 2009 年版,第 37 页。
② Jeremy Bentham, *The Correspondence of Jeremy Bentham Vol. 12: July 1824 to June 1828*, ed. Luke O'Sullivan and Catherine Fuller, Clarendon Press, 2006, p. 444.
③ 〔英〕边沁:《立法理论》,李贵方等译,中国人民公安大学出版社 2004 年版,第 286—287 页。
④ 同上书,第 287 页。

这种罪的目的不是为了惩罚,只是为了提醒立法者不要对这种犯罪施加惩罚。半公罪是对不特定人群的犯罪,就是对不特定人群施加痛苦的行为,这种罪的特点表现在它不是已经发生的或正在发生的,而是即将发生的危险的威胁,比如对交通设施的破坏导致乘车人遭受人身危险等。公罪是对社会全体成员或者不特定的多数人产生某种共同危险的犯罪,即对社会全体成员或者不特定的多数人施加痛苦的行为,边沁把公罪分为九类:对外部安全的犯罪、妨害司法与治安的犯罪、对公共力量的犯罪、对公共财富的犯罪、导致国家人口下降的犯罪、对国民财产的犯罪、对统治权的犯罪、对宗教的犯罪。① 边沁指出:(1)混合型犯罪相较单一型犯罪能产生更多的痛苦,因为混合型犯罪本身就是侵犯了多种权益的犯罪;(2)因为痛苦覆盖面不同,半公罪和公罪造成的痛苦,在同样条件下比私罪造成的痛苦大;(3)如果一种犯罪的结果不仅造成了原始的痛苦,而且对被害人产生了附随的痛苦,那么,这种犯罪所带来的痛苦就更大;(4)如果一种犯罪的结果不仅造成了对受害人的痛苦,而且又产生了对其他人的损害,那么,这种犯罪所带来的痛苦就更大。② 边沁认为,以上讨论的只是犯罪的第一层次之痛苦,犯罪还会带来第二层次的痛苦,即造成社会公众的惊恐,边沁详细讨论了影响惊恐程度的诸多要素:(1)犯罪的主观特性;(2)罪犯的身份;(3)犯罪动机;(4)预防犯罪的难易程度;(5)犯罪的秘密程度;(6)罪犯的性格。③ 值得注意的是,半公罪和公罪造成的痛苦,虽然只就可以细分的第一层次恶而言,可能会小于私罪,但是若考虑到第二层次的恶,则情况可能就不是这样了。④ 可见,边沁讨论刑法的基础就是功用的考量。

犯罪本质上是施加给社会的痛苦,是违背社会发展的功用目标的,所以,必须被预防和遏制,根据支配个人的苦乐定律,只有给犯罪人施加一定程度的痛苦才可以预防和遏制犯罪。但是边沁又意识到,一切刑罚都是痛苦,一切刑罚本身都是恶,所以,"根据功用原则,如果说刑罚完全应该被容许的话,那么,只有在它有可能排除某个更大恶的情况下,才应该被容许。"⑤所以他讨论了不应该施加刑罚的情形:(1)当刑罚无理由时;(2)当刑罚必然无效力时;(3)当施加刑罚无利益或代价高昂时,即当刑罚可能

---

① 〔英〕边沁:《立法理论》,李贵方等译,中国人民公安大学出版社2004年版,第288—290页。
② 同上书,第294—296页。
③ 同上书,第294页。
④ 同上书,第295页注①。
⑤ 〔英〕边沁:《论道德与立法的原则》,程立显、宇文利译,陕西人民出版社2009年版,第130页,翻译有改动。

带来的损害大于它所防止的损害时;(4)当刑罚不需要时,即当采取其他代价更低的方法可以防止损害时。① 在必须施加刑罚的场合,立法者必须谨记刑事立法的四个目标:(1)立法者首要的目标是设法防止可能发生的一切罪行;(2)如果有人一定要犯罪,那么,退而求其次,诱导或迫使他犯危害性较小的罪;(3)若有人决意犯一桩特定的罪行,那么,要使他有意于把损害限定在其实现意图所必需的范围和程度;(4)最后一项目标是,不论要防范的损害是什么,防范损害代价都要尽可能最小化。② 基于这些目标,边沁得出了以下立法规则:(1)刑罚之苦必须超过犯罪之利;(2)刑罚的确定性越小,其严厉性就应该越大;(3)当两个罪行相联系时,严重之罪应适用严厉之刑,从而使罪犯有可能在较轻阶段就停止犯罪;(4)罪行越重,就越有充足理由对其适用严厉之刑;(5)不同之人犯相同之罪,不应适用相同之刑,而应考虑各个犯罪中可能影响感情的某些情节,调整各自的刑罚。③ 为了更好地服务于这一目标,边沁为立法者提供了丰富的刑罚手段:(1)死刑;(2)痛苦刑;(3)常痕刑;(4)耻辱刑;(5)赎罪刑;(6)期限刑;(7)简单限制刑;(8)简单强制刑;(9)财产刑;(10)准财产刑;(11)表征刑等。④ 对边沁来说,以上刑罚方法只是对"对犯罪之恶的补救方法"之一种,除此之外,立法者还可以运用预防方法、遏制方法、补偿方法等。⑤

(二) 民 法

在此必须事先说明的是,边沁所谓的刑法、民法,并不是通常意义上刑法、民法。边沁所说的刑法,实际上是指一切需要采用刑罚手段的法领域。"对边沁而言,'刑事的'是比'犯罪的'宽泛得多的一个概念,其所覆盖的范围包括法律施加责任或义务,并对其作出制裁的所有情形。因此,它不仅包括犯罪,而且包括我们今天所说的民事过错或民事不当的情形,诸如侵权、违约、违反信托等都可以包含其中。"⑥在边沁看来,刑法是法的完备形态,民法本身并不是一种独立的法,它只是完整法律的一部分,多蒙特(Etienne Dumont,1759—1829 年)说:"民法只是从另一角度来看的刑法。如果我考虑的是法律所授予的一项权利,或者法律所赋予的一项义务,那么这就是民法

---

① 〔英〕边沁:《论道德与立法的原则》,程立显、宇文利译,陕西人民出版社 2009 年版,第 131 页。
② 同上书,第 138 页。
③ 〔英〕边沁:《立法理论》,李贵方等译,中国人民公安大学出版社 2004 年版,第 376—379 页。
④ 同上书,第 393—395 页。
⑤ 参见贾宇:《边沁刑法思想述评(下)》,载《甘肃政法学院学报》1996 年第 3 期。
⑥ H. L. A. Hart, *Essays on Bentham: Jurisprudence and Political Theory*, Oxford University Press, 1982, p.105.

的观点。如果我考虑的是法律的实行,考虑的是违反那一权利、违反那一义务所带来的后果,这就是刑法的观点。"①

就民法而言,实际上就是立法者在共同体成员之间分配权利义务,当然,支配性的原理仍然是功用原理,对边沁来说,权利是快乐,而义务则是痛苦,所以,权利义务的关系中,权利是第一位的,义务是为了权利的实现,而不得不承受的负担:

> 立法者应该愉快地分发权利,因为权利本身是一种善;应该勉强地下放义务,因为义务本身是一种恶。按照功用原则,他永远不应该加诸一项负担,除非是为了授予一项明显具有更大价值的权利。②

立法者在分配权利义务时,应该以最大多数人的最大快乐为目标,这一目标可以分解为四个次级的目标:生计、富裕、平等、安全。所以,民法的功能相应地就有四个:提供生计、产生富裕、促进平等、保障安全。③ 在民法的四个目标之间,边沁认为,安全与生计是基本目标,也是首要目标,特别是安全,它是生存、富裕、平等之基础;富裕与平等是高级目标,但也是次要目标;安全与生计是维持生活的基本条件,而富裕与平等则是温饱之外更高的追求。④ 对边沁来说,安全与平等的实现依赖于法律的强制,而富裕与生存之追求则不能完全依赖法律的强制,富裕与生存更多要依靠人民的自主性,所以,立法者应该避免直接干预,而仅仅发挥辅助的作用,而安全与平等的目标依赖于立法者的直接干预,所以,立法者应该将主要精力放在这两项目标上。

但是就安全与平等而言,由于安全居于更重要的地位,所以"平等不应该被优先考虑,除非对其追求不妨碍安全;不损害法律本身所产生的希望;不引起已经确立的秩序紊乱"⑤。

什么能够提供安全呢?按边沁的理解,只有产权明晰的所有权制度,才能提供安全,这一点,他与中国的法家有点像,法家就主张用法来"定分止争",进而实现社会稳定与安全。"定分"就是界定产权,只有产权清晰,纷争才会止息,所谓"名分未定,尧舜禹汤且鹜焉而逐之。名分已定,贫盗不取"⑥是也。所以徐国栋说:"边沁所理解的安全,实际是所有权的安全。"⑦由此,

---

① 〔英〕边沁:《立法理论》,李贵方等译,中国人民公安大学出版社 2004 年版,第 113 页。
② 同上书,第 117 页,翻译有改动。
③ 同上书,第 120 页。
④ 参见同上书,第 122—124 页。
⑤ 同上书,第 123 页。
⑥ 《商君书·定分》。
⑦ 徐国栋:《边沁的法典编纂思想与实践——以其〈民法典原理〉为中心》,载《浙江社会科学》2009 年第 1 期。

我们不难理解,接下来他顺乎自然地开始讨论所有权,对边沁来说,所有权克服了懒惰、使迁徙民族定居、引发了对国家的爱和对后代的考虑,而侵犯所有权导致了不法拥有的恶、失去的痛苦、对于失去的恐惧、对勤劳的扼杀等,由于所有权不仅涉及安全,而且涉及财产的平等分配,所以,边沁再一次重申了安全之于平等的优先地位,"当安全与平等发生冲突,不应该有任何迟疑,平等必须服从安全。安全是生活的基础,生计、富裕、幸福,所有这一切都有赖于它。平等则只创造某一种善……建立完美的平等只是一个幻想,我们所能做的只能是减少不平等。"①

在民法典第二编中,边沁讨论了所有权的分配,首先是获得财产权的各种方式,包括先占、时效取得、对土地的内容和产出的占有、对在土地上生长的东西和掉落到土地上的东西的占有、对邻地的占有、对自有物的改良、对他人财产的诚信加工、在他人土地上的勘探开采(开采人可取得收益,但要让土地所有人分享)、在公共水域捕鱼的自由、在无主土地上狩猎的自由、交换、继承等。② 接下来他讨论了针对服务的权利,取得服务的方式有:绝对的需要、在先的服务、协议。③ 在民法典的最后,边沁又讨论了亦与安全有关的几种涉及私人的权利义务,比如主仆关系、奴隶关系、监护关系、父亲与子女关系、婚姻关系等④,这些关系之所以关乎安全,是因为它们涉及类似"三纲五常"那样的社会秩序。

第五节 结 语

随着现代性的来临,由自然法所构建的二元秩序观逐渐崩解了,从前的制定法(立法)在现代性下演变成了实证法。实证法从一诞生时起,就意味着对任何神圣价值的否弃。实证法本身便代表着一种姿态决绝的世界观,实证法是无根基的法,是一种走火入魔的法,从根本上说也是一种欠缺正当性的法。

站在现代性潮流喷涌的河口,边沁感受到了浪潮的冲击和鞭挞,他回应了这股潮流,他的法实证主义思想开启了现代法实证主义的先河,一种属于新时代的法学世界观从此巍然挺立。而更加令人忍不住击节赞叹的是,他不仅顺势而为提出了实证法的观念,而且还敏锐地注意到了此种新世界姿态决

---

① 〔英〕边沁:《立法理论》,李贵方等译,中国人民公安大学出版社2004年版,第148页。
② 同上书,第193—227页。
③ 同上书,第227—236页。
④ 同上书,第241—285页。

绝的法即将面临的正当性拷问,为此,他天才洋溢地提出了法的功用正当性理论,该理论一方面试图以功用原则取代自然法来约束现代实证法本质上的恣意性,另一方面,却又巧妙地回避了自然法的非实在性问题,将功用原则建立在实证的地基上,保证了他理论立场的统一。

值得注意的是,边沁所理解的功用,特别指向的是一种源于预期的功用(utility derived from expectation),出于这一预期功用的考量,他抨击了英国普通法的非功用性,作为一种替代,他提出了万全法典的方案。万全法典集中体现了边沁的法的功用正当性思想,他的万全法典以实现功用原则为目标,以支配人的功用规律为调整手段,呈现的是一种以功用为正当性基础的实证法新面貌。

第五章 法律的民族精神正当性

> 历史,作为法律之神,它对我们的意义,一如在此之前就已经存在并为它所取代的权威和哲学理论。①
>
> ——罗斯科·庞德

在祛魅的世界观背景下,现代实证法以一种有别于单纯制定法的决绝姿态登上了历史舞台,实证法的出现一开始就隐伏了极大的正当性危机。作为实证法而存在的法律无法找到一种"高级法"来为其提供正当性,意志性的实证法可能流于恣意,法治也有可能变成暴政。在此种形势面前,历史法学不满古典自然法提供的危机解决方案,提出了自己的法之民族精神正当性理论,试图用居于实在与玄妙之间的民族精神遏制实证法的恣意。

第一节 实证法的正当性危机

与一种特定的世界观绑定的实证法(positive law)概念的出现,预示着历史的天空出现了某种重大的变化。实证法并不是制定法(state law),制定法仅仅意味着存在一种人为的立法,尽管在人类历史的早期,对于这种人为的立法也显得相当的惊怖,并对立法提出了合习俗与合天理的要求(人为的要合乎自然的,方能获得正当性),但是总体来说,人类社会一开始就承认了制定法的存在,并且始终认识到,在人为制定法之上,还有一个因循天道的自然法,人为制定法因天道自然法而获得正当性。

但是实证法的概念却完全突破了旧有的双层秩序图谱,实证法是一个革命性的概念,它意味着法律就是实证法,实证法也就是法律,在实证法之上,完全不存在一个处于更高位阶并作为实证法正当性来源的天道自然法,实际上,实证法赖以孕育的哲学观念就是一种否认任何高级自然法的观念。

实证法赖以孕育的哲学观念是一种实证主义(Positivism)哲学,它最重要的旨趣就是反对形而上学,不管是神学形而上学还是其他的任何形式的形

---

① Roscoe Pound, *Interpretations of Legal History*, The Macmillan Company, 1923, p. 20.

而上学。它把人类的视野限制在经验性的事物之上,不承认事物存在任何的本质。"实证主义在其历史发展中将矛头指向了各种形而上学沉思……这些沉思不是以经验材料为基础而得出的,它们压根就不会以可以被经验材料所驳倒的某种方式来阐明其判断。"① 实证主义最重要的原则有四个:(1)现象学原则。即不存在任何本质,我们仅仅有权利记录那些在经验上确实显现的事物;(2)唯名原则。唯名论否认共相具有客观实在性,抽象的词语并没有现实对应物,只有当经验允许的时候,我们才有权利承认某种事物的存在;(3)价值判断和规范性陈述不具有认知价值。价值判断和规范性陈述本质上是主观的,我们没有权利认为它们具有科学的基础;(4)对科学方法的信仰。实证主义把一切知识建立在经验的基础上,所有的知识都必须服从科学的法则,必须能够从科学上得到验证。②

实证主义哲学作为一种连续性的思潮波及社会思想的方方面面,实证法就在这种思潮的浸润下萌芽并成长,由于实证主义哲学把有效的知识限定于经验和科学推理的范围,所以古代社会的天道自然法观念当然无法寻觅到立足之地,唯一作为一种事实而存在的就是实在法文本,法律因此也就限于这种实在法文本,这就是实证法的观念。正如舒国滢先生所评论的,在整个16世纪和17世纪早期法学家的观念里,实在法与自然法混成一体,即使有制定法的观念,制定法也被认为需要符合更高级的自然法才能获得正当性;而在实证主义哲学兴起以后,自然法被认为纯属于价值或呓语的范畴,实在法作为一种文本则属于事实的范畴,两者之间不但不能水乳交融,反而泾渭分明有云泥之别。③

实证法的最早出现,大概可以追溯至托马斯·霍布斯。霍布斯既被当作一位自然法学家,又被当作是实证主义法学的开创者。④ 他从人的自然权利出发,通过社会契约来建立君主立宪的国家利维坦(Leviathan),而法律被认为是利维坦建立后主权者发布的纯意志性的命令,正是这种纯意志性的命令构成了最早的实证法形象。在此之后,莱布尼茨认为法律意指一种人为立法,为了遏制这种人为立法的随意性,他提出了一套科学理性化的正当性方案,这就是莱布尼茨的科学理性化实证法,随后,1794 年的《普鲁士一般邦

---

① Leszek Kolakowski, *The Alienation of Reason: A History of Positivist Thought*, Doubleday & Company, Inc., 1968, p. 9.
② Ibid., pp. 3-9.
③ 参见舒国滢:《论近代自然科学对法学的影响——以 17、18 世纪理性主义法学作为考察重点》,载《法学评论》2014 年第 5 期。
④ 颜厥安:《法与实践理性》,中国政法大学出版社 2003 年版,第 228 页。

法》被认为是"世界上第一个实证主义法律体系"①。再其后,深受休谟哲学影响的边沁也提出了一种实证主义法概念,直到约翰·奥斯丁(John Austin,1790—1895年)提出法的命令说,法律被界定为主权者的命令,正式宣告了法律实证主义的确立,实证法的概念,作为一种独特世界观的产物,也根深蒂固了。

实证法生根发芽、根深叶茂于一种祛魅的世界观土壤,这种土壤虽然孕育了实证法的独特观念,但是危机也在一开始就深藏其中。实证法,一方面,作为一种文本事实而存在,它是实在的;另一方面,实证法也作为主权者的意志而存在。实证法的正当性危机在于,既然它植根其中的土壤是祛魅的,是事实与价值二分的,那么实证法作为主权者的一种意志性的产物它的正当性在哪里呢?正如我们前面所说明的,在祛魅以前,制定法可以凭借更高位阶的自然法被正当化,但是祛魅之后,自然法被当作无效的主观臆测从有效知识的领域清除了出去,那么,谁来保证实证法的正当性?特别令人焦虑的是,把法律等同于实证法并体现着主权者的意志,一旦不能被正当化,这种主权者的意志就可能变为主权者的恣意,并导致暴政和恶法之治,这时,我们却再也不能像古人那样,胸有成竹地搬出"恶法非法"的箴言来挡驾了,因为据以判断恶法的自然法被剥夺了真理的资格——这样一种局面,就是现代实证法所面临的深重的正当性危机。

然而,在黑暗的最深处,总是保留着光明的火种。在现代实证法的起源处,已经隐藏着危机的解药。总体来说,针对现代实证法的正当性危机发展出了两种纾解理路:一是以霍布斯、洛克、卢梭等人为代表的人权自然法进路,这种进路其实依然维持着古代的"自然法—制定法"的正当化模式,创造性的地方在于,古代自然法是一种灵性自然法,自然法的根基是神秘莫测的天道(柏拉图的理念或基督教的上帝),现代自然法则是一种人权自然法,它试图把自然法的根基植根于实实在在的人的权利之上,以回避祛魅化时代的无解剃刀。不管怎么样,自然法的观念在某种意义上复生了,由此,这种人权自然法取代了古代的灵性自然法,赋予实证法以正当性。第二种进路就是以莱布尼茨为代表的科学理性正当性进路,即不再寻求更高位阶的自然法作为实证法正当性的来源,转而在实证法的科学形式上进行正当化,其实科学理性的精神借着17世纪科学革命的东风早已昌明,并席卷整个世界,所以在古典自然法学派那里就透露出明显的科学理性精神(古典自然法学派的自然法本质上是从人权里面经过科学理性推演出来的,而不像古代那样认为是天启

---

① Roger Berkowitz, *The Gift of Science: Leibniz and the Modern Legal Tradition*, Harvard University Press, 2005, p.70.

的),只不过到莱布尼茨那里,他才想得到要借着这种科学理性对法律进行正当化,在莱布尼茨之后,科学理性正当化的思潮又借着近代法典化的浪潮而愈益壮大。①

第二节 历史法学的法律正当性重建

对于现代实证法从胚胎中与生俱来的正当性危机,历史法学从一开始就有清醒地认识,历史法学的核心主张可以被视为是对实证法正当性危机的一种解决方案。"历史主义不满自然法、社会契约论、启蒙运动对国家和法律的玄思,其宗旨之一是以历史为基础重构国家、权力和法律的正当性。"②"历史法学派最重要的现实关切其实是德国法学与法律的正当性基础。"③"历史法学之所以成为法学的重要流派,首先是因为它提供了全新的法律正当性来源……历史法学派则将法律的正当性基础转化为历史经验。"④罗斯科·庞德(Roscoe Pound,1870—1964年)也从法律正当性的角度来理解历史法学的主张,庞德认为,从重建正当性的角度来看,历史法学甚至与它极力反对的自然法学没有两样,不同的无非是,自然法学试图提供一种普世性的自然法作为实证法的正当性基础,而历史法学不过是将自然法的哲学基础换成历史基础而已,正是因此,庞德说道:"历史,作为法律之神,它对我们的意义,一如在此之前就已经存在并为它所取代的权威和哲学理论。"⑤

作为一种法律正当性的危机解决方案,历史法学究竟与自然法学、甚至莱布尼茨的科学正当性进路的分歧在哪里呢?首先,从本性上来说,历史法学与自然法学在许多方面都不甚投缘。比如说,自然法学具有普世性和虚构性的特点,而历史法学却呈现地方性(或民族性)和实在性的特质,气质的不同也使得它们势同水火。就自然法学的普世性而言,虽然历史法学反对的主要是近代以霍布斯、洛克、卢梭为代表的人权自然法,但是不论是古代的灵性自然法,还是近代的人权自然法,其根本特征都是普世性。灵性自然法把自然法等同于天启的真理,真理当然是普世性的;人权自然法从个人权利中演绎出一套自然法体系,个人权利是与生俱来的普世人权,相应地自然法也就是普世性的法体系。因而,自然法思想始终与世界主义(cosmopolitanism)联

---

① 参见本书第六章内容。
② 谢鸿飞:《法律与历史:体系化法史学与法律历史社会学》,北京大学出版社2012年版,导论第4页。
③ 同上书,导论第5页。
④ 同上书,第62页。
⑤ Roscoe Pound, *Interpretations of Legal History*, The Macmillan Company, 1923, p. 20.

系在一起就不足为怪了。如果说自然法思想始终与世界主义、自由主义相联系,那么,历史法学一开始就是与民族主义和保守主义联系在一起①,在历史法学发轫之初,德国并不是一个政治上统一的国家,但是文化上却是一个统一的民族,德意志作为一个文化民族,一方面,它内部具有同一性,这种同一性建立在共同语言和共同民族文化的基础上,另一方面,它也强调了与外部民族,尤其是与法国民族的区别,自 16 世纪以来,法国文化便已侵入德意志,到了 18 世纪,由于法国的强势地位,德国文化更是深受法国文化的影响。法国文化被认为是高雅的、崇高的,而德国文化则被认为是粗俗的、卑劣的。1794 年,当赫尔德(Johann Gottfried Herder,1744—1803 年)抵达法国并亲历了法国的强势后,内心涌起了一种混杂着妒忌、自卑、赞赏、愤恨的复杂情感。② 对法战争更是促使德意志民族驱逐法国文化,提升德国民族的文化自尊。德国的文化民族主义一开始就强调了德意志文化的独特性和地方性,历史法学植根于德国的文化民族主义运动并作为德国的文化民族主义运动的一个分支,它当然具有独特性和地方性的精神特质。正是如此,历史法学打从开始诞生,身体里流淌的血液就与普世性的自然法思想格格不入。"任何法律制度和法律秩序必须从历史中寻求正当性,即使最普适的法律,也只有在特定的土壤中才能真正实现其目的,而不至于出现南橘北枳的窘境。"③除此之外,自然法学还有一个重要特征,即自然法与社会契约的虚构性,在自然法的理论脉络里,不论是人权的基本假设、从人权演绎而出的自然法、地狱或天堂般的自然状态、借以跃出自然状态并通向政治社会的社会契约,统统都是一种理论上的假设或理性的虚构,在实际生活中找不到对应物,而当时另外一股借着自然科学发展而越来越强大的思潮却强调一切知识的经验性和实证性,将那些虚构和臆测归结为胡话,在这种社会语境下,趋向经验和实证的历史法学很明显迎合了新时代的潮流,并代表新时代的思潮对自然法学发起了挑战,比如说,历史法学通过对原始社会的考察证明了自然状态的虚幻;缔约主体必须具有权利观念、自由意志才能缔约,但权利观念、自由意志本身却是政治社会的产物,这些先行预设导致的不合逻辑性;一代人缔结的契约为何能够约束后来的世世代代人的疑问等。④

---

① 谢鸿飞:《法律与历史:体系化法史学与法律历史社会学》,北京大学出版社 2012 年版,第 62 页。
② 参见李宏图:《民族精神的呐喊——论 18 世纪德意志和法国的文化冲突》,载《世界历史》1997 年第 5 期。
③ 谢鸿飞:《法律与历史:体系化法史学与法律历史社会学》,北京大学出版社 2012 年版,导论第 3 页。
④ 参见同上书,第 68—70 页。

然而,这些分别虽然存在,但却可能不是历史法学反对自然法学的真正理由,笔者认为,真正的问题在于,历史法学认为近代自然法的法正当性危机解决方案根本无法奏效。很显然,现代实证法的意志性和恣意性是法律正当性必须加以驯服的地方,自然法学试图以演绎自人权的自然法来加以规训,但是这在历史法学看来,根本就是以油灭火之举,之所以产生这种观念,可能跟历史法学对于近代理性自然法一个根深蒂固的偏见分不开,那就是,历史法学一直认为近代自然法所主张的基于普遍理性演绎和建构实证法的过程是一个任性的、甚至是恣意的过程。历史法学认为,自然法学打着理性的旗号,来铺叙它的实证法体系,这个过程表面上受制于自然法,甚至诉诸作为根基的个人权利,但是实际上,立法者却享有随意创作的自由。这根本是因为,所谓的个人权利和自然法都是没有现实对应物的主观想象,是没有经验理据的。就好比后世的边沁对自然法理论的批评,氏认为所谓自然权利、社会契约不过云遮雾罩的妄语,是"缺乏支撑的断言"①,甚至,边沁还尖锐地指出,自然法学在这些不切实际、没有经验支撑的大词或宏大叙事背后,是一些小团体在暗地里在追求属于他们个人或小团体的邪恶利益。② 历史法学虽然没有边沁这般尖酸刻薄、不留情面,但是它也认为自然法学派所主张的理性建构实证法其实是没有约束的任性立法,最多只是一种根据政治需要而进行的立法。最根本的,历史法学深深介怀的是,按照自然法学的思路,主权权威是在立法、造法、创制法,而不是在发现法、宣告法、陈述法。本来,实证法的正当性危机就在于它的随意创造上,现在,自然法的方案在增加了一些文辞修饰后,实质上还是在任性立法,理性的任意建构与主权者的任意立法有何区别呢?这叫历史法学如何不怒呢?正是因此,萨维尼表现了对自然法学理性建构实证法的极大反感,他写道:

> 长期以来,人们对《法学阶梯》的本质视若无睹,反而从中发展出了一套自然法,并视其为是理性的必然产物。对此,我们鲜少听到反对的声音。但时至今日,我们仍然看到普通人把法律概念与观点看作是纯粹理性的产物,却对它们的渊源一无所知。如果我们不能把自己置身于整个世界及其发展历史之中,我们就不能正确地认识普遍性和发展的真正原因。③

---

① Philip Schofield, *Utility and Democracy: The Political Thought of Jeremy Bentham*, Oxford University Press, 2006, p. 58.
② Ibid., 2006.
③ Friedrich Carl von Savigny, *Vom Beruf unserer Zeit für Gesetzgebung und Rechtswissenschaf*, Heidelberg, 1814, S. 115.

历史法学打从骨子里反对具备普世理性和虚构性特征的自然法理论对于现代实证法的正当性建构,那么,它如何对待现代科学的科学理性(或工具理性)的法律正当性建构呢？实际上,历史法学不但不反对科学理性,从历史法学后来的发展来看,它甚至还完全接纳了这种科学理性的正确性(这集中表现在萨维尼的体系化方法上),但是,从另外一个重要方面看,历史法学确实是反对科学理性的法律正当性建构的,因为科学理性的法律正当性模式认为,实证法的正当性存在于法律的科学形式之中,比如存在于法律是否基于科学的原则从一个基本概念中推理或组合而出,并演绎成一个完美的法律体系。这种法律的正当性完全依赖于其塑造规则的合科学性,并没有对实证法的内容提出任何要求,因而充其量只不过是一种形式性的正当性类型,历史法学虽然可以接受法律的科学化(历史法学后来自己也高度科学化了,甚至发展出了封闭完美的概念法学体系),但是历史法学不能接受的是,实证法的正当性仅仅存在于这种科学形式之中,而完全排除了对实证法内容的实质性要求,历史法学要提出的,恰恰就是一种实质性的法律正当性。从这个意义上,历史法学在实证法的正当性问题上,可谓是既继承又超越了莱布尼茨的法律的科学正当性理路。它继承的是莱布尼茨的科学化思路,这表现在萨维尼的体系化思想中;它超越的是莱布尼茨的形式性正当性思路,这表现在它提出了一种实质性法律正当性思路。

历史法学提出的实质性法律正当性,具体来说,就是一种实证法的民族精神正当性。即实证法的正当性存在于法律的民族精神之中,或者说,实证法根据法律的民族精神而获得正当性。历史学派的集大成者萨维尼对于实证法的恣意性、专断性及其可能造成的恶法之治的后果十分了然于心,在《论立法与法学的当代使命》中,他反对的确切来说,并不是蒂博(Anton Friedrich Justus Thibaut,1772—1840年)的立法主张,而是一种恣意立法的主张,"情况毋宁如是。国家查清所有的法,将它们收集起来,汇编成册,从此,这些登记在册的法律就被当作法的唯一渊源,除此之外,所有之前曾经适用过的其他法律都不再有效。首先必须回答的问题是,此一法典的内容应以何为据,持有上述观点的人可能会认为,应当根据普遍的理性来确定其内容,无需再作其他考量,亦不需要顾及其他的有效法源。他们是这样踌躇满志并自命不凡。"[1]对萨维尼来说,专断、恣意的立法必须受到历史精神的控制,当时在蒂博提议的时间点上,这种对实证法的控制或正当化工作还没有准备充分,所以,他反对在这个时间点上立法,不过,萨维尼的表述显然具有一定的侮辱性

---

[1] Friedrich Carl von Savigny, *Vom Beruf unserer Zeit für Gesetzgebung und Rechtswissenschaft*, Heidelberg, 1814, S. 18.

和挑衅性,他说:"在当下这一时代……绝对不可能找到与此同样的一个人,一个真正的立法者。"①所以,"病在我们自身……我们尚无力制定一部法典。"②这引起了黑格尔(Georg Wilhelm Friedrich Hegel,1770—1831年)的不满:"否认一个文明民族和它的法学界具有编纂法典的能力,这是对这一民族和它的法学界莫大的侮辱。"③但是实际上,黑格尔可能完全误解了萨维尼的意思,萨维尼所反对的,只是在没有正当性基础上的主权者的肆意立法,在《历史法学杂志》的发刊词上,萨维尼将德国法学家分为两大阵营:一派是历史法学,另一派包罗甚杂,但主要是自然法学,他称之为非历史法学派。萨维尼指出,非历史法学派指向的是一种肆意立法的思想派别,"非历史法学派认为,法律在任何时刻是经由具有立法权的人运用意志而产生的,完全独立于先前时代的法,仅仅依据最好的信念,例如目前形成的信念。"④而历史法学则是一种意在纠偏的思想派别,立法或实证法不是随意制定的,而是受到历史的制约,"历史法学派设想,法的素材是由民族的整个过去给予的,然而,不是经由意志以至于法的素材可能偶然地是这种或那种,而是源自民族自身内在的禀性和历史。"⑤对于萨维尼的这种以法律的历史来驯服实证法的任意性并赋予其正当性的做法,庞德说得非常透彻:

> 历史法学派的首要原则,是认定法律只能被发现,而不能被创造。从某种意义上说,它是一种关注法律生命中传统因素的理论。这是因为,罔顾传统,相信凭着理性便能够无中生有地虚构出法律,此种信念,危害甚大。此种信念,曾经催生出要求禁止对普鲁士法典进行司法解释这种荒唐的做法,曾经催生出一如萨维尼在《现代罗马法制度》一书中所详尽描述的那种堪称灭绝人性的野蛮立法,还曾经催生出如同萨维尼在《论立法与法学的当代使命》一书中所描绘的那种关于离婚的荒唐立法。⑥

萨维尼的思想经过一段时间的沉淀之后,他终于清晰表达了他一直横亘心中的想法,实证法应该受到民族精神(Volksgeist)的制约,并从中获得法正当性,法律不应当是被立、被制造、被生产的,而是应该从民族精神中流淌出

---

① 〔德〕萨维尼:《论立法与法学的当代使命》,许章润译,中国法制出版社2001年版,第118页。
② 同上书,第121页。
③ 〔德〕黑格尔:《法哲学原理》,范扬、张启泰译,商务印书馆1996年版,第220页。
④ 〔德〕萨维尼:《历史法学派的基本思想:1814—1840》,艾里克·沃尔夫编,郑永流译,法律出版社2009年版,第20页。
⑤ 同上。
⑥ Roscoe Pound, *Interpretations of Legal History*, The Macmillan Company, 1923, p. 16.

来。按照维亚克尔(Franz Wieacker,1908—1994年)的说法,这一立场包括以下几点:(1)像语言和诗歌一样,作为整个文化的内在要素的法是发现的,这个要素导源于文化的历史性;(2)法律可以回溯至民族精神,法律是从民族精神中推导而出的,所以,要反对法律的恣意化,反对随意建构的立法与法典编纂;(3)因此,反对自然法思想所主张的名义上的凭借普遍理性,实际上是任意建构的自然法,以及从中演绎而出的法律体系和法典。① 法律不应当是意志或恣意的产物,法律的正当性在于,它不是被制定或创制出来的,而是被发现的。就像艾里克·沃尔夫(Erik Wolf,1902—1977年)所评论的那样,对萨维尼而言,"民族精神是法律信念的载体,其静默作用的力量创造了法,如同创造语言一样,它像一个活生生的有机体,生发、开花、死亡。因此,法律只能在其客观存在中被仔细观察,在其存在中被认识和描述,但不能主观地建构,根据一个应然来评判,完全不能'造'(gemacht)。"② 在这里,我们可以很明显地看到萨维尼与赫尔德不一致的地方,赫尔德也承认了有民族精神,并认为民族精神取决于语言、时间、地域、国家等因素③,但是赫尔德认为国家实证法作为文明发展进程的外部偶发力量可以不受民族精神的制约,萨维尼对此采取了完全不同的态度,面对一种单纯出于政治需要的实证法,萨维尼认为其只能阻碍文明的发展,使法脱离民族精神,因而毫无价值和生命力。在萨维尼看来,实证法本质上是受造于民族精神,并从民族精神中获得正当性,因而,在萨维尼的理论中,作为民族精神载体的习俗法取得了高于国家法的地位就不足为怪了。④

第三节 法律与民族精神的重新接续

萨维尼将现代实证法的正当性建立在民族精神之上,但是他同时意识到,迄今为止的法律历史是一个制定法逐渐背离民族精神的历史,因而也是一个法律逐渐失去其正当性的历史。萨维尼将法律的历史分成三个阶段⑤:第一阶段是没有文字记载的不成文法阶段,大约是公元3世纪之前,即罗马的古典世代和共和国时代。此一阶段,法律主要以习俗的形式存在于人们的日常生活和共同意识之中。萨维尼指出,在人类信史展开的远古,法律,如同

---

① 〔德〕萨维尼:《历史法学派的基本思想:1814—1840年》,〔德〕艾里克·沃尔夫编,郑永流译,法律出版社2009年版,第54—55页。
② 同上书,第40页。
③ 参见余履雪:《德国历史法学派:方法与传统》,清华大学出版社2011年版,第93页。
④ 同上书,第94页。
⑤ 同上书,第75页。

语言、行为方式、社会组织体制一样,从里到外都渗透着民族精神,在这一时期,法律、语言、行为方式、社会组织体制与民族精神融为一体,互为表里。法律、语言、行为方式、社会组织体制是表,它们是民族精神的体现物或载体;民族精神是里,它是法律、语言、行为方式、社会组织体制的内核与正当性源泉。在这一时期,民族精神作为一个民族的共同信念,存在于一个民族的共同意识之中,并为每一个民族共同体的成员所分享,对所有民族共同体的成员来说,民族精神虽然看不见也摸不着,但是却又宛如一个真真切切的东西,能够被每一个民族共同体的成员所体察和捕捉。[1]

第二阶段是法律逐渐背离民族精神的阶段,因而是一个法律没落的时代。此一阶段,为了挽救法律的没落,法律开始从最初的习俗向制定法以及法学著作转化。在人类历史的早期,民族精神渗透在法律、语言、行为方式、社会组织体制等各个方面,在那个时期,民族精神真真切切地存在于每一个民族共同体的成员的共同民族意识之中。在后来的漫长岁月中,随着社会的日益复杂化和异质化,民族精神渐渐变得面目模糊,不易捕捉了,法律亦逐渐失去了民族精神之魂。在这个时代,为了挽救衰败中的法律,为了唤回正在逝去的法的民族精神之魂,人们开始编纂法典,试图以一种有稽可考的形式永远铭刻法与民族精神的契合,诸如《西奥多里克敕令集》《阿拉里克节要》《巴比尼安法律问答集》,乃至优士丁尼《国法大全》都是此种努力的体现。萨维尼对此评论说:"当其时,几乎所有的伟大精神都销声匿迹了,往昔光辉时代的流光碎影遂被收集起来,以满足时代的需要,由此,在一个极短的时段中,若干罗马法汇编遂得编纂……很显然,只有在罗马法极度衰败时,才会出现编纂这些法典的念头。"[2]在萨维尼看来,编纂法典并不是什么值得夸耀的事情,在拥有帕比尼安、乌尔比安、保罗等卓越法学家的罗马古典时代,要编纂一部法典不过是举手之劳,但是在法律与民族精神同气连枝的时代,这样做并无必要,公元6世纪后的法典编纂活动,不过是应对法律与民族精神背离的救弊之举。法典编纂,恰恰显示了当时的法律正当性危机开始出现。

第三阶段是从法的没落时代一直延续至今的时期。此一阶段,法的正当性危机全面加剧,法律从制定法变成了姿态决绝的实证法,这种实证法自我认知为一种纯粹意志性的法,完全脱离了民族精神的轨道。在这样一个时代,虽然古典自然法学提出了一种世俗自然法来挽救实证法的正当性危机,但是自然法的理性演绎方案实质上难免流于恣意的建构;莱布尼茨借助自然科学的东风,提出了实证法的科学理性正当化方案,但是却只能提出一套形

---

[1] 〔德〕萨维尼:《论立法与法学的当代使命》,许章润译,中国法制出版社2001年版,第7页。
[2] 同上书,第26—27页。

式性的标准。在历史法学看来,这两种方案都不是救弊之道,为此,它提出了法律的民族精神正当性,指望在这样一个时代,实现法与民族精神的重新契合。

历史法学将这一历史使命托付给了法学家。历史地来看,在人类社会的早期,渗透着民族精神的法律,如同语言、行为方式、社会组织体制一样,存在于民族意识中,通过日常生活直观地呈现,是不言自明的,民族精神之法可谓是存在于每个人的心中。但是随着社会发展,整个社会越来越异质化和复杂化,民族精神法无法被直观地捕捉,法律亦逐渐脱离了民族精神,这时就需要专业的、敏锐的、既熟悉法律又熟悉民族精神的法学家拨乱反正,将法律重新带回民族精神的正轨。在萨维尼看来,古典时代的罗马法学家虽然并没有一种清醒的历史使命意识,没有意识到法要与民族精神相契合,但是他们却凭借着人类历史发展初期所具有的清澈心地和敏感心灵,当然还有特殊的天才,准确地把握住了民族精神的脉搏,并实现了法的要求。① 而到了现代,是一个自我觉醒的时代,是一个承当信念伦理的时代,每个人都应对自己的行为负上责任,法学家更应该清醒地意识到自己的使命,那就是致力于发现、打造民族精神,并使法符合民族精神。可以说,在当下,法学家就是民族精神的代言人。"在萨维尼的理论中,我们可以看到一个承担着特殊使命的群体——法律人,他们必须实现'法'在当下生活中的必然要求并成为'民族精神'的代言人。"②

法学家究竟如何承担这一历史使命呢?对历史法学来说,当务之急莫过于重新厘清民族精神法的历史脉络。这是因为,在历史法学看来,法律是一个历史延续之物,当下的法律是过去世代法律的继续生长,法律的生成就像是树木的生长一样,今天才萌发的嫩芽或花蕾是过去栽下的种子和枝干的必然结果,当下的法律绝不可以说与过去的法律毫无关系,而是过去法律的薪火相传。正是因此,历史法学认为,当下的立法本质上不是在凭空捏造法,而是在厘清以往渗透着民族精神法的基础上,并结合当下的社会需要,合乎逻辑、顺乎自然地宣告法。因此,历史法学对过往美好法律的追寻,并不仅仅在于要呈现一幅完美的民族精神法的图像,更重要的目的在于,历史法学希望借着对日耳曼民族精神法的梳理,厘清其脉络源流,以期为当下的立法提供进一步生发的基础。研究过去,意在当下,立法本来就应该顺延过去的民族精神,并结合当下的现实需要。"不能仅仅局限于目前的情势,而是要将当下

---

① 余履雪:《德国历史法学派:方法与传统》,清华大学出版社2011年版,第95页。
② 同上。

作为过去的延续,作为历史的一部分来看待。"①"不可一味地抬高历史,只有内心空虚而狂妄自大之辈,才会无视当下的召唤。"②所以,为了当下的法与民族精神的重新契合,必须追寻过去,在《论立法与法学的当代使命》的最后,萨维尼提出了"吾人所当何为",他认为应该加强对法律的历史研究,主要是对罗马法的研究,对日耳曼传统法的研究,以及对二者的现代发展进行研究。③

如此一来,我们就能理解历史法学巨擘的学术实践了,他们的学术实践正是对他们理论的践行,即对过往体现着德意志民族精神法的历史脉络进行探寻。总体而言,就历史法学巨擘的学术实践来考察,由于对民族精神的理解差异,他们花开两支④:一支是以萨维尼为代表的罗马法学派,这一派的共识是民族精神法的典范是古典时期的罗马法,因此,这一派集中精力于罗马法研究。萨维尼就是扛鼎者,萨维尼毕生挚爱优士丁尼《国法大全》,致力于罗马法史研究,其著作从不引用日耳曼历史文献和地方习惯。⑤他主要的著述《论占有》(1803年)、《中世纪罗马法史》(6卷,1834—1851年)、《现代罗马法体系》(8卷,1840—1849年)均为罗马法研究,并且这些研究的研究计划都是在其21岁时作出,毕生未曾改变。⑥考虑到萨维尼在《论立法和法学的当代使命》中的著名主张,我们只能理解萨维尼是将罗马法当作了体现德意志民族精神法的本根,这种解释并不是完全不能接受,反而是有理有据的,因为日耳曼国家一直以罗马帝国后继者的身份自居,对于日耳曼国家而言,罗马法的复兴就是对"我们的"帝国法律的继承,詹姆斯·布莱斯(James Bryce)对此描述道:"基于日耳曼君主是优士丁尼正统合法的后继者的观念,所有的属国都必须受《国法大全》的管辖。"⑦而且我们也应注意到,虽然萨维尼不假旁骛地致力于研究罗马法素材,但是他并不排斥对日耳曼法的研究,在《法律史杂志》的发刊词中,萨维尼写道:"若本刊成功激发了对本国法律史的研究,则

---

① Friedrich Carl von Savigny, *Vorlesungen über juristischen Methodologie 1802—1842*, Aldo Mazzacane (hrsg.), Vittrio Klostermann Verlag, 1993, s. 210.
② Savigny, Über den Zweck dieser Zeitschrift, in: *Zeitschrift für geschichtliche Rechtswissenschaft* 1, 1815, s. 10.
③ 参见〔德〕萨维尼:《论立法与法学的当代使命》,许章润译,中国法制出版社2001年版,第82—110页。
④ 林端:《德国历时法学派——兼论其与法律解释学、法律史和法律社会学的关系》,载许章润主编:《萨维尼与历史法学派》,广西师范大学出版社2004年版,第108—115页。
⑤ 谢鸿飞:《法律与历史:体系化法史学与法律历史社会学》,北京大学出版社2012年版,第103页。
⑥ 参见〔德〕维亚克尔:《近代私法史——以德意志的发展为观察重点》(下),陈爱娥、黄建辉译,上海三联书店2006年版,第375页。
⑦ James Bryce, *The Holy Roman Empire*, Macmillan, 1928, pp. 435-436.

编者幸甚。"①

另一支则是以爱希霍恩（K. F. Eichhorn,1781—1854 年）、基尔克（Otto von Gierke，1841—1921 年）为主将的日耳曼学派。与罗马法学派不同，日耳曼法学派视罗马法为异族法，因此，他们将注意力集中在德国民族法、卡罗林王朝的法律、国家法与其他法律文献上。在 19 世纪，日耳曼法学派主要的工作包括：一是发现、搜集并编纂日耳曼法素材；二是建构德国的法律体系尤其是私法体系，以抗衡罗马法。其中最为引人注目的工作是基尔克著名的《德意志团体法研究》（四卷，1861—1899）。《德意志团体法研究》第一卷介绍了德国有史可稽以来的团体历史，第二卷讨论罗马法继受以来的德国"法人概念"，第三卷讨论罗马和中世纪的法人理论，第四卷讨论 17 世纪中期到 19 世纪早期的法人制度理论。基尔克之所以选择团体法来进行研究，是因为在他看来，团体理论表达了日耳曼组织体法，甚至是日耳曼的民族精神——集体主义，而这与罗马法表达的个人主义精神是完全不同的。② 所以，基尔克研究德意志团体法的意旨在于，他想借此揭示何为德意志民族精神，对此，梅特兰盛赞说，基尔克的法人学说具有"哲学上的真实性，科学上的合理性，实践上的便利性，在历史上是命定要出现的。这一理论毫无疑问属于德国并体现着德国独特的民族性"③。

虽然由于对谁之民族精神的理解差异，历史法学派从诞生起就分裂成了罗马法学派与日耳曼法学派，但是我们也应该注意到，他们的分歧并不影响历史法学的核心命题，即现代实证法的正当性来自民族精神，他们的实践，作为其理论的延伸，也没有破坏这一命题，罗马法学派与日耳曼法学派对罗马法和日耳曼法的研究都属于一种寻找、查明、打造民族精神法的工作，他们之间的分歧只是对何种民族精神才是日耳曼民族精神，何种民族精神法才是当下日耳曼立法本根的分歧。

历史法学把法律发展的过程视为是一个有机体不断生长的过程，把立法看作历史上民族精神之法的自我延续。④ 为了当下的立法，需要揭橥法一路以来的历程，它与民族精神的共舞。职是之故，一种历史方法的采用乃属理

---

① Savigny, Über den Zweck dieser Zeitschrift, in: *Zeitschrift für geschichtliche Rechtwissenschaft* 1, 1815, s. 2.
② 参见谢鸿飞：《追寻历史的"活法"——法律的历史分析理论述评》，载《中国社会科学》2005 年第 4 期。
③ Otto von Gierke, *Political Theories of the Middle Ages*, translated with an Introduction by Frederic William Maitland, Cambridge University Press, 1900, p. xxv.
④ Friedrich Carl von Savigny, *Vorlesungen über juristischen Methodologie 1802—1842*, Aldo Mazzacane (hrsg.), Vittrio Klostermann Verlag, 1993, s. 88. 亦请参见余履雪：《德国历史法学派：方法与传统》，清华大学出版社 2011 年版，第 57 页。

所应当。直观地来看,要查明民族精神法的生发、形成、嬗变,就要借助于对历史素材的研究和梳理。萨维尼说:"只有通过历史,才能与民族的初始状态保持生动的联系,而丧失了这一联系,也就丧失了每一民族的精神生活中最为宝贵的部分……此即法学的严谨的历史方法……其目标在于追溯每一既定的制度直至其源头,从而发现一个根本的原理原则。"①

同时,由于历史法学视法律为一个有机体,这必然要求采用体系方法。②有机体在此意味着各个部分是按照一种"意义关联"联结成一个整体。法律有机体的观念来自于社会有机体的思想,圣西门(Comte de Saint-Simon,1760—1825年)、孔德(Isidore Marie Auguste François Xavier Comte,1798—1857年)、斯宾塞(Herbert Spencer,1820—1903年)等人的社会有机体观认为社会可以区分为各个不同的功能单元,但是这些功能单元又好像人体组织那样有机地结合在一起成为一个整体。③ 按照此种观念,法律是一个有机组织的整体,而民族精神法更仿佛是一个以民族精神为灵魂的有机整体。职是之故,对法的历史探寻便不得不辅之以体系方法,这是因为,体系方法,本就意指将多样的认识统一于一个理念之下,或根据一个原则对于知识体系加以规范。萨维尼曾直截了当地指出,"体系=多样性的统一"(Sytem= Einheit des Mannigfaltigen)④。在历史法学家看来,法的历史素材本就是支离破碎、毛刺丛生、凌乱不堪、不成体系的,必须由法学家对其进行解读、整理和重构,确立其主干、砍削其枝蔓、补足其缺漏,才能呈现一种具有整体性的民族精神法的真实面貌。

第四节 结 语

在祛魅的时代背景下,现代实证法以一种有别于单纯制定法的决绝姿态登上了历史舞台,实证法的出现一开始就隐伏了极大的法正当性危机,对于这一危机的揭示和纾解,开启了近世法学的一些主要思潮,比如古典自然法

---

① 〔德〕萨维尼:《论立法与法学的当代使命》,许章润译,中国法制出版社2001年版,第86—87页。
② 在《论立法和法学的当代使命》中,萨维尼指出:"法学家应具备两种不可或缺之素养,首先是历史素养,可以准确地把握时代法律形式的特征;系统眼光,在事物各个部分的紧密联系与合作中,审视每一个概念和原则。"〔德〕萨维尼:《论立法与法学的当代使命》,许章润译,中国法制出版社2001年版,第37页,翻译有改动。
③ 参见〔英〕赫伯特·斯宾塞:《社会静力学》,张雄武译,商务印书馆1996年版,第225页以下。
④ Vgl. Hammen, *Die Bedeutung Friedrich Carl v. Savignys für die allgemeinen dogmatischen Grundlagen des Deutschen Bürgerlichen Gesetzbuches*, Duncker&Humblot, Berlin, 1983, S. 34.

学、历史法学、科学法学,甚至法律实证主义,它们产生的一个核心使命即是要在祛魅或现代性的背景下解答实证法的正当性危机,因此,唯有结合社会变迁和现代性的宏大背景,这些法学思潮才可以被真正透彻地了解。

在所有这些实证法正当性危机的纾解方案中,历史法学的方案是特别迷人的,它远攻普世理性的古典自然法学,近交莱布尼茨的科学理性,呼应后世的法律实证主义思想,领百年风骚,引无数英雄竞折腰。

历史法学的核心主张,即认为现代实证法的正当性危机要通过民族精神来化解,意志性的实证法为了不流于恣意和暴政,必须借着民族精神来驯服。鉴于法的过往历史,是一个制定法逐渐背离其民族精神的没落史,尤其是实证主义思潮蔓延的当下,实证法更是完全脱离了民族精神的轨道,职是之故,必须由法学家克里斯玛来承担法律与民族精神重新接续的历史使命。

由于视法律为一个不断生长的连续体,历史法学由此将目光投向了对于历史上民族精神之法的研究,历史法学的学术实践是对这一理论的绝佳践行与阐释。虽然由于对民族精神的理解不同,历史法学分裂成了以罗马法为研究对象的罗马法学派和以日耳曼法为研究对象的日耳曼学派,但是两派学者在最核心的信念上并没有分裂,他们的工作都可视为是对实现法律与民族精神重新接续所作的努力。基于这种努力,历史法学的两大方法论支柱——历史方法和体系方法亦得以形成。

历史法学对民族与法律均持取一种有机体的观念,它们从时间的深处走来,又复通向永恒的未来。历史法学以隽永深刻的文字刻画了法律与民族精神之间的关系,以悲痛沉郁的笔墨描绘了法律对民族精神的背离,又以黄钟大吕般的声音告诫当下,法学家要承担起法与民族精神重新接续的历史使命。这一洞见,在实证法观念完全占据舞台并造成不可估量的后果之际,显得愈发具有先见之明,这也是历史法学能够越出时间和空间的限制,生生不息的原因所在。

第二编
形式性的法律正当性类型

第六章　现代法律的科学正当性

> 法律构成了一个体系，其中，单个的法律就像我们修建一栋宏大建筑所需的石块，它们能被分割，然后彼此顺利地结合在一起。不留下任何空隙，不会影响到法律之间的协调，它们不会彼此冲突，任何法律问题都不会悬而未决。①
>
> ——戈特弗里德·威廉·莱布尼茨

发轫于16世纪、兴盛于17世纪的科学革命确立了一种机械论世界观，在这种机械论世界观之下，一切超验的知识都被放逐、被剥夺了真理的资格，由此导致了近代社会实证法的正当性危机。为了纾解这一正当性危机，莱布尼茨开启了现代实证法的科学正当性进路，实证法被认为可以经由科学的演绎和组合产生，并被科学地加以说明，而现代实证法的正当性也就存在于它的科学形式之中。在莱布尼茨之后，实证法的这种科学正当化进路又借着近代法典化的几次浪潮愈益显明和壮大，开创了一种独特的形式性法律正当性之先河。

第一节　自然科学的兴起与正当性危机

科学史学家约翰·亨利（John Henry）认为，科学革命（Scientific Revolution）和宗教改革（Reformation）都能够被看作、也应该被看作是文艺复兴（Renaissance）的结果②，之所以如此，是因为文艺复兴虽然主要的兴趣在于文学艺术而不是自然科学，但是文艺复兴的真正的主旨在于，它通过弘扬希腊、罗马的人文主义，凸显人的伟大，将人从神学的桎梏中解放出来，"就其本质而言，文艺复兴是反对那个神性有余而人性不足的时代的。它反对中世

---

① Leibniz, De Legum Interpretatione, Rationibus, Applicatione, Systemate, in *Philosophische Schriften*, ed. *Leibniz-Forschungsstelle der Universität Münster*, Vol. 6, Akademie-Verlag, 1999, s. 2791.

② 〔美〕约翰·亨利：《科学革命与现代科学的起源》，杨俊杰译，北京大学出版社2013年版，第22页。

纪神学对人类某些方面的压制与阻碍,并反对那种超自然的幻觉——它将把某种致命的约束强加给了更纯粹人性的、自然的人类功能。"① 在另外一方面,由于中世纪神权与人权的此消彼长的对立关系,人地位的提升,即意味着神地位的下降,尤其是教会权威的削弱。人之地位的提升,意味着他可以较为自由地审视自身、探索世界,所以,导致了首先是文学艺术的兴起,比如巴洛克(Baroque)风味的建筑艺术,就强调刻画普通人而不是英雄,并且巴洛克艺术的一大特征就是体积庞大,反映了当时人打破桎梏,追求极限的自我膨胀心理。② 其后是科学技术的兴起,人的解放释放了人的好奇心和创造力,他们不满足于仅仅停留在文学艺术层面,将注意力逐渐转向了对大自然奥秘的探索,这就导致了17世纪的科学革命。最后,文艺复兴对人的解放还导致了近代政治思想的转变,比如马基雅维利(Niccolo Machiavelli,1469—1527年)和霍布斯政治科学(从前叫政治哲学)的出现。人之地位的提升,神权的削弱,还导致了充溢人文精神的宗教改革。

由文艺复兴而导致的文学艺术、科学技术、政治思想、宗教思想的转变在界线上并不是泾渭分明的,而是在一种总的人文情绪下沿着各个支线发展,而这些支线在某种程度上又加强了总的人文情绪,并对其他支线的发展产生了影响,最后形成一种总体潮流的过程,这种总体潮流慢慢形塑了现代性。

在这种思潮里面,科学革命扮演了特别重要的角色。一般认为,欧洲思想的现代历史是从17世纪开始的③,而17世纪,恰恰是科学革命的世纪,这显然不是巧合,实际上,**现代思想的核心就是科学思想**。这就是为什么剑桥大学著名史学家赫伯特·巴特菲尔德(Herbert Butterfield,1900—1979年)说科学革命标志着"现代世界以及现代精神的真正起源"。巴特菲尔德认为科学革命的历史重要性胜过了"基督教诞生以来的一切",与科学革命相比,文艺复兴和宗教改革"只能算是插曲"④。因此,是时候从政治思想的角度对科学革命和科学思想进行一番审视了。

正如欧洲思想的其他方面一样,欧洲的科学思想并不是突然从石头缝里蹦出来的,而是来自传统的一脉相承,从古希腊的毕达哥拉斯(Pythagoras,约公元前580—前500年)、柏拉图、亚里士多德、托勒密(Claudius Ptolemaeus,约90—168年),到罗马的卢克莱修(Titus Lucretius Carus,约前99—前55年),到中世纪的莱奥纳尔多(Leonard of Pisa,约1170—1250年)、乔丹纳斯

---

① 〔美〕欧文·白璧德:《文学与美国的大学》,张沛、张源译,北京大学出版社2004年版,第11页。
② 〔美〕罗兰·斯特龙伯格:《西方现代思想史》,刘北成、赵国新译,金城出版社2012年版,第26页。
③ 同上书,第1页。
④ Herbert Butterfield, *Origins of Modern Science*, G. Bell & Sons Ltd., 1957, p.Ⅷ.

(Jordanus Nemorarius,1225—1260 年)、达·芬奇(Leonardo Di Serpiero Da Vinci,1452—1519 年)等人①,自然科学的传统虽然在绝大部分时间里不是注意力的主要关注对象,但是这种传统却始终是一息尚存,不绝于缕。不过,这些前现代的科学思想本质上只是源自人的好奇心,它并没有形成一个哲学思潮,对政治思想产生影响,相反,这些时代人们对科学的探讨屈从于哲学与宗教思想之下。这就是前现代的科学思潮与现代的科学革命不一样的地方,科学革命不仅是一种单纯的对自然界奥秘的探索(有时甚至打着上帝的旗号),而是一种不一样的世界观,这种世界观在根本上有别于古代的世界观,并为现代社会的政治与法律哲学奠下基调。

科学革命是一个专有名词,科学史家用它特指欧洲史的一个时期,正是在这个时期,现代科学的概念、方法论、框架等方面被奠定。至于这个时期具体是什么时间,科学史家见仁见智。一般认为科学革命的主要曲目发生在 17 世纪,但是前奏或序曲却在 16 世纪就拉开了帷幕。② 大多数科学史家所指的科学革命大约于 1543 年开始,那一年尼古拉斯·哥白尼(Nicolaus Copernicus,1473—1543 年)出版了《天体运行论》(De Revolutionibus Orbium Coelestium),安德烈·维萨里(Andreas Vesalius,1514—1564 年)出版了《人体构造》(De Humani Corporis Fabrica)。其后,开普勒(Johannes Kepler,1571—1630 年)发现了行星运动的三大定律,即"轨道定律""面积定律"和"调和定律"。伽利略(Galileo Galilei,1564—1642 年)发现了自由落体定律、物体的惯性定律、摆振动的等时性和抛体运动规律,并确定了伽利略相对性原理。牛顿(Isaac Newton,1643—1727 年)提出了著名的万有引力定律和牛顿运动三定律。在他们的努力下,近代自然科学体系得以确立。在此,我们无须赘述科学革命的具体过程,而只需从总体上把握科学革命的划时代特征,并从中总结出它独特的世界观。科学革命的方法论体系主要包括两个方面:一是世界图像的数学化,即运用数学和计量以精确测度世界及其各个部分是怎样运作的;二是运用观察、经验以及人为控制的实验来探索、理解自然。③ 数学主要是毕达哥拉斯和柏拉图的遗产,只不过以前,人们对数学持工具主义的态度,认为从数学所得出的理论只是假设,数学主要是用于计算和预测。但是科学革命时期,人们对数学持一种"唯实主义"态度,认为数学

---

① 〔美〕罗兰·斯特龙伯格:《西方现代思想史》,刘北成、赵国新译,金城出版社 2012 年版,第 28—30 页。
② 〔美〕约翰·亨利:《科学革命与现代科学的起源》,杨俊杰译,北京大学出版社 2013 年版,第 2 页。
③ 同上书,第 32 页。

分析的结果就是事物的真实面貌,计算之所以准确,是因为"确有其事"。①比如哥白尼通过数学计算得出"地动说",这与亚里士多德和基督教的学说相悖,但是哥白尼坚信这是真的,因为这是数学要求的结果。② 其后,弟谷(Tycho Brahe,1546—1601 年)、开普勒、伽利略、牛顿等人都用数学方式或多或少证明了哥白尼的学说,沉重打击了基督教的宇宙观。而数学也从伽利略时代的几何,发展到费尔马(Pierre de Fermat,1601—1665 年)与笛卡儿(René Descartes,1596—1650 年)的代数学,后又经由帕斯卡(Blaise Pascal,1623—1662 年),最后由牛顿和莱布尼茨创立了微积分。③ 科学革命的第二个方法论特点是强调实验和观察,数学要从一个前提(比如公理)开始演算,这个前提从哪里来呢？从前是靠猜测和洞见,现在更多是要依靠实验和观察,并且,实验和观察还可以检验数学演算的正确性如何。正是这样,科学革命带来了一种实验主义的潮流,实验和观察被当作检验真理的标准。而实验和观察的发展,又带来了科学工具的创新,在科学革命之前,科学工具只有天象仪、星位观测仪、象限仪等数种,科学革命时期,则产生了望远镜、显微镜、气压计、气泵、温度计,以及随后各式各样的电力机械。④ 这些工具的生产,使得科学革命更加如虎添翼,贝内特(Jim Bennett)指出,这些工具的本性里就蕴含着一种特定的自然哲学和一种特定的方法论。设计这些工具,就是为了论证和检验科学革命的新主张。⑤

科学革命本身就包含着一种与古代截然不同的知识观、真理观,随着科学革命的节节胜利,这种知识观和真理观显得越发清晰和强势了。弗朗西斯·培根(Frances Bacon,1561—1626 年)表达了这种新的知识观,他对旧时代的知识大加挞伐,要求新时代的人们抛开昨日种种,从头了解新事物；把公认的看法束之高阁,坚持实践出新知；观察、实验重于一切；知识是从已知的事实中总结归纳出来的。培根的思想典型地表达了那个时代的思潮,知识和真理不是产生于某种权威的给定(甚至圣经都不可以),也不取决于人的臆测与洞见,而是取决于经验观察与必要的推理。培根提醒我们要注意四种常见的假象或谬误：种族假象是人类这个种族所容易犯的主观主义错误；洞穴假象则告诫人不要执迷于个人之见；市场假象则指向了语言的混乱性,词与物

---

① 〔美〕约翰·亨利：《科学革命与现代科学的起源》,杨俊杰译,北京大学出版社 2013 年版,第 33 页。
② 同上书,第 38 页。
③ 〔美〕罗兰·斯特龙柏格：《西方现代思想史》,刘北成、赵国新译,金城出版社 2012 年版,第 39 页。
④ 〔美〕约翰·亨利：《科学革命与现代科学的起源》,杨俊杰译,北京大学出版社 2013 年版,第 61—62 页。
⑤ 同上书,第 79 页。

在不同人的那里有不同的所指,这导致了误解;剧场假象是一种体系假象,理论家根据很少的东西编织很大的网,然后使信奉者陷入这些表面有理、其实虚构的体系中。① 对培根来说,知识和真理是一种客观存在的真实,所以,在认识知识和真理的途中,要竭力避免各种主观化谬误。在另一个阵营中,笛卡儿也表达了差不多同样的想法,笛卡儿与培根一样,是一个怀疑主义者,不轻信任何东西,"决不把任何我还没有清楚地认识其为真的东西当作真的而接受下来……在我的判断中不包含别的任何东西,只包含清楚明白地呈现在我的心灵之前,让我根本无从怀疑的东西"②,他认为发现真理的一个重要手段是逻辑推理,通过运用几何学逻辑,可以从自明的定理中推演出新的定律。对笛卡儿来说,只要推理的前提是正确的,那么逻辑的绝对有效性保证了结论的正确,几何学推理使我们获得了新的知识和真理。通过把复杂和晦涩的命题按照可能和必要的程度分解成简单的命题,按部就班地进行推理,我们就会得到越来越多的定律。最终,一个一个定律的建立,我们获得了关于世界的一整套的正确知识。在笛卡儿那里,几何学推理可以运用于一切事物之上,起先是物理学,后来是政治学、哲学,"用一系列的定义、公设、公理、定理和问题",从第一原理出发,去证明源于这些原理的结论③,最终,"所有进入人们认知范围的事物都能够借助同样的方式非常恰当地相互联系起来"④。笛卡儿的知识观、真理观看起来与培根大不相同,但实际上这很可能只是表象,在迎合时代精神方面,他们是完全一致的,他们的共同之处在于,两者的知识观、真理观同样都是"解魅化"的,两者都采取了系统怀疑的态度,实际上就是要消除旧时代的超验性的知识和真理,取而代之的,是一些可以被直观认识的、经验证的实实在在的知识。虽然就具体获得知识和真理的方法而言,他们两人有不小的分歧,培根代表着英国经验主义传统,更强调通过经验观察和实验来得到知识;而笛卡儿代表着大陆理性主义传统,更强调通过理性推理来得到知识。但是,毫无疑问,他们的共同点更能反映他们所处时代的特质,这种共同点就是知识和真理的经验性、实在性、解魅化,所以,"这两

---

① 〔英〕培根:《新工具》,许宝骙译,商务印书馆1984年版,第18—21页。
② Rene Descartes, *A Discourse on the Method: of Correctly Conducting One's Reason and Seeking Truth in the Sciences*, Translated with an Introduction and Notes by Ian Maclean, Oxford University press, 2006, p.17.
③ 〔美〕G. H. R. 帕金森主编:《文艺复兴和17世纪理性主义》,田平等译,冯俊审校,中国人民大学出版社2009年版,第323—324页。
④ 〔美〕罗兰·斯特龙伯格:《西方现代思想史》,刘北成、赵国新译,金城出版社2012年版,第49页。

位 17 世纪伟大的'大自然的秘书'既有重大的分歧,也有许多重大的相似之点。"①

先是科学上的一些尝试,然后是思想观念的革新,最终,作为 17 世纪的科学革命的遗产,一种全新的解魅化的世界观产生了,这种全新的世界观一般被称为机械论世界观(mechanistic world view)或机械论哲学(mechanistic philosophy),是一种把整个世界还原为一种机械的物质运动的思想体系。机械论世界观关于世界万物存在状态的认识是一种实体论,通过一种还原论的思维,机械论世界观把整个世界还原为构成它的基本元素(如原子、元素等),将整体的存在与性质还原为其构成要素性质的总和,将运动变化的根源归之于外力的推动,把事物之间的联系理解为外在的机械的联系。机械论世界观的核心理念就是世界的解魅化,世界不再是古代或中世纪人所认为的那样有灵气的生命体,而是受机械因果决定规律支配的巨型机器。

在机械论世界观里,世界不过是一架冰冷的机器,笛卡儿把所有的物体分为广延类和思维类两种,自然物质属于广延类,物体的基本性质不是硬度、重量、颜色等,而是长度、宽度和深度,即"广延"。② 把物质等同于广延,这也意味着笛卡儿否认了真空的存在,物质之间的相互作用是通过接触,所以,在笛卡儿那里,大约整个世界就差不多是一种齿轮机器,通过齿轮的啮合和传导,形成了运动。古人认为运动是由于灵魂对物质的驱动(柏拉图就是典型),笛卡儿则认为运动是机器运动,是没有生命的。不过,笛卡儿还是承认有思维类的东西存在,那就是精神世界,但是笛卡儿所设想的精神世界和物质世界是完全割裂的,它们彼此独立,不干涉对方的运行,这就是著名的笛卡儿二元论。笛卡儿甚至证明上帝存在,不过笛卡儿的上帝只是充当一下原动力,他推动了第一个粒子,然后粒子就一个推动另一个,形成循环流,然后就不需要上帝了。在笛卡儿看来,除了精神之外,一切都是机械的,包括生物的肉体,笛卡儿甚至认为动物都是机器,它们没有灵魂和情感,而人作为高级动物,也是一架机器,只不过里面住着一个鬼魂,由于坚持身心的二元论,笛卡儿无法解释这个鬼魂与躯壳之间的关系。③ 笛卡儿的机械论世界观后来被现代政治哲学之父霍布斯推向了极端。在霍布斯看来,不仅整个世界是一部巨大的机器,而且人体也是一架精密的小机器,这就是为什么《利维坦》以讨论人体的构造开篇的原因。科学史家亚·沃尔夫(Abraham Wolf,1877—1948 年)

---

① 〔美〕罗兰·斯特龙柏格:《西方现代思想史》,刘北成、赵国新译,金城出版社 2012 年版,第 47 页。
② 〔法〕笛卡儿:《哲学原理》,关文运译,商务印书馆 1958 年版,第 20—21 页。
③ Samuel Enoch Stumpf & James Fieser, *Socrates to Sartre and Beyond: A History of Philosophy (8th Edition)*, McGraw-Hill, 2007, pp. 213-215.

因此指出:"伽里略和笛卡儿以及某种程度上甚至还包括培根,都试图用物质和运动来解释物质世界。霍布斯超越了他们,他试图把包括精神世界和物质世界的整个宇宙都作类似的解释。"①由于设想整个世界,包括人本身都是一部机器,霍布斯真正将"政治哲学"变成"政治科学",或者,更准确地说,是"政治的自然科学",他构想出一个由三个部分组成的哲学体系:第一部分涉及物体并包括了现在所谓的几何学和物理学;第二部分包括了个人的生理学和心理学;第三部分包括了所有物体中最复杂的物体,亦即被称为社会或国家的"人造"体。② 显然,在霍布斯看来,这三个部分之间并没有什么本质的不同,它们都是机械运动,都服从几何学和力学。

机械论世界观使得世界失去了生命和灵性,最终造成了现代社会不可避免的权威危机和正当性危机。这一点并不难理解,因为古代社会的权威和法律正当性是建立在一种神灵或柏拉图式"理念"的基础上的,而机械论世界观恰恰就是要摧毁一切神秘的理性和神灵,把世界还原为了无生气的物质,这就在政治思想领域投下了原子弹,因为如果权威和法律没有了一种神圣的事物作为其正当性来源,那么,它们是怎样能够被承认为是权威和有效的呢?由此我们可以想象,正是机械论世界观之下所发生的权威危机和正当性危机,迫使培根、笛卡儿、牛顿、莱布尼茨这些人在一方面大讲科学的同时,一面又不得不非常别扭地坚称上帝真实存在。

第二节 法律的科学正当性理念

当自然科学的发展完成了对世界的祛魅,它引发了一个意想不到却意义深远的后果,即实证法的观念逐渐发展出来并引发了现代社会的法律正当性危机。

首先,由于自然科学的祛魅,从前那种自然法与实在法水乳交融的关系被破坏了,在科学革命以前,人们几乎不区分自然法与实在法,换言之,这时候人们对于实在法的认识是朦胧的,立法者制定的法律与不可追忆的习俗和神秘高远的理性或意志密不可分,实在法的正当性被认为来自于不可追忆的习俗和神秘高远的理性或意志,所以,这一时代的人们,对实在法并不是全无所知,但是却也无法与自然法做泾渭分明的分别。但是当自然科学将那些后来休谟所说的属于价值范畴的东西摧毁之后,法律变成了只能是实在法,法律逐渐从神圣的理性或意志演变成了一种人为的意志。即便这个时代还有

---

① 〔英〕亚·沃尔夫:《十六世纪科学、技术和哲学史》(下册),周昌君译,商务印书馆1991年版,第717页。
② 〔美〕萨拜因:《政治学说史》,盛葵阳、崔妙因译,商务印书馆1986年版,第517页。

所谓的自然法,自然法的根基却与以前大不相同,实际上,霍布斯、洛克、卢梭等人的自然法,并不是植根于上帝,而是植根于人的需要和目的。如果以前的自然法是神圣自然法,那么,科学革命之后的自然法,则是一种世俗自然法或人权自然法。

其次,实证法越来越清晰地呈现,也喻示着法律正当性危机的加重。因为实证法的横空出世,必然带来一个正当化的要求,在古代,那些朦朦胧胧的实在法意识,可以借着世俗秩序和神圣秩序的二元结构而得到正当化,即神圣秩序赋予世俗秩序以正当性,但是现在实证法的越来越突出,却找不到可以对其进行正当化的神圣秩序了,原因在于,神圣秩序被自然科学所祛魅了。这样,这一时代便面临一个极其深重的法正当性危机。正是在这个意义上,我们可以理解舒国滢先生的论断:"自然科学对法学的知识论挑战是更加深刻而持久的,此后的法学家都或多或少受到此一挑战的影响,他们要么主动、要么被动地回应这一挑战。"①

应对的方法有很多,最受人瞩目的就是霍布斯、洛克、卢梭等人开创的世俗自然法或人权自然法传统,这一传统主要的工作就是想通过植根于人权需要的自然法来证明实证法的正当性。这一传统即使在当代都有回响,比如约翰·菲尼斯的新自然法理论,也是试图从一些给定的世俗自然法出发来证立实证法的正当性。

相比于霍布斯、洛克、卢梭等人为代表的世俗自然法传统,另外一种对实证法进行正当化的进路被严重忽视了,这就是实证法的科学正当化进路。我们不能忽视的是,科学革命一方面固然摧毁了古代的那些神圣价值,另一方面,科学革命也树立了一种新时代的权威和真理。这一权威和真理就是科学本身,站在当下的时间点上,这一点可以感受得更明显。在今天,唯有经过科学验证的知识才能被视为是真的知识或真理,而古人那种关于神圣事物的想象被称为"呓语"或"胡说"。现代逻辑经验论者卡尔纳普(Rudolf Carnap,1891—1970 年)明确表达了这种观念,他将知识分为三种:第一种是经验知识,即可经验地加以证实的知识;第二种是分析知识,即可逻辑地加以证实的知识,这种知识可以从一个经验知识中经由逻辑推演而得出;第三种知识既非来自于经验,亦非来自于分析,它们包括形而上学知识、宗教知识、道德知识、规范知识和伦理知识,这些知识由于既不能用经验证实,也不能从经验陈述中逻辑地推演出来,因此,这些知识是不可理喻的。对于卡尔纳普来说,只有前两类分别以培根与笛卡儿为代表的知识才是有效的知识,或真理,而第

---

① 舒国滢:《论近代自然科学对法学的影响——以 17、18 世纪理性主义法学作为考察重点》,载《法学评论》2014 年第 5 期。

三类知识由于不能断言其真假,所以它们应该被从有效知识的领域中清除出去。① 在科学的判准之下,那些不能为事实所证明的东西是纯属主观的臆测和想象,因而上帝是虚假的;唯有可以用事实来证明的科学的东西才是真正的知识和真理,实际上,在当下,我们几乎可以说,科学就是真理,差不多还是唯一的真理。

由此,实证法为了不完全屈从于主权者的恣意,为了获得自身的效力与权威,它可以从科学理性中获得正当性,我们将实证法的此种正当性称为现代法律的科学正当性,比如说,实证法可以从一些不证自明的公理出发,运用科学的方法进行推演,演绎出一套规则体系,甚至演绎为一部尽善尽美的法典,实证法虽然是主权者的命令,但是这种命令必须有所本,并非任何随意的命令都可以成为法律,法律本质上是经由科学演绎和组合出来的,法律的正当性也在于这种严谨的科学性之中,这就是法律的科学正当性之意涵。

不同于古代的神圣秩序与世俗秩序,科学在现代社会差不多是真理的代名词,所以,通过科学的法律正当性不需要承受法律的自然正当性所面临的那种指责,实际上,这种指责正是现代科学发起的;也不需要面对古典自然法传统将自然法植根于的神秘莫测的人权所导致的指责,科学本身就是正确的。

第三节　莱布尼茨的法律科学正当性建构

新时代的法律科学正当性很快就在戈特弗里德·威廉·莱布尼茨的法哲学中有所体现,莱布尼茨是"最早按照自然科学方式来思考法学的学者",被认为是"第一个把法律看作是近代科学产物的人"②。莱布尼茨深受柏拉图主义和经院哲学的影响,所以他的思想中有许多神学自然法的成分;作为时代思潮的涵泳者,他也深受笛卡儿和斯宾诺莎(Baruch de Spinoza,1632—1677年)哲学的影响,这可能锻造了他的科学精神。③

莱布尼茨不满笛卡儿和斯宾诺莎对实体的描述,笛卡儿认为有两个独立的实体——思维和广延,而且在笛卡儿那里,这两种实体是严格分离的,这导致了精神和肉体的分离。斯宾诺莎虽将思维和广延当作两种属性包含于一个实体里面,但是这样又取消了上帝、人和自然之间的差异性。莱布尼茨像

---

① 参见〔美〕卡尔纳普:《通过语言的逻辑分析清除形而上学》,洪谦主编:《逻辑经验主义》上卷,商务印书馆1982年版,第31—32页。
② 舒国滢:《论近代自然科学对法学的影响——以17、18世纪理性主义法学作为考察重点》,载《法学评论》2014年第5期。
③ 〔美〕罗兰·斯特龙柏格:《西方现代思想史》,刘北成、赵国新译,金城出版社2012年版,第122页。

古希腊的原子论者一样,认为实体是由一些更小的东西复合而成的,但是不同于原子论者的是,古希腊的原子论者认为构成实体的是原子——那还是广延,莱布尼茨则认为,构成实体的是一种非三维性的力或能,莱布尼茨称其为单子(Monad)。单子没有广延,它没有形状和大小,它只是形而上存在的点(poits metaphysiques)。① 这真是令人惊奇,因为莱布尼茨对实体的解释已经接近于现代科学发展出来的亚原子水平的解释了。而且单子本身自动包含动力或生命,这又克服了自古希腊以来的一个难题,即是什么推动了事物运动,柏拉图为此预设了灵魂,是灵魂驱动躯壳运动。莱布尼茨接着指出,每个单子都按照受造的目的运动,由此形成了一个巨大的、和谐的宇宙统一体,单子虽彼此独立,但是却像乐队的乐手一样彼此配合无间②,对莱布尼茨来说,这样一种和谐不可能是单子偶然协调的产物,而是上帝的意志,因此,这种和谐是一种前定的和谐。③ 宇宙的和谐是上帝的设定,那反过来说,从我们宇宙和谐的状态中也可以推导出上帝的存在。④ 莱布尼茨的这些思想,与数百年后发现了相对论和量子力学的爱因斯坦(Albert Einstein,1879—1955年)没有两样,爱因斯坦就认为,这个世界如此精妙入微,只能理解为是上帝有意设计的结果。莱布尼茨认为,一切事物的存在都有原因,而最终的原因就是上帝,上帝是事物存在的充足理由。而且上帝做事也要有充足理由,上帝之所以给我们选定这个世界,而不是另一个世界,是因为我们的世界是一切世界中邪恶最少的世界,莱布尼茨最后的著作之一《神义论》就是要解释为什么我们的世界是邪恶最少的世界。⑤ 不过话又说回来,莱布尼茨所理解的恶,是一种柏拉图意义上的形而上的恶⑥,恶不是什么实体性的东西,而是不完美,是完满的缺乏⑦,这样来理解的话,莱布尼茨说我们的世界是邪恶最少的世界,实际

---

① Gottfried Wilhelm Leibniz, *Kleine Schriften zur Metaphysik*, hrsg. von Hans Hein Holz, Insel Verlag,1986,s.214.
② *Die philosophischen Schriften von G.W. Leibniz*, herausgegeben von C. J. Gerhardt, Berlin & Halle,1875—1890, Volume 2,s.95.
③ Ibid.,p.499.段德智认为莱布尼茨的先定和谐包括:(1)单子之间的普遍和谐;(2)灵魂与身体之间的和谐;(3)自然与神恩的和谐。参见段德智:《莱布尼茨哲学研究》,人民出版社2011年版,第173—186页。
④ 关于上帝存在,可以从本体论、宇宙论和前定和谐三个方面来加以证明,参见〔美〕加勒特·汤姆森:《莱布尼茨》,李素霞、杨富斌译,中华书局2014年版,第93—98页。
⑤ 《神义论》从两个方面论证了世界的美好,首先,上帝创造给我们的世界是所有可能世界中最好的一个;其次,他回应了伏尔泰的批评,认为即使我们的世界充满罪恶,但是从整体上来说,我们的世界还是所有可能世界里包含邪恶最少的世界。参见〔德〕莱布尼茨:《神义论》,朱雁冰译,生活·读书·新知三联书店2007年版,第108—119页。
⑥ 莱布尼茨将恶分为三种:形而上的恶、形体的恶和道德的恶。形而上的恶指善的匮乏;形体的恶指痛苦;道德的恶在于罪。参见〔德〕莱布尼茨:《神义论》,朱雁冰译,生活·读书·新知三联书店2007年版,第120页。
⑦ 〔德〕莱布尼茨:《神义论》,朱雁冰译,生活·读书·新知三联书店2007年版,第406页。

上就是说我们的世界是最完美、最和谐的世界的意思。

　　笔者之所以不厌其烦地描绘莱布尼茨的神学哲学思想，是想呈现莱布尼茨神学哲学思想中确定性和理智性的一面，在笔者看来，这正是科学精神的体现，毫无疑问，莱布尼茨可以被打上自然法和神学的标签，但是更加可注意的是他思想中科学的一面。在莱布尼茨那里，上帝作为终极的原因而存在，但是即使上帝也要服从充足理由律，莱布尼茨的神学是一种唯理智论神学，"主张有绝对的善、绝对的公正以及诸如此类连上帝都必须遵守的东西。"① 莱布尼茨的科学精神不仅体现在理性的上帝②身上，更体现在理性的世界之上。上帝创造了一个环环相扣精密和谐的世界——因而也是理性的世界，这个世界是充满确定性的，每一个单子都有它的目的和使命，就像带着乐谱出发的乐手一样，世界是和谐的，是最少邪恶的，也就意味着是最少不确定性的。实际上，在莱布尼茨那里，自由只不过意味着奔向自己的目的和使命，因为每一个单子都是目的给定的，所以，自由就是认识到自己的目的和使命，并且完成目的和使命。③ 在莱布尼茨看来，人的同一性集中围绕在一个支配性的单子，人的灵魂因此也奔向这种目的和使命，人可能一开始不能很好地认识自己的目的和使命，但是通过学习和生存，他能够克服思想的迷乱而认识到自己的目的和使命，就像"五十而知天命"那样豁然开朗自己是谁、要做什么，这样，他就实现了由潜能到自由的转变。对莱布尼茨来说，自由就是成为自由，自由不是选择，而是自身命定的发展，自由就是克服迷乱，避免随意选择自己的人生道路，所以，自由不但不意味着选择，反而意味着不乱选择，按照决定好的道路走。④

　　莱布尼茨的许多想法与爱因斯坦很像，爱因斯坦可以被看作是一个进一

---

① 〔美〕约翰·亨利：《科学革命与现代科学的起源》，杨俊杰译，北京大学出版社2013年版，第135页。

② 莱布尼茨言辞的字里行间很明显的透露出上帝的理性与受决定性，比如他认为上帝不能改变世界，不能让三乘三不等于九，上帝也不拥有绝对的意志。参见〔德〕莱布尼茨：《神义论》，朱雁冰译，生活·读书·新知三联书店2007年版，第140、266、370页。

③ Samuel Enoch Stumpf & James Fieser, *Socrates to Sartre and Beyond: A History of Philosophy* (8th Edition), McGraw-Hill, 2007, p. 225.

④ 莱布尼茨反对斯宾诺莎的决定论因而无自由意志的观点，他认为人的意志是自由的，这种自由是意志的自发性加选择。虽然意志自由意味着选择，但是选择并不是一种"无差别的"（indifferent）选择，在莱布尼茨看来，人的选择是有倾向性的，就像我们出门"迈右脚"一样，包含着一种前定性，所谓不知选择吃那块草而饿死的"布里丹的驴"是完全不可能真实存在的一种虚构。莱布尼茨指出，影响人们作出选择的因素包括理性和激情等，理想的情况是我们接受理性的指引作出一种理智或深思熟虑的选择，所以，莱布尼茨的自由，是自发性加上理智或深思熟虑的选择，而莱布尼茨的选择，又可谓是一种"命定的选择"。参见〔德〕莱布尼茨：《神义论》，朱雁冰译，生活·读书·新知三联书店2007年版，第136—139、343—344页。亦请参见江畅：《自主与和谐：莱布尼茨形而上学研究》，武汉大学出版社2005年版，第128—146页。

步发展和完全成熟的莱布尼茨,因此,我们可以通过爱因斯坦思想的某些片段来测度莱布尼茨思想发展的趋势。比如说,莱布尼茨的上帝仍然是有位格的,但是到了爱因斯坦那里,上帝变成了全然的理性,以致失去了位格,爱因斯坦指出,"我不能设想这样一个人格化的上帝,他竟会直接干预人的活动,或是对自己的造物进行评判",但是同时,他又深信,"在无法理解的宇宙中存在着一种至高的理性力量,这就是我的上帝"。① 在给戈德斯坦拉比的复电中,爱因斯坦言简意赅地说:"我信仰斯宾诺莎的那个在事物的和谐有序中显示出来的上帝,而不信仰那个同人类的命运和行为有牵连的上帝。"②显然,在爱因斯坦那里,上帝完全是科学化、理性化了,上帝化身成了事物的规律,正因为如此,爱因斯坦坦言自己是一个决定论者,不相信有自由意志,"我深信上帝不是在掷骰子"③。虽然生活在 17 世纪、18 世纪的莱布尼茨在想法上不可能像差不多两百年后的爱因斯坦那样清楚与彻底,但是莱布尼茨确实表达了差不多的科学化、确定化的上帝与宇宙的想法。

由于莱布尼茨神学体系与法学体系的相对独立,可能会有人认为莱布尼茨的哲学思想与他的法学思想之间没有关联,但是,我认为,在莱布尼茨的哲学思想里面,无处不弥漫着科学精神,如果不是从表面上的联系,而是从精神的角度来观察,很明显,莱布尼茨的哲学思想与他的法学思想是有关联的。

作为现代科学精神的涵泳者,甚至他发明的微积分还是现代科学的基石之一,莱布尼茨的神学和哲学体系明显带有自然科学的烙印,然而,正如前文所述,现代自然科学的兴起和科学精神的弥漫也带来了一场权威与法律的正当性危机,对此,敏锐如莱布尼茨不可能不有所察觉,"莱布尼茨关注法律和政治问题并不令人惊讶。与 17 世纪广为人知的社会危机相伴,一场全面触及政治、法律、哲学和宗教的权威的精神危机也随之出现。"④实际上,莱布尼茨被认为是"那些相信权威危机可以通过启蒙理性和'科学革新'来化解的那代人中的领军人物"⑤。

莱布尼茨正是从科学的角度来看待现代法学的,对于莱布尼茨来说,法律最终的原因可能存在于上帝那里,但是由于上帝以及整个世界都是理性的〔莱布尼茨的后继者克里斯蒂安·沃尔夫(Christian Wolff,1679—175 年)公

---

① 〔美〕沃尔特·艾萨克森:《爱因斯坦:生活和宇宙》,张卜天译,湖南科技出版社 2009 年版,第 278—279 页。
② 同上书,第 279 页。
③ 同上书,第 240 页。
④ Roger Berkowitz, *The Gift of Science*: *Leibniz and the Modern Legal Tradition*, Harvard University Press, 2005, p. 12.
⑤ Ibid.

开把理性等同于上帝本身,形成了"莱布尼茨—沃尔夫"理性主义哲学体系①],因此,可以从科学的角度来对法律加以认识和证成,这也正是莱布尼茨有别于以前学者的地方,"莱布尼茨的普遍法学是一种法科学,它试图从可被科学认识的证立原则中引导出所有的法——既包括实证法,又包括自然法。"②莱布尼茨将法——不论自然法还是实证法——视为理性,看起来是反对实在法是一种意志的说法③,但是,在此,重要的是要意识到,莱布尼茨的说法是理性的,并不是一种神秘理性或神圣理性,而是科学理性,他强调法的理性,其实是在强调法的科学性。

正是这种对于法律的科学意识,主导了莱布尼茨早年对于法律几何学的研究,他批评了罗马法学家乌尔比安和保罗等人依靠天才的洞见来认识法的行为,他认为天才的洞见具有特异性与晦涩性(singularity and opacity)④,更为可靠的方法应该是数学。⑤ 在其早期的作品,1664 年的硕士论文《从法律中收集到的哲学问题之样本》(Specimen Quaestionum Philosophicarum ex Jure collectarum)和 1666 年的《论法律中的一些棘手案例》(De Casibus Perplexis in Iure)中,他就试图用哲学和数学方法来研究法律。在 1666 年的博士论文《论组合术》(Dissertatio de Arte Combinatoria)中,他更进一步将几何学原理以及组合算术运用于法学之中。该论文的核心是一个组合计算定理,即给定一些确定的元素,可以计算出它们根据特定的项组成的子集的组合,比如五个元素,三三组合,一共有十个组合可能。⑥ 莱布尼茨将这种组合术用于法学,以委托合同为例,甲向乙提供资金,乙利用这笔资金投资,然后归还甲的本金和支付一定的收益。罗马法学家盖尤斯认为,可以从五个方面分析这份委托合同:(1) 为了委托人的利益;(2) 为了委托人和受托人的利益;(3) 为了第三人的利益;(4) 为了委托人和第三人的利益;(5) 为了受托人和第三人的利益。此外,盖尤斯还说明了(6)为了受托人利益的情况为什么不应该被考察,但是,即令如此,莱布尼茨认为,运用组合术,三方关系人存在七种可能的利益组合,显然,盖尤斯遗漏了一种,而运用组合术这样的科学方法就不会遗漏了。⑦ 在 1667 年的《学习与讲授法学之新方法》(Nova

---

① 参见舒国滢:《论近代自然科学对法学的影响——以 17、18 世纪理性主义法学作为考察重点》,载《法学评论》2014 年第 5 期。
② Roger Berkowitz, *The Gift of Science : Leibniz and the Modern Legal Tradition*, Harvard University Press, 2005, pp. 19-20.
③ Ibid., p. 22.
④ Ibid., p. 25.
⑤ Ibid.
⑥ Leibniz, *Dissertatio de Arte Combinatoria*, 39ff.
⑦ Ibid.

methodus discendae docendaeque Jurisprudentiae)中,21 岁的莱布尼茨雄心勃勃地提出"科学地改革罗马法"的建议和"重整《国法大全》"(Corpus Iuris Reconcinnatum)的构想。①

然而,莱布尼茨法律科学化的思想可能更为集中地表现在他的法典化计划中,这是因为,法典化本身就带有科学化、体系化的要求。1669—1672 年间,莱布尼茨设想了一部法典,这部法典包括四个部分:第一部分是《自然法要义》,它从第一原则开始推导其后所有的法律;第二部分是《市民法要义》,这是一份简短而又指向清晰的目录;第三部分是《法律的核心》,它总结了主要的法律内容;最后一部分是《法律大全》,即法典的法律条文部分。② 前两部分仿佛是一个总则和导论,由抽象概念和定义构成,后两部分则是法律本身,是对前面总则的具体化,整个法典是一个和谐的体系,就像从一个原理里面推导出来的那样。17 世纪 90 年代,莱布尼茨将法典体系调整为一般事项、事实和法律三个部分,而事实与法律部分又以另一个一般事项开头,事实包括证明事实、推定事实和拟制事实,法律包括与人有关的法、与物有关的法和权利冲突法。科学化的法典是莱布尼茨持续一生的理想,早在 1667—1671 年间,他服务于美因茨大主教舍恩博恩(Johann Philipp von Schönborn, 1605—1673 年)期间就开始了法典化的设想;1677 年至 17 世纪 80 年代中期,他重新开始了中断了的法典化工作;最后是 17 世纪 90 年代初,他再次回到了他的法典计划。③ 秉持科学的精神,莱布尼茨设想的是一部封闭完美的法典:

> 法律构成了一个体系,其中,单个的法律就像我们修建一栋宏大建筑所需的石块,它们能被分割,然后彼此顺利地结合在一起。不留下任何空隙,不会影响到法律之间的协调,它们不会彼此冲突,任何法律问题都不会悬而未决。虽然这样一个法律体系至今尚不存在,但我毫不怀疑有朝一日它会以完美的形式出现。一个普通人可能会与我持见相反,因为他认为存在无尽的法律问题,要将它们悉数掌握非人力所及。……但是知道普遍概念的人可以对哪怕是无以计数的事物分门别类,他可以将

---

① 舒国滢:《论近代自然科学对法学的影响——以 17、18 世纪理性主义法学作为考察重点》,载《法学评论》2014 年第 5 期。
② See Roger Berkowitz, *The Gift of Science: Leibniz and the Modern Legal Tradition*, Harvard University Press, 2005, pp. 29-31.
③ Ibid., p. 54.

万物都归入囊中,无一遗漏。①

莱布尼茨的法律科学之所以显得意味深长,是因为他对法律的设想从根本上含有一种用科学来说明其正当性的意图,在一个祛魅的时代,莱布尼茨虽然保留了神学的外壳,但是考虑到他所设想的上帝、宇宙、法律都是科学理性化的,所以不难理解,他真正凸显的思想是科学理性。

莱布尼茨对法律进行科学正当化的想法最为明显地表露在他法典化工作中对于法律理由的引入上。在莱布尼茨的法典化设想中,他计划为每一条法律找到一条论证理由,这也是他哲学上的充足理由律的必然要求。不过,考虑到自古以来法律被认为渊源于神圣,因而立法无需说明理由的传统,莱布尼茨的这一举动无疑是有些石破天惊的。实际上,莱布尼茨此举,可以被恰当地理解为在科学精神的驱使下,试图用科学理由来论证法律正当性的行为,正如伯科维茨(Roger Berkowitz)所评论的:"莱布尼茨将充足理由律引入法学意味着他想要赋予法律一直渴盼的权威性以科学的基础。"②即令法律的最终理由可以被追溯至上帝,但是考虑到莱布尼茨观念中上帝和宇宙的科学理性化,我们也可以说,在莱布尼茨那里,上帝的权威只是法律正当性的幌子,法律正当性真正的来源是科学。"实证法的本质体现在它对科学证成的需要上。实证法需要理由去证立它的权威性,所以它就在科学中寻觅其基础。"③也只有从法律科学正当性的角度,才能理解莱布尼茨的行为相比传统在根本上的分别和划时代的意义,比如说莱布尼茨对法典的设想,编纂法典是人类历史上持续不绝的行为,将法律收集成书或汇编成册已经持续了数千年之久,汉穆拉比在石头上雕刻法典、梭伦用诗歌表述他的法律、优士丁尼将罗马法编成50卷④,但是莱布尼茨以及其后的法典化运动却没有那么简单,从莱布尼茨开始,法典化意味着一种全新的世界观的指导和驱使,它代表着一种科学正当化的活动,伯科维茨对此评论说:"现代法典并非像前现代法典那样只是对业已存在的法律的简单编译(compilation)。情况毋宁是,被科学革命所唤醒的现代法典化运动是想要确保法律知识必须来自于科学计算这

---

① Leibniz, De Legum Interpretatione, Rationibus, Applicatione, Systemate, in Philosophische Schriften, ed. *Leibniz-Forschungsstelle der Universität Münster*, Vol. 6, Akademie-Verlag, 1999, s. 2791.
② Roger Berkowitz, *The Gift of Science: Leibniz and the Modern Legal Tradition*, Harvard University Press, 2005, p. 51.
③ Ibid., p. 156.
④ 关于法典编纂历史的一个有益讨论可以参见 Roscoe Pound, *Jurisprudence*(Volume Ⅲ), West Publishing Co., 1959, pp. 675-723.

一科学压力的产物。"①

第四节　莱布尼茨之后的法律科学正当性

法律的科学正当性在莱布尼茨那里滥觞之后,在时代背景的烘托下,逐渐成为了一场潮流,这场潮流跟随着近代法典化运动一路奔涌,激起了无数浪花。

在莱布尼茨之后,法律的发展呈现出了两个别有深意的趋势,一方面是法律越来越指向一种实证意义上的法律,即法律被当作某个现实权威的意志和命令,脱离了它原有的自然法的价值翼护,这当然会带来正当性危机。与这种令人忧心忡忡的一面相连,另一方面,为了遏制作为意志的实证法迷乱于主权者的恣意,法律的科学性也在发展。两者之间的联系在于,科学的理性显然意在阻止实证法的恣意。随后的几个世纪,这两种趋势都在壮大。

在莱布尼茨逝世之后差不多 80 年,第一部科学化和体系化的法典《普鲁士一般邦法》于 1794 年问世了,《普鲁士一般邦法》试图在一个科学的体系中建构普鲁士的法律,作为"世界上第一个实证主义法律体系"②,《普鲁士一般邦法》需要为实证法的正当性作出说明,这从法典的命名中就可以看出端倪,邦法和法典的区别在于,法典只需要列出法条,作为主权者的命令而不容置疑,而邦法不仅需要列明法条,还需要说明理由,即对法律进行证成。③ 虽然《普鲁士一般邦法》的制定者们斯瓦雷茨(Carl Gottlieb Svarez,1746—1798 年)、卡尔默(Johann Heinrich von Carmer,1720—1801 年)、克莱因(Ernst Ferdinand Klein,1744—1810 年)等人也运用了一些自然法、人民的幸福之类的说辞来证成这部法律,但那很可能只是障眼法,是那个时代流行的"社会契约论"的流风余韵,真正赋予《普鲁士一般邦法》之实证法的正当性的,乃是科学。《普鲁士一般邦法》一开始就试图用一个从基本原理中推演并由基本原理统领的科学、融贯、完备的体系取代一部仅仅是由简单的法律规则组成的法典。④ "斯瓦雷茨和克莱因既不承认制定法(Gesetz)的先验基础,又拒绝为它设定一个价值理性的基础。他们转而寻求一种新的制定法证成方式,这种

---

① Roger Berkowitz, *The Gift of Science: Leibniz and the Modern Legal Tradition*, Harvard University Press, 2005, p. 2.
② Ibid., p. 70.
③ Ibid., p. 72.
④ Ibid., p. 81.

新证成方式立基于作为合理的社会和政治目标的科学上。"①《普鲁士一般邦法》的主要作者斯瓦雷茨在皇太子御前讲座中,虽然也诉诸了自然法,但是这种自然法却也是全然理性的,随后,他像那些启蒙主义者一样,诉诸社会契约,使得国家可以制定实在法,并且要求自然法放弃其权威,听命于实证法②,从而造就一种制定法之治,而制定法的正当性,主要不在于自然法,而在于其自身形式上的合科学性。

在1794年的《普鲁士一般邦法》之后,是1804年的法国《拿破仑法典》和1811年的《奥地利一般民法典》,这些法典都采用了高度抽象化和科学化的方式,它们构成了科学正当化思潮的一次次潮汐,最后是1900年的《德国民法典》,将这种科学正当化思潮推向了顶峰。然而,在《德国民法典》之前,这种科学正当化的思想同样体现在萨维尼的历史法学和其后的概念法学中,虽然萨维尼认为法是民族精神的体现,但是由于民族精神的暧昧性和神秘性,他也不得不依赖于法学家通过科学化的方法来认识和界定民族精神,这表现为萨维尼对体系化方法的强调,实际上,他一生主要的工作就是对罗马法进行体系化,他由此也确立了法律科学方法的重要性。"萨维尼的卓越贡献不仅在于他缔造了德国法学,第一个阐释了法律的历史基础,他还塑造了科学意识。"③——当然,萨维尼主要的理论旨趣仍然在于通过历史精神提供一种法的实质性正当性。其后,德国的概念法学受到"莱布尼茨—沃尔夫"理性主义哲学体系、康德的形式自然法和萨维尼历史法学的共同影响④,在莱布尼茨—沃尔夫那里,已经具有从一个基本原理演绎出整个法律体系的思想;康德的绝对命令说白了就是"非矛盾"法则,这也喻示着一套和谐的体系;萨维尼的体系方法也要求将法律规范整体理解为一个关联的整体。概念法学正是在这些思想基础上的发展和引申。概念法学认为法律体系是一个从基本概念出发演绎而成的无漏洞的、封闭的规则体系,或至少可以通过纯粹逻辑的方式使之成为这样一个体系。⑤ 按照普赫塔(Georg Friedrich Puchta,1798—1846年)的设想,法律体系就是概念组成的金字塔,从顶层概念可以演绎出下面所有的概念和规则,同样,从金字塔底层亦可以溯源到顶端。温德沙伊德(Windscheid,1817—1893年)作为潘德克吞法学之集大成者,更将

---

① Roger Berkowitz, *The Gift of Science: Leibniz and the Modern Legal Tradition*, Harvard University Press, 2005, p. 86.
② Ibid., p. 93.
③ Georg Beseler, *Volksrecht und Juristenrecht*, Weidmannsche Buchhandlung, 1843, S. 58.
④ 吴从周:《概念法学、利益法学与价值法学:探索一部民法方法论的演变史》,中国法制出版社2011年版,第32—34页。
⑤ 〔德〕莱因荷德·齐佩利乌斯:《法哲学》,金振豹译,北京大学出版社2013年版,第287—288页。

概念法学推向顶峰,法律最终成为一个由概念组成的封闭完美的体系。显然,概念法学的核心思想充分流溢着科学的精神,尤其是笛卡儿所倡导的那种科学理性精神,整个法体系既是这种科学理性精神的造物,亦从这种科学理性精神中获得法之正当性。正如普赫塔所说:"法条不是从民族成员的直接确信及其行动中产生,法条也不是出现在立法者的格言里,法条一直是在作为科学演绎的产物上,才能看得到。"①而概念法学另一位代表耶林(Rudolph von Jhering,1818—1892年)虽然后来转向了利益法学,但是他其实在科学正当性的道路上走得更远,他不但坚持法律的体系科学性,而且把莱布尼茨、萨维尼等人虚无缥缈的正义、民族精神变成了实实在在的利益,所以,伯科维茨评价说:"耶林的原创性在于,他认为在科学的观照下,法律科学必须摒弃对正义的某种不可知的伦理基础的探寻。"②

最后,在《德国民法典》那里,法律的科学正当性达到了巅峰,"《德国民法典》,作为最后一部和最具科学严谨性的德国法典,向我们活生生展示了现代法律是如何作为一种科学的产品而存在的。"③《德国民法典》的科学性最明显地体现在法典高度抽象化的品质之中,法典的语言枯燥、生硬,与生活高度脱节;但是同时又简洁、明确,完全符合科学性的要求。比如对商品买卖合同的规定,《普鲁士一般邦法》相对来说就很生活化,《普鲁士一般邦法》第362条列举了调整买卖合同的规则,还有示例、争议解决方法和所有情形的证成理由,但是《德国民法典》用82个简洁的条文来规定买卖合同,既没有示例,也没有说明理由,更复杂的是,如果你遇到一个买卖合同纠纷,那么光看买卖合同的规定可能是不够的,关于买卖合同的第二层次的规定你还可以在有关双务合同的规定中找到,第三个层次是要查看"合同债务关系"部分,第四个层次位于合同领域之外,要在总则中查看有关债的规定,第五个层次则要诉诸于整个总则的相关规定,比如关于法律主体的规定和意思表示的规定。④ 虽然《德国民法典》的立法技术给生活带来了麻烦,人们不再能直观地理解法律,而是要经过专业的训练才可以看懂,但是这其中蕴含的科学性则是不容置疑的,买卖合同的例子充分说明,法律是一套环环相扣、内部和谐的有机整体。

与法律的科学形式形成鲜明对比的是,法律所追求或所服务的实体目标却呈不断实在化的趋势,从神之正义,到人的权利,到民族精神,到人的利益,法律的目标显然也处在"祛魅化"的过程中,这充分地表现了时代特征:法律,

---

① 吴从周:《概念法学、利益法学与价值法学:探索一部民法方法论的演变史》,中国法制出版社2011年版,第35—36页。
② Roger Berkowitz, *The Gift of Science: Leibniz and the Modern Legal Tradition*, Harvard University Press, 2005, p. 139.
③ Ibid., p. 141.
④ See Ibid., pp. 142-144.

或者说实证法,再也不可能在超验的价值之下得到正当化了,伴随着科学摧枯拉朽的胜利,科学承当了法律正当化的使命。

第五节 结　　语

近代自然科学的祛魅引发了一场权威危机和正当性危机,对这场危机的纾解开创了近代法学在几个方面的重要变革,比如导致现代实证法的逐渐形成,催生了古典自然法学派世俗自然法(或人权自然法)的产生,也开创了现代法律的科学正当化进路,而后者恰恰是长期为人们所忽视的。

科学之所以被认为可以承担对现代实证法进行正当化的使命,与科学借着科学革命所取得的真理性、权威性地位是分不开的。近代科学革命曾经摧毁并放逐了那些超验的神祇、理念或价值,人类社会也一度失去了真理和权威,没有了真理和权威的背书,实证法难免流于主权者的恣意,美德的统治也就难免沦为暴政。

在这样的危机时刻,古典自然法传统借着文艺复兴的余韵,试图通过人的尊严和权利来确立一种世俗自然法,并由这种世俗自然法为实证法提供正当性,但是人权本身的根据却不得不面对拷问,最后只以简单的一句"得自天授"来草草收尾,不免留下了阿喀琉斯之踵。

实际上,"解铃还须系铃人",科学汇聚了其他力量一起打倒了超验的神祇、理念或价值,但是其中真正取得真理地位的似乎只有科学,正是有见于此,莱布尼茨等人敏锐地开始了法律的科学正当化的工作,并借着现代社会的以科学精神为内核的法典化运动取得了巨大的成功,造就了深远的影响,其流波余韵,至今鼓荡不息。

但是,也应看到,法律的科学正当性本质上是一种形式性的正当性,即以形式性价值作为判断法律是否正当的标准。这是因为,科学它本质上是一套认定真理的方法论体系,科学并没有提出像自然法这样的实质性的正当性判定标准,而是说,只要法律概念和体系是科学化的,概念和内容环环相扣,不矛盾,它就是科学的,也是正当的。这种科学化的形式性特点在概念法学和《德国民法典》中都有集中的体现。

在现代世界,科学被普遍接受为真理,但是对政治哲学和法哲学而言,科学却主要是一种形式性的真理,职是之故,它被用于证明法律的正当,就暴露出了命门,对实质性内容的不关切,使得即使是希特勒的法律都可以被科学正当化——从这里我们可以发现,法律的科学正当化只是近代法律正当化工程的一个尝试性进路,是一项远未了结的工作。

第七章　基于合法性的正当性

> 将正义问题从主观价值判断的不可靠领域里撤回,而将其建立在一定社会秩序的可靠基础上。这一意义上的"正义"就是指合法性(legality)。①
>
> ——汉斯·凯尔森

在现代性祛魅的大背景下,实证主义作为一种古已有之的思潮,获得了最适宜它生发的土壤,所以最终呈现了星火燎原之势,成为近现代社会的一种主导性、支配性思潮。作为此种思潮所冲刷的阵地之一,法学亦深受实证主义的影响,而作为这种影响的一个结果,法实证主义终于于19世纪登上了历史的舞台。

法实证主义引人注目的一个特征,便是它对法正当性问题的处理,它将古典时代的正当性转换成了合法性,提出了基于合法性的正当性思想,即认为现代实证法的有效性存在于合法性之中,法律因合乎上位规范而有效。这种法正当性思想之所以具有时代特质,很大程度上是因为这种基于合法性的正当性从性质性上来说,应当归属于一种形式性的法正当性思想派别。

第一节　实证主义与法实证主义

实证主义一词是由奥古斯丁·孔德提出来的②,但是这种思潮并不是从孔德才开始的,甚至孔德都不是这种思潮中对社会影响最大的人,孔德更像是一个在合适的时机给早已存在的实证主义婴儿命名的人。实证主义的思想渊源可以追溯至古希腊的智者学派、斯多阿主义、原子论者,后又延续至中世纪的唯名论者,比如奥康姆的威廉就认为,唯有具体的对象及其属性才是真实的,我们的认识不能超出我们的经验之外,形而上学的实体概念只是些词语和名字,它们没有现实的对应物,因而这些站不住脚的实体概念应该像

---

① 〔奥〕凯尔森:《法与国家的一般理论》,沈宗灵译,中国大百科全书出版社1996年版,第14页。
② Leszek Kolakowski, *The Alienation of Reason: A History of Positivist Thought*, Doubleday & Company, Inc., 1968, p.1.

剃刀剃须一样被剔除,这就是著名的奥康之剃刀(Occam's Razor)。威廉的思想反映了实证主义思想的一些核心方面,比如现象学原则,即认为有效的知识仅仅局限于经验领域;唯名论原则,即认定抽象的形而上词语缺乏现实的对应物,因而是虚假的。① 不过,我们需要注意的是,即便实证主义思想早有萌发并源远流长,但是在当时并不是主流,在古代,自然与自然法才是支配性的思想,在中世纪,宗教思想始终处于核心地位,所以,"我们不可高估这种发展在历史上的重要性,事实上,大多数经院哲学的'实证主义者'对随后的几代人产生的影响非常有限。"②实证主义真正登上历史舞台,确立其主导地位,并开始发挥对社会的深远影响的,应该始自大卫·休谟,实际上,休谟可能才是代表实证主义思潮对社会产生最大影响的人,因此,休谟被科拉科夫斯基认为是真正的"实证主义哲学之父"③。休谟认为,理性是不可靠的,知识必须建立在经验和观察之上,"关于人的科学是其他科学的唯一牢固的基础,而我们对这个科学本身所给予的唯一牢固的基础,又必须建立在经验和观察之上。"④这种观点无疑是实证主义思想的某种表达,但是休谟甚至更进一步,他认为作为经历者和观察者的自我都是不可靠的,因为人本身(人的心灵)都是由经验构成的,"人的一切观念或思想都是印象的摹本,一切知识都来自经验。"⑤自我不是一种可靠的统一的实体,相反它是一个各种信息和刺激的通道,它不可能成为一个可靠的基础。⑥ 从这种反基础主义和本质主义出发,休谟认为,没有绝对确定性的知识,知识只是人类利用经验的某种行为方式,只能由实践的而非知识的理由加以解释,或者说,人们之所以形成如此这般的各种知识,并不是因为这些知识是真理,而只不过如此这般理解的知识相比如此那般理解的知识对我们(更)有利。⑦ 由于坚持把知识建立在经

---

① 根据科拉科夫斯基(Leszek Kolakowski)的看法,实证主义包含了以下四个方面的原则:(1)现象学原则。即不存在任何本质,我们仅仅有权利记录那些在经验上确实显现的事物;(2)唯名论原则。唯名论否认共相具有客观实在性,抽象的词语并没有现实对应物,只有当经验允许的时候,我们才有权利承认某种事物的存在;(3)价值判断和规范性陈述不具有认知价值。价值判断和规范性陈述本质上是主观的,我们没有权利认为它们具有科学的基础;(4)对科学方法的信仰。实证主义把一切知识建立在经验的基础上,所有的知识都必须服从科学的法则,必须能够从科学上得到验证。Leszek Kolakowski, *The Alienation of Reason: A History of Positivist Thought*, Doubleday & Company, Inc., 1968, pp. 3-9.
② Leszek Kolakowski, *The Alienation of Reason: A History of Positivist Thought*, Doubleday & Company, Inc., 1968, p. 17.
③ Ibid., p. 30.
④ 〔英〕休谟:《人性论》(上册),关文运译,商务印书馆 1980 年版,引论第 8 页。
⑤ 〔美〕梯利:《西方哲学史》,葛力译,商务印书馆 1995 年版,第 390 页。
⑥ 〔英〕莫里森:《法理学——从古希腊到后现代》,李桂林等译,武汉大学出版社 2003 年版,第 117 页。
⑦ Leszek Kolakowski, *The Alienation of Reason: A History of Positivist Thought*, Doubleday & Company, Inc., 1968, p. 38.

验和观察的基础上(休谟极端到把人本身都化约为经验的集合),所以休谟最终作出了著名的事实与价值的二分:事实属于"是"的领域,价值属于"应当"的领域。事实与价值分属两个世界,彼此泾渭分明,有云泥之别。① 休谟的实证主义成为反对封建迷信、形而上学和宗教盲从的工具,并为孔德实证主义哲学体系准备了条件。最终,孔德宣告了实证主义的确立,孔德的实证主义集经验性、实用性与科学性于一身。他认为人类精神的历史可以分为三个阶段:神学阶段、形而上学阶段和科学阶段。② 并且这三个阶段代表着一种人类进步的序列。在这三个阶段中,神学阶段和形而上学阶段都是一种承认绝对价值或最高价值的哲学所主导的阶段,而科学阶段是一个祛魅的时期,并且,从当时哲学的立场看来,祛魅要比承认绝对价值的立场来得进步和文明。

实证主义思想的流变,最可注意的倒不是这种思想渊源何自,各家各派又发展出何种不同的学说,而是实证主义从星火寥落到势成燎原,直至汇成时代强音,成为时代表征这一现象。促成这一现象的,我以为,并不是实证主义者的理论创造力所致,而是社会与时代的发展造就的。实际上,我们可以观察到,实证主义的蔚成大观与近代世界的科学化进程和祛魅过程分不开(切不可认为祛魅这个词是韦伯提的,就认为祛魅始自韦伯的时代,实际上这一过程要早得多,大约自文艺复兴时期就开始了世界的祛魅化),换言之,是社会发展使得实证主义发展壮大的,或者说,是近代社会进入了一个以"经验真理观"——即认为唯有能被经验事实(或由此而进行的理性推理)所证明的知识才是真理,除此之外,一切形而上学、宗教、道德、价值和规范俱为空想,应该从有效知识的领域中加以清除的思想——为表征的实证主义时代,所以实证主义这种古已有之的思潮才呈现星火燎原之势的。

长期以来,对实证主义思想的认识存在两个主要的误区。第一个误区是认为实证主义思想源于孔德,甚至是把实证主义等同于孔德实证主义,而没有注意到实证主义思想是一个历史的连续体,只不过从前作为一种少数意见出现,后来却因准确地描绘了时代发展的特质和趋势而登上历史舞台,并在一定意义上占据了舞台的中心。第二个误区是人为地、颇有些视野狭隘地根据学科来区分哲学实证主义与法学实证主义,甚至认为法学实证主义是基于哲学实证主义而产生。实际上,实证主义思潮应和时代变迁而发展壮大,它当然会波及社会各个领域。所以,实在没有必要区分哲学上的实证主义和法学上的实证主义之必要。准确地说,法学实证主义是近代实证主义思潮攻城

---

① 参见〔英〕休谟:《人性论》(下册),关文运译,商务印书馆 1980 年版,第 509—510 页。
② 〔法〕奥古斯特·孔德:《论实证精神》,黄建华译,商务印书馆 1996 年版,第 2 页。

略地的一个环节,是实证主义思潮在法学上的开展。不能认为是哲学实证主义导致了法学实证主义,相反,法学实证主义与哲学实证主义都是实证主义思潮的一个侧面,它们是并行发展的关系,颜厥安先生在谈到法实证主义时曾经正确地提醒我们:"与其说法实证主义学说的发展受到实证主义哲学的强烈影响,不如说法实证主义与孔德之后始获命名之实证主义哲学都同样受到来自自然科学经验研究成果的重大冲击,两者在学说成立发展的过程中是一起长大的,甚至还显现了相当程度的相互独立性。"① 总而言之,是社会与时代发展促成了实证主义思潮的发展壮大,而法律实证主义的发展不过是实证主义发展壮大过程的一个环节,一种具体表现。

从法实证主义的发展过程来看,最早的法实证主义者也许是霍布斯,霍布斯的理论反映了那个变革时代中各种思想力量的纠结,他似乎率先识别出了现代思想的实证主义特征,但是同时他也极力强调了上帝的存在意义;他提出了近代的自然权利学说,但是同时他又认为主权者享有近乎全能的权力,臣民应该服从主权者及其制定的任何法律。"在霍布斯的理论中,国家(利维坦)在世俗的领域中取代了上帝成为一个超越理性之上的绝对统治者。他下达的命令就是法律,你只能服从而不能质疑。法律来自于权威者(主权者)的命令。这是一个世俗化的神学政治学理论,也是一个明显而强烈的法实证主义宣言。"② 其后,边沁受到休谟思想的深刻影响,认为功用和法律都建立在真确实体的基础上,在此种思想的影响下,边沁认为,法律可以"被定义为宣示某种意志(volition)的那些标记(signs)的集合。它由某个国家的主权者(sovereign)设立或采纳,调整的是特定情形下特定的人或群体所采取的行为,在所涉情形中,这些特定的人或群体应该服从主权者的权力。"③ 这个概念中,主权者、主权者的意志和表达这种意志的标记都是真确实体,因此这个定义是一个完全的法律实证主义风格的定义。在边沁之后,奥斯丁将法律与伦理分开,提出了法律的命令学说,"每一个实际存在的由人制定的法……是由一个主权者个人或群体,以直接或间接的方式,向独立政治社会中的一名成员或若干成员制定的。在这个社会中主权者个人或群体是至高无上的,具有最高的统治权力。"④ 在此之后,凯尔森与哈特又先后秉持事实与价值的二分理论,对法实证主义作出了重大发展与推进。直至晚近,法实证主义也是新人辈出,弦歌不绝。

---

① 颜厥安:《法与实践理性》,中国政法大学出版社2003年版,第248—249页。
② 同上书,第237页。
③ Jeremy Bentham, *Of Laws in General*, ed. H. L. A. Hart, Athlone Press, 1970, p.1.
④ 〔英〕约翰·奥斯丁:《法理学的范围》,刘星译,中国法制出版社2002年版,第277页。

第二节　法实证主义的分离命题

就法实证主义而言，其内部学说堪称百花争艳、山头林立，几乎每个人都有庞大严谨而又互不相容的哲学体系，然而，整个法实证主义事业仍然存在着明显的继承与发展的关系，并且分享着牢不可破的哲学基础，几乎所有的法实证主义者都分享着事实与价值二分的哲学见解，并且致力于处理这一棘手问题对法律带来的影响。除了亦此亦彼、徘徊不定的霍布斯之外，从边沁开始，所有的法实证主义者都坚持是与应当的区分（是否成功另当别论），并在此基础上形成了法实证主义的核心命题——法与道德的分离命题，这也是唯一被所有法实证主义所共同认可的命题。①

所谓分离命题（the separation thesis），指的是法律与道德没有概念上的必然联系这一主张。② 就法律与道德之间的必然联系而言，一直以来都存在三种不同的理解：一是认为法律与道德在内容上存在某种必然联系，即法律的内容必定包含着一定的道德性因素，这一主张在直观上与我们的经验相符，因为纵观人类历史上的大多数法典，都具有大量的道德性内容，比如刑法上的不能杀人、不能抢劫这样的诫命，既是法律规范，又是道德规范；民法上的公平、诚信等诫命亦同样如此。二是认为法律与道德之间存在自然的必然联系，即基于人类的某些本性，法律必定包含着最低限度的道德，比如说由于人的生命的脆弱性和不可逆性，所以任何社会都不大可能制定容忍随意杀人的法律；由于资源的匮乏性，所以任何社会也都不大可能制定允许随意抢劫偷盗的法律。三是主张法律与道德不存在概念上的必然联系。法实证主义分离命题所主张的法律与道德之间没有必然联系，这种必然联系，既不是内容上的必然联系，也不是自然上的必然联系，正是这种概念上的必然联系。③

所谓概念上的必然联系，哈特曾经提供了一个检验标准，即如果 X 这种事物缺少了某种要素 Y 那就不能称为 X，那么，此种要素 Y 就被认为与 X 之间存在概念上的必然联系。④ 换言之，Y 与 X 之间在概念上存在必然联系是指 Y 对于 X 不可或缺，一旦缺少则 X 将不再能被合适地称为 X。那么，对于法实证主义来说，何者才是法之所以为法的不可缺少的要素呢？对此，法实

---

① 〔德〕罗伯特·阿列克西：《法概念与法效力》，王鹏翔译，商务印书馆2015年版，第5页。
② H. L. A. Hart, *Positivism and the Separation of Law and Morals*, Essays In Jurisprudence and Philosophy, Clarendon Press, 1983, pp. 57-58.
③ 相关讨论可以参见范立波：《分离命题与法律实证主义》，载《法律科学》2009年第2期。
④ H. L. A. Hart, Positivism and the Separation of Law and Morals, *Essays In Jurisprudence and Philosophy*, Clarendon Press, 1983, p. 78.

证主义认为,正如酒之所以为酒,不依赖于其成分中是否有葡萄、高粱、大麦等元素,而是依赖于其成分中是否有酒精元素一样,法之所以为法,不取决于其内容之中是否包含道德、习俗、宗教等规范,而是独独不能缺少法效力这一元素。[1] 由于法真正不能缺少的是效力,而不是道德,所以,法实证主义认为,法与道德之间不存在概念上的必然联系,这也是法实证主义分离命题的真正含义。从这个意义上说,正如朱尔斯·科尔曼(Jules Coleman)和布莱恩·莱特(Brian Leiter)等人所正确地指出的,即令我们能够证明法与道德在内容上存在必然联系,或是在自然上存在必然联系,也不会影响到法实证主义分离命题的成立,分离命题"压根就不依赖于法律与道德的重合抑或分离,分离命题所要申说的,只是法律的效力,它的有效还是无效,不取决于它的合道德性(morality)。"[2]

法律的有效与否不取决于合道德性,也就是说,法的本真性(authenticity)不取决于道德,这一看法,与古代的自然法学思想形成了鲜明的对比,自然法学认为法律绝不是因为出自主权者就是有效的,而是因其内容正当(即合道德)而有效(或更准确地说,内容正当是法律获得效力的前提条件),这就是自然法学的法律道德正当性或自然法正当性思想,而法实证主义的分离命题恰恰毁坏了这一思想,它认为法律不因为内容正当(即合道德)而有效,那么,法律的有效性取决于什么呢?

第三节 基于合法性的正当性

法实证主义的分离命题意味着什么呢?对法实证主义来说,法律的有效性不取决于合道德性,那么,法律的有效性取决于什么呢?对此,笔者认为,自然法学认为法律因为符合道德而正当有效(或者更准确地说,合道德性构成了法律有效性的前提条件),而法实证主义则切割了法效力与道德之间的联系,对法效力问题另辟蹊径,认为法律因符合更高位阶的法规范而有效,即因为合法而有效。

要说清这个问题,必须弄清楚法实证主义的法体系观念。这里的法体系指的并不是通常意义上的法的内容体系,而是指的法的效力体系,或者说,法

---

[1] 比如说,凯尔森就把法效力与法律本身的存在看作一回事:"我们所说的'效力',意思就是指规范的特殊存在。说一个规范有效力就是说我们假定它的存在,或者就是说,我们假定它对那些其行为由它所调整的人具有约束力。法律规则如果有效力的话,便是规范。"参见〔奥〕凯尔森:《法与国家的一般理论》,沈宗灵译,中国大百科全书出版社1996年版,第32页。

[2] Jules L. Coleman, Brian Leiter, Legal Positivism, in *Joel Feinberg, Jules Coleman, Philosophy of Law*, London Wadsworth, 2004, pp. 106-107.

的效力链条。根据约瑟夫·拉兹的研究,他认为"凯尔森是公开而又充分研究法律体系概念的第一人"①,而"奥斯丁的著作中也已经隐藏了一种比较完整的法律体系理论"②,除此之外,哈特也提出了自己的法律体系思想。虽然诸如奥斯丁、凯尔森、哈特等人的法效力体系观念有所不同,但是也还存在着一些共同之处。

就法效力体系的最大公约数而言,几乎所有的法实证主义者都认可这样一种观念,即法律体系由上位规范和下位规范组成,下位规范的法律效力来源于上位规范的授权。比如说凯尔森即是典型,凯尔森认为,法律体系是一种由高级规范(superior norm)和低级规范(inferior norm)构成的层级结构(hierarchical structure)或阶梯结构(stufenbau)。③ 低级规范的效力来源于高级规范的授权,比如说,某项加州议会所制定的法律规定"司机在驾驶过程中应当使用免提设备",这项法律之所以有效,或者说,这项规定之所以可以被称为是法律,是因为制定这种法律的行为出自加州宪法的授权,正是因为加州宪法授权加州议会可以制定交通法规,这项规定才具有了法律的身份,而如果我们追问为什么加州宪法可以作出此种授权,它自己又是如何有效的呢?那么,凯尔森可以很容易地告诉我们,加州宪法的效力源自美国联邦宪法的授权。④ 凯尔森所描绘的这种法效力体系观念,同样可以适用于其他法实证主义者,比如奥斯丁,奥斯丁也认为法律体系由上位规范与下位规范构成,并且后者的法效力来源于前者。所以,拉兹对此评论说,凯尔森的法效力链条"也可以适用于其他人的理论体系,例如奥斯丁"⑤。

按照凯尔森和奥斯丁所描绘的这种法效力体系,人们难免会追问,下位规范的效力来源于上位规范的授权,那么,上位规范本身的效力呢?凯尔森和奥斯丁可能会说,上位规范的效力来源于更上位规范的授权,不过,追问可以一直进行下去,更上位规范的效力来源于哪里呢?这样,法的效力链条岂不是要陷入无穷后退?对此,凯尔森认为最终会有一个基础规范(basic norm),它是法效力的最终来源,对法效力的无穷追问也将止于它。根据凯尔森,基础规范的全部意义和功能就是将"创造法律的权力授予第一个立法者的行为以及以这第一个行为为根据的所有其他行为"⑥。对奥斯丁来说,情形也差不多如是,只不过,凯尔森的基础规范,在奥斯丁那里,被设定为是

---

① 〔英〕拉兹:《法律体系的概念》,吴玉章译,中国法制出版社 2003 年版,第 5 页。
② 同上。
③ 〔奥〕凯尔森:《法与国家的一般理论》,沈宗灵译,中国大百科全书出版社 1996 年版,第 141 页。
④ Andrei Marmor, *Philosophy of Law*, Princeton University Press, 2011, p.16.
⑤ 〔英〕拉兹:《法律体系的概念》,吴玉章译,中国法制出版社 2003 年版,第 120 页。
⑥ 〔奥〕凯尔森:《法与国家的一般理论》,沈宗灵译,中国大百科全书出版社 1996 年版,第 132 页。

最高的主权者。按照两者的这种解释，法实证主义的完整法效力链条便可以图示如下①：

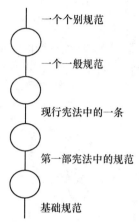

在上图中，每一行都代表了一种规范，圆圈表示立法权，而竖线代表立法权之间的效力授权关系。这种法效力链条，正如凯尔森所描绘的："一个规范（较低的那个规范）的创造为另一个规范（较高的那个规范）所决定，后者的创造又为一个更高的规范所决定，而这一 regressus（回归）以一个最高的规范即基础规范为终点，这一规范，作为整个法律秩序的效力的最高理由，就构成了这一法律秩序的统一体。"②

对凯尔森来说，基础规范不仅使得整个法体系的效力得到了最终的说明，而且，凯尔森还认为，正是基础规范保证了一个国家法律体系的统一性。众所周知，一个主权国家可能存在非常多的法源，比如美国，每个州都有自己的法源，在某种意义上，加州的法律可以被视为是一个由上位规范与下位规范（正如凯尔森所认定的那样，下位规范的效力来源于上位规范的授权）构成的法结构，而德州的法律也可以被视为是一个由低级法与高级法构成的法结构，那么这些不同州的法结构是如何作为一种统一的法体系而存在的呢？其根源就在于基础规范，因为不管是加州的法结构，还是德州的法结构，最终的效力根源都在联邦宪法。正是因为如此，凯尔森认为：

1. 对特定的法体系来说，其中所有法律规范的法效力最终都源自于同一个基础规范。

2. 任何法效力源自同一个基础规范的下位规范都属于同一个法

---

① 〔英〕拉兹：《法律体系的概念》，吴玉章译，中国法制出版社 2003 年版，第 119 页。
② 〔奥〕凯尔森：《法与国家的一般理论》，沈宗灵译，中国大百科全书出版社 1996 年版，第 141 页。

体系。①

所以,对凯尔森来说,一个主权国家的法体系就像是一个从一颗树根上生发的诸多枝干一样,这些枝干可以理解为加州的法结构、德州的法结构,或者说,浙江省的法结构、香港的法结构,而树干可以理解为美国联邦宪法或中华人民共和国宪法。所以,根据凯尔森,一个国家的整个法效力体系就可以图示为(竖线代表授权,圆圈代表立法权)②:

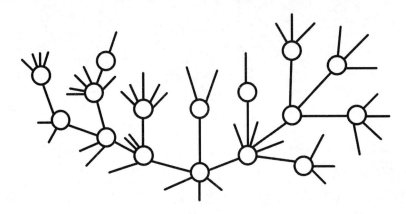

而在奥斯丁那里,由于法律规范根植于主权者的最高立法权,随后再转授于其他较低层次的立法权,所以,其法效力体系便可以表示如下(同样,竖线代表授权,圆圈代表立法权)③:

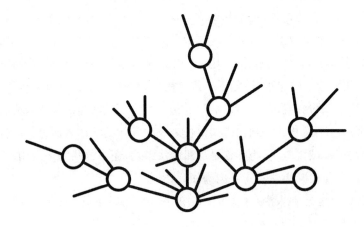

与自然法学相比,法实证主义的这种法效力体系令人震惊的地方在于,

---

① Andrei Marmor, *Philosophy of Law*, Princeton University Press, 2011, p.18.
② 〔英〕拉兹:《法律体系的概念》,吴玉章译,中国法制出版社 2003 年版,第 120 页。
③ 同上书,第 121 页。

它使法的效力完全摆脱了道德的约束,而仅仅依赖上位规范,最终是基础规范的授权。如果说,传统的自然法理论认为法律因合道德而有效(或更准确地说,合道德性是法律有效的前提条件),法律的正当性基础在于道德或自然法,那么,法实证主义则认为法律因合于上位规范与终极规范而有效,即因合法而有效,法律的正当性在于它的合法性(即合上位规范),这即是法实证主义所开创的独树一帜的基于合法性的正当性(Legality of Legitimacy)的法正当性模式。对此,有观察者评论说:"在实践哲学领域,以前以正当性概念为中心,有效性是从属于正当性的;只要正当就有效,也只有正当才有效,在正当性与有效性之间是一种相对简单的线性关系。实证主义崛起后,正当性观念作为典型的形而上学概念不再占据思想舞台的中心。"① 代之而起的是合法性的概念,法律因合乎上位规范而有效。

法实证主义的这种基于合法性的正当性模式,不仅仅在奥斯丁和凯尔森那里可以看得很明显,它也同样可以在哈特等人的学说中得到验证,哈特没有明确指出法的效力体系是"上位规范+下位规范"的结构,哈特将法律体系的构成因素分为第一性规则(primary rules)与第二性规则(secondary rules)②,前者涉及个人行为,它是判断个人行为是否合法、是否正当的标准;后者是涉及第一性规则的规则。根据哈特的学说,第二性规则包括三个主要的种类:一是承认规则(rules of recognition);二是改变规则(rules of change);三是审判规则(rules of adjudication)。③ 在第二性规则中,最重要的就是承认规则,它是规则的判准和试金石——并非所有的社会规则都能成为法律,只有通过了承认规则的鉴别,一个社会规则才可以称为法律。所以,对哈特而言,第一性规则的有效性,来源于第二性规则中的承认规则,而承认规则,作为一种谱系性规则,它不绑定特定的道德内容,所以,对哈特而言,法律同样不因合道德而有效,而是因合法(合承认规则)而有效,这同样是一种基于合法性的法正当性理路。

总而言之,法实证主义似乎分享了这样一种信念:下位规范(或第一性规则)因为上位规范(或第二性规则)的授权而有效,法律不是因为内容正当(内容合道德)而有效,而是因为合乎上位规范的形式要求而有效,这就是法实证主义的基于合法性的正当性观念,即是说,合法就是正当,法实证主义在某种意义上把古代的正当性转换成了合法性。

对于法实证主义所进行的此种转换,结合前面的背景,我们不难看出,这

---

① 刘杨:《法律正当性观念的转变》,北京大学出版社 2008 年版,第 166 页。
② H. L. A. Hart, *The Concept of Law 2nd*, Clarendon Press, 1994, p. 81.
③ Ibid., pp. 91-99.

种转换实是有着宏大世界观的背景,从某种意义上说,这种转换是由从"自然真理观"和"基督教真理观"为表征的时代向以"经验真理观"或"现象学真理观"为表征的时代转换的必然产物。所以,法实证主义把古典的正当性转换为合法性,对此,我们不能天真地理解为是法实证主义者们集体弄错了概念,而应该被理解为是一种蓄意地转换,实际上,这种转换是被一种世界观压力所驱使的。

第四节 进一步的追问

法实证主义的核心命题认为,法律因合法而正当有效,而合法的最终标准是合基础规范或承认规则或主权意志。对此,人们难免会进一步追问,主权权威、基础规范或承认规则的效力来自于哪里呢?或者说,它们是如何形成的呢?

对此,奥斯丁似乎只是从经验的角度观察到一个主权权威的存在,并将之作为法效力的最终根源,但对主权权威的形成问题,却被认为是份属其他学科的范畴,并没有就此展开深入的讨论。对终极授权规范作出更细致和更深入阐述的是凯尔森和哈特,基于此,我们将重点讨论凯尔森和哈特的相关论述。

对凯尔森而言,他明确承认基础规范只是思维中的一种预设,一种假设性存在。之所以需要这种预设,是因为既然下位规范的法效力来源于上位规范的授权,上位规范的法效力来源于更上位规范,那么,这样一直追溯上去,最终一定要有一个终点,这个终点他称之为基础规范。换言之,对凯尔森来说,之所以认定存在一个终极的基础规范,是因为按照逻辑,必须要有一个基础规范,正如凯尔森所言,如果没有基础规范,这种回溯过程就会陷入无穷后退的窘境。所以,我们可以看到,凯尔森的基础规范完全是在思维中按照逻辑要求被倒推出来的,就像基于张三的存在,我们可以倒推出张三的父母存在,张三的父母存在,我们又有必要倒推出张三的祖父母存在,这样一直倒推上去,我们可以认定张三的祖先一定存在,即便对此我们没有任何经验证据的证明。凯尔森的这种回溯方法,其实是受到新康德主义方法的影响,具体来说是将柯亨(Hermann Cohen,1842—1918年)的具有强烈新康德意味的回溯式模式论证,运用到了基础规范的先验论证当中。回溯式模式论证就是从已经获得认知的经验,从科学事实,向后回溯直到预设的范畴或是原则。其步骤如下:

1. 法律规范已获认知(已知);
2. 唯有预设规范性归属范畴,此认知方才可能(先验条件);

3. 因此，规范性归属范畴已被预设（先验结论）。

用公式来表示就是：

1. 已知 P；
2. 仅当 Q 才可能 P；
3. 因此 Q。①

凯尔森运用回溯法，在思维中推导出基础规范的存在，一方面，这种基础规范并不是真实存在的，它只是一种假设；另一方面，这种假设又具有逻辑上的必要性，否则无法自圆其说。所以，科殷（Helmut Coing）准确地评论说，凯尔森的基础规范"不属于历史，毋宁说，它是一种法逻辑上必要的假设，人们必须提出这种假设，才能建立各种法律规范的阐明理由的相互关系。因此，它是一种假设的基本准则"②。

我们可以看到，作为法效力之源的基础规范，只是思维中一种必要的理论预设，没有任何经验证据的支持，这多少有点让人不能满意，尤其令人不能容忍的是，基础规范，一开始就被预定为具有法效力，"它（基础规范）之所以有效力是因为它是被预定为有效力的；而它之所以是被预定为有效力的，是因为如果没有这一预定，个人的行为就无法被解释为一个法律行为，尤其是创造规范的行为。"③所以，凯尔森的基础规范，在某种意义上就是一个类似上帝那样自有永有的存在，它的效力存在于自身之中，这一切都是由逻辑必然性决定的，所以，也难怪基础规范会被认为具有"自然法学说的成分"④了。

职是之故，一俟法实证主义发展到哈特这里，他对这种基本授权规范的看法就发生了重大改变，哈氏承认规则与凯尔森基础规范最大的分野在于，基础规范只是思维中的一种预设，而承认规则则被认为是基于一种社会事实行为而确立的。⑤ 按照哈特的看法，承认规则是通过一种社会实践行为所形成和确立的，比如说，一开始雷克斯一世颁布的命令基于某些原因被民众和官员认可为具有法律约束力，后来，就逐渐形成了一条诸如此类的承认规则：凡是出自国王的命令都是法律。依据这条承认规则，一个出自雷克斯一世或

---

① 〔奥〕凯尔森：《纯粹法理论》，张书友译，中国法制出版社 2008 年版，译者导言，第 23 页。
② 〔德〕H. 科殷：《法哲学》，林荣远译，华夏出版社 2002 版，第 51 页。
③ 〔奥〕凯尔森：《法与国家的一般理论》，沈宗灵译，中国大百科全书出版社 1996 年版，第 132 页。
④ 同上书，第 478 页。
⑤ 在此必须说明的是，对凯尔森来说，一方面，基础规范的效力是被预定的，但是另一方面，他又明确认为基础规范必须得到人们实际行动的支持，换言之，基础规范必须具有实效，"当且仅当基础规范被某一特定的社会群体所实际遵循时，它才是有效的。"相关讨论请见：Andrei Marmor, *Philosophy of Law*, Princeton University Press, 2011, pp. 19-20. 亦请参见〔德〕罗伯特·阿列克西：《法概念与法效力》，王鹏翔译，商务印书馆 2015 年版，第 19 页。

雷克斯二世的命令都将被承认为是法律。再比如说,某个特定法院作出司法判决后,基于某些理由这些司法判决被民众和官员接受为是有约束力的法源,那么,此种社会实践也就形成了这样一条承认规则,即凡是该法院作出的判决都是法律,据此,日后该法院的判决将被识别为法律。所以,承认规则是通过一种社会实践行为形成的,人们为何会接受这样的规则背后可能出于各种理由,但是在此,理由是不重要的,从社会学的角度来说,唯一重要的是这样一种实践是存在的,因而承认规则也是存在的。在某种意义上说,承认规则与社会实践是一种"一而二、二而一"的关系;承认规则是此种社会实践的规范维度,而社会实践是此种承认规则的实践维度或事实维度。用哈特的话来说就是,"主张承认规则存在的说法,只能是一种外部的事实陈述……承认规则本身的存在,必须由法院、政府官员和一般人民的实践活动加以体现。这种实践活动就是参照特定标准以识别法律的活动,它虽然复杂却常能保持一致。承认规则的存在是一个事实问题。"①

对哈特而言,社会实践究竟是如何形成承认规则的呢?对此,哈特及其后继者们发展出了一套成规(convention)理论进行说明,在《法律的概念》一书的"后记"中,哈特明确表示承认规则实际上就是一种司法上的成规性规则,它是在司法实践中形成的一套关于何为法律的识别标准,它本身乃是对司法实践的规律性的一种总结。所以,与其说承认规则是由司法实践所创生的,不如说它就是司法实践本身。② 哈特对于承认规则的此种表述被称为哈特的"成规主义转向"(conventionalism turn)。③ 按照成规主义,承认规则的存在有赖于下列两个事实:(1)官员们的行为具有规律性;(2)官员们意识到了这一规律,并以之作为自己行动和要求他人行动的理由。这个观点有时又被称为实证主义的"成规命题"(conventionality thesis)。④

哈特及其后继者们发展出了三种成规学说:一是大卫·刘易斯(David Lewis)运用协调博弈(coordination game)理论对成规所做的说明;二是安德瑞·马默(Andrei Marmor)提出的建构性成规理论;三是迈克尔·布拉特曼提出的"可共享的合作活动"(shared cooperative activity)理论。

1. 协调性成规。大卫·刘易斯对社会成规如何形成的说明很简单,即社会成规是基于对多主体行为的协调需求而产生的。在我们的社会生活中,

---

① H. L. A. Hart, *The Concept of Law 2nd*, Clarendon Press, 1994, p.110.
② Ibid., pp.255-256.
③ Leslie Green, Positive and Conventionalism, *Canadian Journal of Law and Jurisprudence* 12, 1999, pp.36-41.
④ 陈景辉:《作为社会事实的法——实证观念与哈特的社会规则理论》,载《法哲学与法社会学论丛》,2006年第1期,第19页。

人们面临大量的行为协调问题,如果缺乏行为之间的协调,则这种社会生活就会变得不可能。典型的比如交通行为,如果我们的社会不能对多主体的交通行为进行协调,比如不能形成一个统一的靠右行驶或靠左行驶的交通规则,而是让每个人自行其是地选择靠左行驶或靠右行驶的话,则交通行为就不可能顺利进行,交通秩序就无法保障。刘易斯认为,正是出于类似的协调人们行为的需要,社会逐渐演化出了一些成规,这便是协调性成规的由来。

自打刘易斯协调性成规理论形成以来,哈特及其他法律实证主义者们就一直试图借此来说明承认规则的性质和成因,在他们看来,承认规则正是这样一种由社会自发形成的协调性成规(coordination convention)。这是因为,法律也是一项需要合作性的事业,在判定何为法律的问题上,不能人言人殊,而是必须大家一致接受具有某些特定特征的规范才能成为法律。在此过程中,虽然每个人可能持有自己的偏好,就像有人可能偏好靠左行驶,有人可能偏好靠右行驶,但是只有行为一致才是符合所有人利益的,不管人们对法律持有什么样的看法或要求,最终他们会在事实上接受一种承认规则,据此一些社会规范被识别为法律。

2. 建构性成规。不过,最近,安德瑞·马默教授对承认规则的此种性质提出了挑战。马默基于约翰·塞尔(John Searle)的建构性规则与调整性规则的区分,提出了建构性成规与协调性成规的区分,前者意在通过一些成规来建构某种活动或社会实践,后者意在对多主体的行为进行协调。① 对建构性成规而言,在该成规形成之前,该行为并不存在。比如象棋,象棋规则并不是意在协调人们下象棋的行为,因为在象棋规则形成之前,下象棋的行为甚至都不存在,当然也就谈不到协调的问题了,实际上,下象棋行为正是被象棋规则建构出来,而此种创设一种新行为的成规就叫建构性成规。对协调性成规而言,行为先于成规而存在,它并不像建构性成规那样,行为是被成规建构出来的,而是先于成规就存在了,只不过这些先在行为存在多种行为选择,所以为了有序化和合理化,需要加以协调,以使得多主体的行为能够顺利进行。立足于这一区分,马默指出,承认规则并不是一种像刘易斯所说的那种协调性成规,而是一种建构性成规。"承认规则,并非像评论者所通常认为的那样,是一种协调性成规,而是一种建构性成规。"②因为那些被认为是创制法律的行为并不是先于承认规则而存在,只不过需要协调,而是根本上就是通

---

① Andrei Marmor, *Social Conventions: From Language to Law*, Princeton University Press, 2009, pp. 31-36.
② Ibid., pp. 156-157.

过成规而被确认为是在创制法律。①

3. 共享合作的行动。"共享合作的行动"(shared cooperative activity)是布拉特曼提出来的，它意指这样一种社会实践，即人们通过分享某种共同的意图，一起协同行动，相互协作，致力于完成某种事业或活动。根据布拉特曼的描述，共享合作的行动具有三个方面的特征：(1) 共享合作的行动致力于完成某项事业或活动，共享合作行动的参与者们分享着同一个行动目标，即他们正在致力于达成某项事业或活动。(2) 共享合作的行动在主观方面具有某种共同意图，或者说，共享合作行动的参与者们分享了某种"共享意图"(shared intention)，即共享合作行动的参与者们都持有某种为所有人都知悉并为所有人所接受的一种共同的主观心理意图，这种意图也就是共同协作以完成某项事业或活动的意图。(3) 正因为如此，共享合作行动的参与者们的行动并不是彼此独立、各行其是的，而是一种相互协作、相互配合的协同行动。在共享合作行动中，每个人扮演的角色可能不尽相同，但是所有人的行动都是相互支持的，我会配合你的行动，协助你完成自己的职责，你对我也同样如此。②

共享合作的行动在日常生活中可谓司空见惯，诸如众人合作建造房屋、乐队合作表演等，都是这种共享合作行动的典型例子，而朱尔斯·科尔曼认为，承认规则也是这样一种共享合作行动的结果，他以此来解释哈特承认规则的成规性特点。

对科尔曼来说，美国法院的司法行为正是一项共享合作的行动，所有的法院都有一个共同的目标，即使得一种经由他们的司法活动所构造的法律实践能够经得起考验，能够合理化，能够持续地存在下去。为此，所有法院分享了一个共同的意图，即上级法院的判决先例对下级法院必须具有拘束力。为此，各级法院的司法行为是相互协作的：对上级法院的法官而言，他知道他判决的意义，因而应该致力于作出尽可能合理的判决；对下级法院的法官而言，则要努力解读与回应上级法院判决所传递的意图，并尽可能地去遵循它。③对科尔曼来说，正是通过这样一种共享合作的行动，"先例是法源"这样的承认规则才最终形成了。

---

① 不仅如此，马默还进一步区分了表层惯习与深层惯习，他认为许多表层惯习之所以如是，是因为深层惯习在起作用的结果。这一点也可以用于分析承认规则，比如的英美法系的承认规则之所以与大陆法系的承认规则差别巨大，可能跟两大法系的一些深层惯习有关。See Andrei Marmor, *Social Conventions: From Language to Law*, Princeton University Press, 2009, pp. 58-67, 171-175.

② Michael E. Bratman, Shared Cooperative Activity, *The Philosophical Review* 101, 1992, pp. 331-336.

③ 〔美〕朱尔斯·科尔曼：《原则的实践》，丁海俊译，法律出版社 2006 年版，第 127 页。

第五节 结 语

在现代性祛魅的大背景下,实证主义作为一种古已有之的思潮,获得了最适宜它生发的土壤,所以最终呈现了星火燎原之势,成为近现代社会的一种主导性、支配性思潮。作为此种思潮所冲刷的阵地之一,法学亦深受实证主义的影响,而作为这种影响的一个结果,法实证主义终于于19世纪登上了历史的舞台。

法实证主义引人注目的一个特征,便是它对法正当性问题的处理,它将古典时代的正当性转换成了合法性,提出了基于合法性的法正当性思想。这种法正当性思想之所以具有时代特质,很大程度上是因为这种基于合法性的正当性从性质上来说,应当归属于一种形式性的法正当性思想派别。

实际上,法实证主义的这种基于合法性的正当性,其形式性特质是显而易见的。与自然法学相比,法实证主义认为实证法的有效性不是取决于内容上的正当,即内容上的合道德性,而是形式上的合法,即合乎上位规范,最终是合乎基础规范或承认规则。更加确认这种形式性特质的是,不论是凯尔森的基础规范,还是哈特的承认规则,都是一种谱系性规范,其在道德上并不与任何特定的道德绑定,而是采取一种技术化和中立化的立场,对制造丝绸和制造毒气的需求都同样认真地满足。①

这一点当然不难理解,因为实证主义生发的土壤就是去道德化的,真理被囿于经验的范畴,所以,作为此种思潮的直接产物,法实证主义提出形式性的基于合法性的正当性也就不奇怪了,实际上,这种形式性的基于合法性的正当性正是对实证主义去道德化的一种回应,也是对现代性祛魅的一种回应,因而恰好是法实证主义的理论特色和理论贡献所在。

---

① 参见〔德〕施米特:《罗马天主教与政治形式》,刘锋译,载刘小枫编:《政治的概念》,上海人民出版社2003年版,第70页。

第八章　法律的内在道德正当性

> 法律的内在道德不是添附或强加到法律约束力之上的某种东西，而是法律约束力的基本条件。①
>
> ——朗·富勒

现代性意味着一切神圣的价值都只是一种纯属私人的信念，它从公共生活中的剥离也带来了一场正当性的危机。从前的实定法，其效力与权威都建立在神圣价值之上，以至于形成了法与法律的二元观念，而现代的实证法却失去了根基，由此形成了"法律就是实证法"的法实证主义思想，此种思潮也借着现代性的深入展开而大行其道。

不满足于此的价值法学试图恢复自然法的古代荣光，但却受制于现代性而显得左支右绌，富勒的自然法思想正体现着此种困境，因而特别具有时代意义。本章通过对富勒的法律正当性思想进行建构性解读，旨在达成两项目的：一是勾勒富勒法律正当性思想的基本框架，这一框架认为，现代社会法律的正当性植根于法律的内在道德，而法律的内在道德则出于法律目的的需要。二是通过对富勒内在道德和法律总体目的的形式性特质的揭示，指出富勒思想之所以别致如此的现代性根源。

第一节　法律正当性与内在道德

正如富勒所说，法律是使人类行为服从于规则之治的事业②，法律不仅是法治的基本工具，更是多元社会整合的主要手段。从某种意义上说，法律就是现代无根基社会的上帝，但是，有位格的上帝自身就是权威与效力的来源，也是服从的根据，是自有永有、不证自明的。尴尬的是，现代世俗法律有效性的根基在哪里呢？这就是法律的正当性问题所要回答的，也是富勒法律思想的中枢。而富勒对法律正当性这一问题的回答，显示了极为不同

---

① L. L. Fuller, *The Morality of Law*, Yale University Press, 1969, p.155.
② Ibid., p.106.

的时代特色和个人特色,这也许是富勒能够在思想史上占有一席之地的原因。

富勒开宗明义地指出,他所关注的就是法律之所以成为法律的基本条件。① 对于这一问题,其实以霍布斯、奥斯丁为代表的法实证主义已经给出了自己的答案,即法律的有效性来自立法者的正当权威(法实证主义者凯尔森、哈特等人又将其进化成基础规范和承认规则,请参见本书第七章内容),一般来说,法律是立法者制定的,只要立法者的权威是正当的,那么其制定的任何法律都无愧于法律之名,当然具有效力,有权要求效忠与服从。实际上,在霍布斯那里,法律来自君主,君主可以制定任何内容的法律,人民对此必须无条件地服从②,正是霍布斯有言在先,奥斯丁才提出了言简意赅的断语:法律乃是主权者的命令。③

富勒与法实证主义的分歧正源于此,他早期的著作《追寻自身的法》所批判的靶的就是法实证主义,他所框定的范围则是:霍布斯的法命令理论(the imperative theory)、以奥斯丁和菲利克斯·索姆洛(Felix Somlo)为代表的分析法学、凯尔森的纯粹法学、关注法律概念的美国法律现实主义中的某一个支派。④ 富勒精辟地指出,霍布斯理论的精微之处就在于他从自然法的立场上证成了主权者存在的必要性,在此之后所有权力被授予该主权者,当然也包括立法的权力,主权者的权威就是法律正当性的来源。但是对于自然法与世俗主权者如何对接这个对于法实证主义来说性命攸关的问题,后来者奥斯丁、索姆洛却有意无意地悬置了,他们更倾向于把主权者当作一个不证自明的前提存而不论,专事分析主权者的立法产品——法律本身了。由此,霍布斯的继承者们也逐渐剥除了主权者的自然法根基,走向了纯粹的逻辑或分析的实证主义道路。⑤ 从一个更为宏大的眼光来看,法实证主义的这一进程正是"上帝死了"之后现代性逐步展开的一个环节、一个表征。

法实证主义试图通过主权者的权威来证明法律的正当,但是对于富勒来说,这个进路可能是根本行不通的,因为对于法实证主义者而言,最根本的困难不在于主权者功能的模糊不清,而在于说明白主权者是什么。在名著《法律的道德性》中,富勒更是进一步指出,即使说清楚了主权者是什么,也不意味着法律正当性的问题就解决了,因为即使把主权者当作自明的前提性存在,主权者也可能造法失败,而一旦造法失败,这样的法压根就不是法,这正

---

① L. L. Fuller, *The Morality of Law*, Yale University Press, 1969, p. 4.
② 〔英〕霍布斯:《利维坦》,黎思复、黎廷弼译,商务印书馆 1985 年版,第 153—154 页。
③ 〔英〕约翰·奥斯丁:《法理学的范围》,刘星译,中国法制出版社 2002 年版,第 277 页。
④ L. L. Fuller, *The Law in Quest of Itself*, The Foundation Press, 1940, p. 17.
⑤ Ibid., p. 38.

是传统自然法的口吻。

在《法律的道德性》第二章中,富勒别有用心地设计了一个拥有正当权威的主权者雷克斯(Rex),以对应霍布斯、奥斯丁等法实证主义者的假设,雷克斯雄心勃勃,以矫治时弊为己任,决心作为一位伟大的立法者而名垂青史。① 但是理想虽然丰满,现实却显得骨感,雷克斯起先试图起草一部完美的法典,但很快发现这一任务超出了其能力限度。不乏自知之明的雷克斯,开始从个案纠纷解决入手,试图以此确立一套规则体系,随后的事实证明,对于这项任务,他还是力有不逮,他的判决意见杂乱无章,识别不出任何定式(pattern)。意识到自身能力缺陷的雷克斯,不得不接受基本的智识训练,随后他成功起草了一份法律文件,但是这份作为行动理由和裁判根据的文件却没有向臣民公开,引发了臣民的抱怨。受到臣民威胁的雷克斯再次反省自身,他决定不再提前颁布法律,而是在年初审理前一年的积案,并且就每一个案件给出法律规则,但是这一尝试也失败了,因为臣民需要的是事先公开的规则,这样他们才可以安排自己的生活。从善如流的雷克斯不得不颁布一部适用于未来纠纷的法典,但是因为法典内容极其晦涩难懂,他再次遭到了臣民的抗议。随后,富有耐心的雷克斯任命了一个专家小组来澄清法条含义,但是却发现许多条文相互抵牾。一再遭到臣民抗议的雷克斯,耐心差不多用尽了,但他还是修订了法典,这次规定了苛刻的法条,使得臣民很难真正遵循,这部法典同样不得不以失败而告终。雷克斯决定不再修改法律,他回到了当初,自己亲自审案,希望借此直接控制新法典的适用,虽然雷克斯的判决堪称明智,但是臣民们却发现,他的判决与法条之间缺乏必要的联系。在怨声载道之中,屡遭挫折的雷克斯国王,终因心力交瘁而离世。②

从富勒的描述来看,雷克斯不是一个糟糕的君主,相反,是一位智力中上、个性谦逊、勤于政事、顺应民意、能够接受不同意见的明君,他的臣民也完全接受他的权威,先后容忍了他八次不同形式的折腾。这样一位君主,可谓完全符合了霍布斯等人对于君主的所有预设和理想,但是富勒指出,即便是这样的君主,他的立法也不具有正当性,他的立法甚至不配称为法,"这八种形式的失败与其说导致了一个糟糕的法律体系,毋宁说是导致了一个不能被称为法律体系的东西。"③正是在这个地方,富勒表露了他的本意,法律之所以成为法律,法律的正当性绝对不是像法实证主义者所主张的那样,是通过主权者的权威来保证的。富勒区分了政治权威与法律正当性,他指出:"对当

---

① L. L. Fuller, *The Morality of Law*, Yale University Press, 1969, pp. 33-34.
② Ibid., pp. 33-38.
③ Ibid., p. 39.

政权威的尊重不能被混同于忠实于法律。雷克斯的臣民在他漫长但失败的统治期内虽然一直保持着对他作为国王的忠心,但他们却没有忠于他的法律,因为他压根没有创设出任何法律。"① 对富勒来说,法律正当性需要法律自身具有某种品性,富勒用一个独特的词称呼这种品性,他叫做"合法性"(legality)②——这个词指的是法律配得上称为法律的意思。

在法律正当性的问题上,富勒与法实证主义分道扬镳了,法实证主义试图通过主权者权威来保证法律的正当性,富勒则借着对法实证主义的批判,提出了法律的基于品性的正当性,这个品性,富勒称之为道德,所以,《法律的道德性》第二章的标题就叫做"道德使法律成为可能"。而"道德使法律成为可能"又意味着"道德使法律具有正当性"。③ 道德是法律正当性的来源,这听起来与传统的自然法学没有两样,但是,一旦我们明白富勒所谓的道德是何种道德,我们不难发现,他与传统自然法学的区别丝毫不比他与法实证主义的区别来得小。

对富勒来说,法律的正当性来源于道德,这个道德,用富勒的话来说,是一种内在道德(internal morality),富勒之所以创造这个词,是想区别于传统自然法的外在道德,传统的诸如正义、权利这些道德之所以是外在的,是因为它们是外在地施加于法律之上的,而内在道德之所以是内在的,是因为它们内于法律本身。在《法律的道德性》第二章中,富勒着力阐述了使得法律之所以成其为法律的八条内在道德:第一,法律的普遍性。法律必须作为一般性的规则而存在,它不能是一种针对特定对象的命令。第二,法律的公开性。法律必须是公开的而不能是秘密的,这意味着法律必须被公布,虽然公布并不意味着所有人都知悉了法律的内容。第三,非溯及既往性。溯及既往的法律完全无视法律的可预期性特点,这种法律无异于一种"怪胎"和"梦魇"。第四,法律的明确性。因为含糊和语无伦次的法律使得对法律的理解和遵守成为不可能。第五,避免法律中的矛盾。相互矛盾的条文会使人无所适从。第六,法律的可遵循性。法律不能设定一些人们根本做不到的事,比如设定过高的道德标准、技术标准、生活准则等。第七,法律的稳定性。朝令夕改会破坏法律的可预期性,令人们无所适从。第八,官方行动和法律的一致性。官方要避免因错误解释、错误理解、腐败、偏颇、冷漠、愚蠢、被欲望所左右等原因而曲解、偏离法律。④

---

① L. L. Fuller, *The Morality of Law*, Yale University Press, 1969, p. 41.
② Ibid., p. 40.
③ Willem J. Witteveen, Laws of Lawmaking, in *Rediscovering Fuller: Essays on Implicit Law and Institutional Design*, Amsterdam University Press, 1999, p. 345.
④ L. L. Fuller, *The Morality of Law*, Yale University Press, 1969, pp. 46-91.

法律的这八条内在道德富勒又称之为合法性诸原则(principles of legality)①,正是合法性诸原则构成了法律有效性的根基,《法律的道德性》第四章第二节的标题就是"作为有效性之条件的合法性",在这一节的开头,富勒就重申了隐藏在该书第二章的基本论断,即法律的正当性来源于法律的八条内在道德,法律的有效性由法律的八条内在道德所赋予。"法律的内在道德不是添附或强加到法律约束力之上的某种东西,而是法律约束力的基本条件。"②对于人们(尤其是传统自然法学者)梦寐以求的良法来说,它首先得是法律,具有法律的效力和法律的身份,然后才能追求品性的卓越,"法律是良法的前提条件";而要成为法律,就必须通过内在道德来保证正当性,只有具备正当性的法律才是法律,所以,相对于良法而言,我们更需要的是法律。③

第二节 内在道德的形式性

法律的正当性不是来源于制定它的主权者的权威,而是来源于道德,这是富勒区别于法实证主义者的地方,但是若要因此就把富勒归为自然法学者就太冒失了。事实上,富勒的道德压根不是传统意义上的道德,他别出心裁地称之为内在道德的这种道德,完全是一种价值中立(value-free)的形式性道德。而在富勒意味深长地以形式性的内在道德来取代实质性的外在道德的背后,实是喻示着富勒对自然法传统的背离与决裂。

富勒的许多术语显得相当随意,完全罔顾学术史传统,比如他执意要用自然法、道德等名词来称呼他对法律品性的要求。但是他所阐述的具体内容却又迥异于传统的自然法、道德,让他的辩论对手感到很憋屈,有一种"鸡同鸭讲"的感觉。富勒为了解释自己的术语与传统思想脉络之间的差异,不得不一而再再而三地在术语前面加上说明性的定语,比如他在《手段与目的》中称呼他的自然法为"技术的自然法"(technical natural law)④,而在《法律的道德性》一书中又称其为"程序自然法"(procedural version of natural law)⑤。富勒明确地指出他的"技术的自然法"或"程序自然法"同传统自然法之间的差异:"我所尝试做到的是辨明一种特殊类型的自然法……这种自然法同任何'至高无上的、孕育万物的普遍存在'都没有关系……它们无论从起源还是

---

① L. L. Fuller, *The Morality of Law*, Yale University Press, 1969, p. 153.
② Ibid., p. 155.
③ Ibid., pp. 155-156.
④ L. L. Fuller, Means and Ends, in Kenneth I. Winston (ed.), *The Principles of Social Order*, Hart Publishing, 2001, p. 63.
⑤ L. L. Fuller, *The Morality of Law*, Yale University Press, 1969, pp. 96-97.

从应用上讲都是人间的。"①至于道德,由于他阐述的法律普遍性、公开性、非溯及既往性、明确性、非矛盾性、可遵循性、稳定性、官方行动和法律的一致性等原则实在与传统理解的道德扯不上关系,所以他就区分了所谓的外在道德和内在道德,将传统上理解的"不得杀人""诚实信用"等道德归为外在道德,将自己的合法性诸原则称为内在道德。②

富勒别具一格的术语显然隐藏着他独特的思想特质,这个特质就是他自然法主张的形式性。**也许可以说,富勒的程序自然法或内在道德最引人注目的地方便是它们的形式化,这些道德并不具备任何实质性价值内容,而只是纯粹形式上的一些要求。**在传统的自然法学者看来,一套以"自由、平等、民主、人权"为核心的法律制度和希特勒的法律制度,同样可能符合普遍性、公开性、非溯及既往、明确性、非矛盾性、可遵循性、稳定性、一致性等合法性诸原则,你能说它们是一样的道德性的法? 围绕"告密者案"所发生的争议正是建立在这样的理论分歧之上。

"告密者案"的案情大致如此:1944年一个纳粹士兵在回家探亲时,对妻子表达了他对希特勒和其他纳粹领袖的不满,随后,他的言论被他早有外遇的妻子告发到当局。结果,这位纳粹士兵被军事特别法庭判处死刑,但是死刑最终没有执行,该士兵被派往前线。战后,作为告密者的妻子被送上法庭。虽然妻子辩解说自己是依法办事,但是审理此案的德国法院援引了"良知"与"正义"之类的自然法,判决妻子有罪。法院指出:"完全否认人格价值和尊严的法律不能够被看作是法。"③

对于法院的判决意见,形成了三种看法④:拉德布鲁赫代表了传统自然法的立场,认为不正义的法根本就不是法,所以妻子的辩解不能成立⑤;哈特从实证主义的立场出发,认为要么不要对妻子进行惩罚,如果一定要惩罚的话,也可以坦率地使用现在的法律来溯及既往地惩罚,这是难以避免的价值选择和政治决断⑥;富勒的立场则有些怪异,他煞有介事地分析了当初据以判定丈夫有罪的1934年的法律,该法律禁止发表公开反对帝国的言论,富勒

---

① L. L. Fuller, *The Morality of Law*, Yale University Press, 1969, p.96.
② Ibid., p.42.
③ Wolfgang Friedmann, *Legal Theory*, Columbia University Press, 1967, pp.350-356.
④ 关于告密者案的讨论可以参见 Wolfgang Friedmann, *Legal Theory*, Columbia University Press, 1967, pp.350-356;谌洪果:《哈特的法律实证主义——一种思想关系的视角》,北京大学出版社2008年版,第104—114页;强世功:《法律的现代性剧场:哈特与富勒论战》,法律出版社2006年版,第57—70页。
⑤ 〔德〕拉德布鲁赫:《法律的不法与超法律的法》,舒国滢译,载郑永流主编:《法哲学与法社会学论丛》(四),中国政法大学出版社2001年版,第439页。
⑥ 〔英〕哈特:《实证主义与法律和道德的分离》,翟小波译,载强世功:《法律的现代性剧场:哈特与富勒论战》,法律出版社2006年版,附录第129页。

指出,该法过于严苛,因为如果夫妻之间的谈话也算是"公开"的话,那么,实际上就没有什么私下的言论可言了,而且该法也不支持对丈夫判处死刑。富勒的分析暗示,德国 1934 年的法律违反了两项法律的内在道德:一是违反了法律的可遵循性,因为如果这种夫妻间的言论都算是公开言论的话,那显然人民就不可能说任何批评的话了;二是官方行为与法律的一致性,因为德国 1934 年的法律并没有授权判处此种言论死刑,官方判死刑是毫无道理的。① 富勒认为,判决丈夫有罪的德国 1934 年的法律因为违反了法律的内在道德而无效。"对我来说,用一种冠冕堂皇的法律来为独裁的统治背书,这样的法律背离了法律自身的内在道德,所以,它不再是有效的法律制度,这样的看法并不令人惊奇。"②

在这三种意见中,拉德布鲁赫代表了传统自然法的立场,认为根本上违反正义的法律不是法律,公民应对此进行"良心违抗"。哈特则代表了实证主义的立场,认为恶法亦法,只是太邪恶了以至于不能被遵守。富勒表面上和传统自然法的立场保持了一致,主张"恶法非法",但是实际上,他据以判断法律善恶的标准,不再是传统自然法所主张的正义与否,而是内在道德,前者是实质性的标准,后者只是形式化的原则。

实质性的标准与形式化的原则的分别在此是至关重要的,它关乎富勒自然法的性质问题。哈特认为,富勒的内在道德不是道德,程序自然法也不是自然法,而富勒则极力坚持内在道德的道德性,程序自然法也无愧于是一种自然法。双方对此寸土不让,爆发了一场火药味十足的论战。

根据富勒的总结,论战总共持续了六轮。③ 在论战中,哈特不无尖锐地指出:"富勒坚持将这些合法性原则界定为一种'道德'的做法对他和他的读者来说都是导致混淆的源泉。"④富勒则有些恼羞成怒地回击道:"我觉得这一批评有点不可理喻,简直就是故意找茬,根本不值一驳。"⑤但是奇怪的是,在另一个地方,就连富勒自己都承认了法律的内在道德确实是独立于法律的实体目标的,法律的内在道德是中立的,它不排斥任何实体目标,也可以服务于任何实体目标。"对于法律的实体目标,法律的内在道德并不关心,不管立法者设定了什么样的实体目标,法律都乐意效劳并竭尽全力。"⑥不过,随后,

---

① 富勒:《实证主义与忠于法律——答哈特教授》,何作译,载强世功:《法律的现代性剧场:哈特与富勒论战》,法律出版社 2006 年版,附录第 175—178 页。
② 同上书,附录第 184 页,翻译根据英文版有改动。
③ L. L. Fuller, *The Morality of Law*, Yale University Press, 1969, p. 188.
④ H. L. A. Hart, Book Review of The Morality of Law by Lon L. Fuller, *Harvard Law Review*, Vol. 78, 1965, p. 1285.
⑤ L. L. Fuller, *The Morality of Law*, Yale University Press, 1969, p. 201.
⑥ Ibid., p. 153.

富勒又指出，他不认为一个法律制度在实体上是极度邪恶的同时，还都能符合合法性诸原则，他质疑道："难道一个邪恶的国家追求最为不公的目标，却还是能够保持对合法性诸原则的真正尊重？"他随后要求哈特为他提供实例来证明这样的国家在历史上确实存在。①

两个人显得有点话不投机，根本原因还在于他们对自然法理解的巨大分歧。哈特期待他的理论对手，号称是自然法学者的富勒能够从正统自然法的立场出发，提出纳粹法律的非道德性问题，并采取一种奥古斯丁式的态度——"恶法非法"。但是哪里知道，富勒死活都不从这个角度论证，他执意要从"程序自然法"的角度论证纳粹法律不符合程序上的要求，以此来达到"恶法非法"的要求。富勒之所以觉得哈特不可理喻，主要的原因就在于他所理解的自然法是一种形式性的自然法，他觉得这也是一种货真价实的自然法，所以那种从传统自然法的观点来预测他观点的做法，无疑有点风马牛不相及，甚至有点夏虫不可以语冰了。

其实，当富勒试图以"内在的"来修饰他的道德，以"程序性的"来修饰他的自然法，也已多多少少暴露了他所谓道德与自然法的非典型性。在笔者看来，富勒自然法的最大特色就是它的空洞性，即与实质性的道德自然法相割裂，不预设价值立场，我们将其称为一种形式的道德和自然法。正如王家国先生所说，富勒的自然法形象，跟从前的自然法形象大不一样，它不是从某种超验的终极价值或目的出发来推导出自然法诸原则，也不是从上帝出发来推导出自然法诸原则。富勒的自然法压根就不期望建构一套由永恒不变的原则构成的自然法典，他的自然法也不是一套与实证法相互对比，具有更高位阶和更高效力的法，一句话，他的自然法没有也不谋求一个绝对的超验的根基。……他的自然法形象与从前的自然法形象对比这样大，以至于不得不被赋予一个全新的名字，比如叫"世俗性自然法"或"非传统自然法"。②

为了更好地理解富勒自然法的形式性特质以及它与传统自然法的分别，我们不妨设想存在如下四个国度：

> A国：A国法律规定人民享有充分的表达自由权，但是任何言论不应导致"明显而即刻的危险"。这一法律以明确的语言规定，向民众公布，不溯及既往并维持稳定，法律由专门机关以理性的方式解释和适用，没有任何人可以越法行事。

> B国：B国法律规定人民享有充分的表达自由权，但是任何言论不

---

① L. L. Fuller, *The Morality of Law*, Yale University Press, 1969, p.154.
② 王家国：《作为目的性事业的法律——朗·富勒的法律观研究》，法律出版社2012年版，第133页。

应导致"明显而即刻的危险"。何谓"明显而即刻的危险"由君主本人及其授权的人员随心所欲地确定,他们的认定标准差异极大。

C国:C国法律规定人民不能议论国君及其政策,否则一律处死。这一法律以明确的语言规定,向民众公布,不溯及既往并维持稳定,法律由专门机关以理性的方式解释和适用,何谓"议论"也有明确的标准,没有任何人可以越法行事。

D国:D国法律规定人民不能议论国君及其政策,否则一律处死。何谓"议论"由君主本人及其授权的人员随心所欲地确定,他们的认定标准差异极大。

按照传统自然法的理解,这四个国家中,若只是从字面规定来看,A、B国的法律可以称得上是良法,C、D国的法律则是不折不扣的恶法。若是从动态的观点来看,则只有A国的法律可以称得上是良法了,B、C、D法都是恶法。那么,按照富勒的内在道德观点来看呢?同样,A国的法律是符合内在道德的,C国的法律也符合,B、D国的法律则是富勒意义上的恶法,因为它们明显不符合富勒的合法性诸原则。这样看来,富勒与传统自然法在对A、B、D国法律的看法上是一致的,而在对C国法律的看法上是完全对立的。两者对四国法律是否良法的看法可以图示如下(√代表认同是良法或合格的法,×代表不认同是良法或合格的法):

	传统自然法学	富勒自然法学
A国法	√	√
B国法	×	×
C国法	×	√
D国法	×	×

为什么富勒自然法与传统自然法(可以扩展到一切从传统自然法立场来理解自然法的人,包括实证主义者)对C国法的看法如此对立呢?原因在于,C国法从实质价值标准上看是很邪恶的,它不容许基本的表达自由存在,但是吊诡的是,它又坚持了富勒的合法性诸原则,所以按照富勒自然法的标准,它又是合格的法。为什么一个实质价值上糟糕的法,可以符合富勒自然法的标准呢?原因就在于,富勒的自然法是价值中立的,它能服务于所有的目标(不管高尚还是邪恶的目标),它只是一套形式性标准。显然,哈特等人正是看到了这一点,进而对富勒发动了攻击。富勒也接受了他的自然法所服务目标的不确定性,但是他同时似乎怀疑,一个法律体系如果真的符合他的合法

性诸原则,它在实质价值上还能否选择邪恶。他似乎认为任何一个符合内在道德的法律体系一定也只能致力于高尚的事业,换言之,他从根本上质疑C国法这样的法律体系是否真的能在现实中存在,这也是他要求哈特举出实例的原因。不过,在这里,我觉得富勒过于自信了,虽然现实中,邪恶的国家(其法律在内容上是邪恶的)可能确实无法做到煞有介事地按照合法性诸原则行事,比如法律一直是公开、明确、不溯及既往、一视同仁的,但是这并不代表这样的国家真的不能存在或在逻辑上不能存在,一个完全践踏人权但是煞有介事地按照合法性诸原则行事的国家不仅在逻辑上可以存在,而且在现实中也是可以存在的。实际上,许多历史上臭名昭著的帝国都具有高度理性化、官僚化的特点,它们的法在一定程度上和一定时期内可以符合富勒的自然法标准。

富勒这种纯形式性的自然法,一方面是他遭受误解的根源,另一方面,却也是他对法理学和法律正当性问题的一种独特贡献。正如强世功先生所指出的,富勒的独特贡献,主要在于他彻底放弃了传统自然法对法律内容上的合道德性要求,转而要求法律自身的合道德性。① 强世功先生未曾言明的是,法律自身的道德性问题之所以重要,是因为在现代性的背景下,只有内在于法律自身的形式性道德才可能成为法律正当性的根基,毕竟,传统自然法所强调的那些外在价值或道德都被"祛魅"了。所以,在这样一个时代,我们已无法要求法律必须合于外部道德——比如说,来自人的自然本性或上帝的道德,并坚称法律是因为合乎这些外在道德而正当有效,现在我们唯有诉诸法律自身的内在道德——这种道德内在于法律本身,与法律的具体内容无关,而仅仅关乎法律的表现形式,并声称法律是因为合乎这些内在道德而正当有效的,正是因此,富勒定义法律的内在道德为"使得法律成为可能的道德"②。

第三节 法律作为一种有目的的事业

在传统自然法的理论框架中,法律的正当性被认为来自神圣的自然法,这就是凯尔森所说的自然法的二元秩序观,神圣法律赋予世俗法律以正当性。③ 在自然法的理论框架中,如果还有人继续追问自然法的效力来自哪里的话,那么,大可以把这种自然法归结为神的意志或人类的理性(本

---

① 强世功:《法律的现代性剧场:哈特与富勒论战》,法律出版社 2006 年版,第 80 页。
② L. L. Fuller, *The Morality of Law*, Yale University Press, 1969, p. 33.
③ 〔奥〕凯尔森:《法与国家的一般理论》,沈宗灵译,中国大百科全书出版社 1996 年版,第 11 页。

质上还是来自神),由于神是自有永有、不证自明的,所以,这个追问就被终结了。

富勒所号称的自然法理论,把法律的正当性归结为法律的内在道德,或者说,归结为合法性诸原则,那么我们就必须追问,他的内在道德来自哪里呢?正是在这里,为了回答对于内在道德的追问,富勒提出了他著名的法律目的理论。

富勒的高足萨默斯(Robert S. Summers)认为,目的是理解富勒法律思想的核心。① 确实,富勒对法律的基本认识便是法律是一种有目的性的事业。② 对富勒而言,在具体的层面上,每一个法律都有其个别的目的,比如《物权法》的目的是保护私有财产,《合同法》的目的是保护交易自由与交易安全,《刑法》的目的是制止犯罪等,但是在总体的层面上,法律的目的是使人类行为服从于一般性规则的控制③,他也因此得出了法律的定义——法律是使人类行为服从于规则之治的事业。④ 总而言之,通过法律的治理,整个社会呈现出一种"良好社会秩序"(eunomics)的状态,这大概便是富勒的一种理想法治国。

对于富勒而言,如果法律想要达到这些目的,就必须具备某些品性,而这些品性,正是合法性诸原则所展示的那些品性。对富勒来说,如果某个法律制度系统地违反了合法性诸原则,那么它就不配被称为法律制度。所以,**富勒的整个理论框架,便包括了两个理论命题:一是法律的目的理论,由此推导出合法性诸原则;二是法律的正当性理论,合法性诸原则赋予了法律正当性。**

法律的目的理论所要完成的工作就是要凭借目的推导出合法性诸原则,正如传统的自然法理论凭借神推导出自然法一样。那么富勒是如何从法律目的中推导出合法性诸原则的呢?对此,我们不妨借鉴哈特等人对富勒理论的解读。

哈特等人指出,相对于法律目的而言,法律的内在道德相当于一种实现目的的手段,所以,是目的证明了手段的必要性和恰当性,而手段可以被看作

---

① Robert S. Summers, *Lon L. Fuller*, Stanford University Press, 1984, P.16.关于富勒法律目的的讨论可以参见邹立君:《良好秩序观的建构:朗·富勒法律理论的研究》,吉林大学 2006 年博士论文,第 16—25 页;王家国:《作为目的性事业的法律——朗·富勒的法律观研究》,法律出版社 2012 年版,第 129 页。

② L. L. Fuller, *The Morality of Law*, Yale University Press, 1969, p.145.

③ Ibid., p.146;Robert S. Summers, *Lon L. Fuller*, Stanford University Press, 1984, p.16;王家国认为富勒的目的呈现出一定复杂性,他对法律设定的目的不仅有传统自然法所强调的自由、平等、正义等,还包括一种形式目的亦即"共享目的之协同表达"的过程,即使人类行为服从于一般性规则的指导和控制的一般性目的。参见王家国:《作为目的性事业的法律——朗·富勒的法律观研究》,法律出版社 2012 年版,第 136 页。

④ L. L. Fuller, *The Morality of Law*, Yale University Press, 1969, p.106.

是从目的中推导出来的。有人可能会问,即令如此,为什么从目的中推导出的恰恰是合法性八原则,而不是别的一些什么原则?哈特等人认为,从功效的角度来看,合法性八原则可以更有效率地服务于目的,所以,法律目的不仅导出了合法性诸原则,而且导出的恰恰是这八原则。哈特一针见血地指出:"代表法律卓越性的这些形式性原则并不是从正义原则中得出的,也不是从任何有关法律实体目标或内容的'外在的'道德原则中得出的,而毋宁说仅仅是基于一种现实的考量得出的——这个考量是,对于人类行为服从规则的指引这个目标而言,什么才是必要而高效的措施。如果我们把自己设身处地地置于一个致力于实现这一目标的立法者的位置,我们就能发现这些措施,它们本质上不过是一些关于良好技巧的原则。"[1]哈特随后指出,如果这种仅仅针对特定目的而言具有实效性的原则能够成为道德,那么下毒也会具有内在道德,比如把毒下得无色无味,不易觉察。[2] 不只是哈特,德沃金(Ronald M. Dworkin,1931—2013 年)、萨默斯、马歇尔·科恩(Marshall Cohen)等学者都认为富勒所谓的内在道德其实是一个相对于实体目标的手段或效率问题。他们指出,富勒的内在道德的概念暴露出他对功效(efficacy)和道德(morality)这两个概念的根本混淆。与哈特一样,他们对富勒进行了辛辣的嘲讽,在他们看来,内在道德不是道德,就像把钉子扶正以便将其敲到位不是一件道德事务一样,科恩甚至讽刺道:如果杀手忘记给枪上子弹,这是否属于道德沦丧?[3]

在某种意义上,哈特与富勒的论战充满了令人绝望的概念混乱。富勒并不承认哈特对他的功效解读,富勒辩解说,如果内在道德真的只在乎功效的话,那么很多时候,制定一种溯及既往的法律才是最有效率的,比如苏联在 20 世纪 60 年代的时候就是通过溯及既往的法律对付非法买卖外汇的行为。[4] 但是,随后,富勒又认为他的理论对手可以通过扩展功效的概念来打击这种辩解,因为功效并不是那种应付紧急状态的行为所产生的短期效果,长期来看,苏联的做法不但没有起到作用,反而损害了法律的功效。[5] 笔者认为,富勒本质上不是要反对哈特所指出的内在道德是一个功效的问题,他只是要捍卫他内在道德的道德性,他并不是真的反对内在道德相对于法律目的是一种手段,甚至是一种功效,"在讨论合法性原则时,将功效与道德对立

---

[1] H. L. A. Hart, Book Review of The Morality of Law by Lon L. Fuller, *Harvard Law Review*, Vol. 78, 1965, p. 1284.
[2] Ibid., p. 1286.
[3] See L. L. Fuller, *The Morality of Law*, Yale University Press, 1969, pp. 200-201.
[4] Ibid., pp. 202-203.
[5] Ibid., p. 203.

于问题无益"。①

总体而言,哈特等人对于富勒的理解并不能说是在冤枉他。对于富勒而言,如果法律想要达到这些目的,就必须具备某些品性,也就是合法性诸原则所展示的那些品性。**如果说法律的目的是实体性目标的话,那么,合法性诸原则无异于是一种实现目标的手段和效率。**

这样一种理解无疑是有道理的,却也是误解的根源。对富勒来说,法律服务于某种目的,这是理所当然的事情,人类行为受"目的"驱动,所以"忘记我们的目标是最常见的蠢事儿"②。但是强调法律的目的是什么和法律为什么是法律乃是两个不同的命题。也就是说,法律的目的和法律的正当性乃是两个不同的问题,富勒异想天开地想把两者结合在一起,从法律的目的推出法律的品性,再用品性来证明法律的正当性。对于这两项任务,富勒的论证出现了一定的混淆,这也是他被误解和攻击的原因所在。

第四节　形式性的法律正当性

哈特与富勒的论战可以分为三个回合或三个阶段:第一个回合或第一阶段是 1957 年 4 月哈特《实证主义与法律和道德的分离》一文的发表与 1958 年富勒发表《实证主义与忠于法律——答哈特教授》一文迎战;第二回合或第二阶段是 1961 年哈特代表作《法律的概念》一书的出版与 1964 年富勒代表作《法律的道德性》出版,他们分别在自己的著作里系统阐述了自己的理论体系,并对对方的观点进行了驳斥。第三回合或第三阶段是 1965 年哈特发表对富勒《法律的道德性》一书的书评与 1969 年富勒在《法律的道德性》修订版中对哈特进行回复。③ 整个论战过程持续了 12 年。回顾哈特与富勒的论战,令人感到意味深长的是,针锋相对的双方,在激烈交锋的背后,其实思想的相同之处可能在重要性上还要胜过思想的相左之处。

对于哈特来说,他致力于确立法律与道德的分离命题,并最终退守到承认规则,无异于要从根本上消除法律对实质性道德的依赖。对此,只消我们对哈特的承认规则稍加注意就一目了然了。哈特的承认规则,简单来说,就是一种鉴别何为法律何不为法律的标准。这个标准的特别之处在于,它跟富勒的内在道德一样,同样是形式性的,即承认规则不设定任何实质性的道德标准,它只要求视被人们事实上承认的规则为真正的规则,即法律,除此之

---

① L. L. Fuller, *The Morality of Law*, Yale University Press, 1969, pp. 203-204.
② Ibid., p. 95.
③ Ibid., p. 188.

外,别无其他。①

而对于富勒来说,他为什么左支右绌,不肯大方接受实质性的道德呢?如果内在道德只是一种完全形式化的标准,它"非常不幸地与最大的邪恶相容"②,那么,这种内在道德跟同样形式化的承认规则又有什么区别?正因为如此,谌洪果先生指出,富勒甚至可以被贴上"实证主义"的标签。③ 这并不是一个冒失的看法,丹尼尔·伍斯特(Daniel E. Wueste)也指出,富勒是"实证主义时代的继子"④。

所以,哈特与富勒虽然分别被贴上了法实证主义和自然法的标签,进行了一场难解难分的世纪争论,但是,吊诡的是,他们共通的地方却反而可能远胜于他们分歧之处,正如强世功先生所说,哈特与富勒虽有很多分歧,但是从重要性上来说,他们的分歧却比不上他们的共同立场,即他们都一致反对那种拉德布鲁赫式的主张(也是传统自然法的主张)——主张要通过外在道德对法律进行评判和干预……富勒的自然法理论并不是复古,实际上他完全背离了古典自然法传统,他打着自然法的旗号把古典自然法彻底出卖了。⑤

在笔者看来,正是哈特与富勒的共通之处而不是歧异之点展现了他们所处的(也是我们所处的)时代特质,这个时代特质可以一言以蔽之地称为"现代性",而所谓现代性,简单来说,就是"上帝死了"之后,世俗社会所呈现的种种无根基特性。⑥

哈特与富勒论战的种种不可思议之处,正是要在两者发生论战的时代背景中来理解。论战发生在1957—1969年间,距离14—17世纪的文艺复兴、16—17世纪的宗教改革、17—18世纪的启蒙运动、16—19世纪的近代自然科学运动已经过去了二百多年的时间。更具体地说,距离1532年马基雅维利《君主论》出版已过了四百余年,距离1682年牛顿发现万有引力已过了差不多三百年,距离1739—1740年休谟出版《人性论》,提出"事实与价值的二分"命题已过了二百余年,距离1882年尼采出版《快乐的知识》借狂人之口宣称"上帝死了"已过了七十多年。这个时代,正如马克思、恩格斯所言,"一切

---

① 唐丰鹤:《哈特法律实证主义的三大命题》,载《理论月刊》2013年第8期。
② H. L. A. Hart, *The Concept of Law 2nd*, Clarendon Press, 1994, p. 207.
③ 谌洪果:《哈特的法律实证主义——一种思想关系的视角》,北京大学出版社2008年版,第98页。
④ Daniel E. Wueste, Fuller's Processual Philosophy of Law, in *Cornell Law Review* 71 (1985—86), p. 1212.
⑤ 强世功:《法律的现代性剧场:哈特与富勒论战》,法律出版社2006年版,第80页。
⑥ 关于现代性与事实和价值的二分的讨论可以参见唐丰鹤:《在经验和规范之间:正当性的范式转换》,法律出版社2014年版,第149—160页。

坚固的东西都烟消云散了,一切神圣的东西都被亵渎了"①,或者用韦伯的话来说,是一个"祛魅化"的时代。在这个时代,宗教与政治被剥离,社会价值多元化,人们思想则工具理性化。这意味着,在这个时代,传统自然法所声称的那些价值无法从经验层面得到证实,只能被看作是一种纯属个人的信念问题,就像你喜欢吃鱼他喜欢吃肉一样,是一个因人而异的口味问题,这样主观化、私人化的价值如何能够作为法律的根基呢?作为根基的东西从前被上帝所保证,现在上帝都"死了",一切都要从事实出发,而不是从价值出发(此乃所谓经验性真理观的应有之义)。这就是马基雅维利的政治科学(从前叫政治哲学)、实证主义思想(包括法实证主义)滥觞的根源——它们深植于现代性之中。

在这样一个时代,显然,提出任何神圣的价值作为法律正当性的基础都是不可能的,甚至有任何这样的想法都是愚蠢的。在这样一个时代,法律只能作为一种既成事实来作实证的分析与研究。但是如此一来,法律效力来源于何处呢?这一近乎无解的问题牵扯了现代社会知识界的神经,法实证主义作为"法律就是实证法"的代言人,便负有解答这一"天问"的义务,对此,法实证主义者前赴后继地提出"主权权威""基础规范"和"承认规则",试图解答这一难题。而不论是奥斯丁的"主权权威"、凯尔森的"基础规范",还是哈特的"承认规则",它们都不预设任何实质性道德内容,只是一种形式化的判别标准。② 即便是所谓的自然法学家富勒,也不可能在这样一个时代提出一种实质的自然法③,他苦心孤诣所设想出的内在道德,也只能是一种形式化的道德。情形之所以别扭如此,现代性便是这一切的原因所在。正如强世功先生所说,富勒的内在道德和哈特的最低限度自然法是一丘之貉,它们体现了现代社会的价值中立或者说是低调——对于道德价值,它们无欲无求,心如死灰。④

实际上,现代性在富勒身上的烙印不仅体现在内在道德上,甚至还发生在他对法律目的的理解上。富勒所据以推导出合法性诸原则的目的主要是指法律的总体性目的,而富勒所设想的法律的总体目的是一种形式性的目的。富勒直截了当地指出,法律的总体目的是使人类行为服从于一般性规则

---

① 〔德〕马克思、恩格斯:《共产党宣言》,中共中央编译局译,中央编译出版社 2005 年版,第 29 页,翻译有改动。
② 唐丰鹤:《通过合法性的正当性:实证主义法学的正当性思想研究》,载《北方法学》2013 年第 1 期。
③ 我们的研究表明,这种困境也存在于其他自然法学家身上,比如约翰·菲尼斯(John Finnis)也无法提出一种超验的自然法。
④ 强世功:《法律的现代性剧场:哈特与富勒论战》,法律出版社 2006 年版,第 81 页。

的控制,但是对于这个一般性规则是正义的还是邪恶的,则在所不问。依富勒之见,这种总体目的,是一种"有分寸的、理性而明智的目的",说白了,这种总体目的,是要"用一般性规则来指导和控制人类的行动",这样一种目的是完全形式化的,它不预设任何实质性的价值取向,所以,富勒断言,这样一种目的不会"走向黑格尔式的极端立场"①。这种目的,说白了,就是追求一种社会的有序化状态,至于这个社会本身的价值取向,是民主还是专制,是公正还是不义,是它所不能承受之问,所以是"有分寸的、理性而明智的",这种目的,与其说是固定的、特定、实体性的目的,毋宁说是大而化之的、具有合理性的、对人类行为协同性的一种追求,是一种形式意义上的目的。②

这种形式意义上的目的显然有别于传统自然法理论所追求的自由、平等、正义那样的实质性目的。从形式性的目的到形式性的内在道德,再到以形式性的内在道德为根基的法律的正当性,富勒所构想的现代社会的法律正当性显然是一种名副其实的形式性正当性。从某种意义上来说,这种形式性的正当性正是现代性事业的一部分。从法实证主义到自然法,现代性所到之处,仿佛天网恢恢,疏而不漏,而所谓的后现代,正如哲学家施特劳斯所说,只不过是现代性的一种深入展开罢了,又能逃到哪里去呢?

第五节 结 语

法律正当性问题是富勒法律思想的中枢,富勒以极富时代特色和个人特色的口吻指出,现代社会的法律正当性应该被建立在法律的内在道德的基础上,而内在道德,则立足于法律目的的需要。富勒由此形成了他的法律正当性命题和法律目的命题。

富勒是一位"伪自然法学家",这主要是因为,他提出的现代法律必须符合的道德,完全不是传统自然法理论所想象的那种道德,而是一种差不多跟传统道德完全挂不上边的一套"道德",富勒自己称之为"内在道德",主要包括法律的普遍性、法律的公开性、法律的非溯及既往、法律的明确性、避免法律中的矛盾、法律的稳定性、官方行动和法律的一致性。这套"道德",其最大也是最令人瞩目的特点便是它们的形式化、空心化、去实质化,所以,这套道德,如果一定要命名为"道德"的话,那就是完全形式化的道德。富勒的思想反映了现代性对法律的冲击,因为在现代性之下,任何传统的实质道德可能

---

① L. L. Fuller, *The Morality of Law*, Yale University Press, 1969, p.146.
② 王家国:《作为目的性事业的法律——朗·富勒的法律观研究》,法律出版社 2012 年版,第 136 页。

都无法证明自身的正确性与普适性了,所以,形式化的道德出现了。在现代性的关口下,富勒只能用这套形式性道德作为现代实证法正当性的基础,也就是说,现代实证法,其正当性来源于"内在道德",若不符合"内在道德",法律便会减损、丧失法效力。

第三编
程序性的法律正当性类型

第九章 法律正当性的程序主义转向

第一节 法律正当性:从超验到经验

法律正当性从经验到超验的变化是由于祛魅(disenchantment)的过程导致的。祛魅的说法是韦伯提的,意指世界的解神秘化,即不认为世上有什么超越性的东西存在,没有什么神秘莫测、无法计算的力量在起作用。① 尼采也有差不多的看法,他把这一现象叫做"上帝死了"②。祛魅开始于什么时候呢?一切都像温水煮青蛙一样,没有一个明确的时间,但在我看来,祛魅的过程与文艺复兴几乎是同步的。文艺复兴的根本要旨就是人文精神的复兴,就是人的地位的恢复和提升,即将人从神施加的桎梏中解放出来。按照《圣经》的神圣教义,人有两面性,一方面人是上帝仿自己的形象而造,因而是对上帝的一种分有和摹仿,极为神圣,为万物之灵;另一方面,人类始祖亚当、夏娃犯有原罪,此种原罪通过精液传播,所以,人类生而为罪人。不过,传统的基督教教义一般比较忽视人的伟大,而极力强调人的原罪。奥古斯丁在《上帝之城》中指出,人生而有罪,因此,不该对人类所具有的美德和杰出品质抱有期望,相反,认为人生而卓越,或者说可以卓越,乃是人类的一种傲慢。作为基督教早期精神的奠基者,奥古斯丁的此种观点产生了极为深远的影响,在随后的整个中世纪,在关于人的本性和能力的正统学说中,人们都不再提到获得优秀品质的可能性。对此,我们也可以从中世纪的艺术表达中看出端倪,那时的人类形象绝不像后来文艺复兴时期"大卫"雕像那样伟岸不凡。中世纪的人们认为,只有上帝是完美的化身,具备所有的优秀品质,并仅仅体现在耶稣基督身上,而人类中的杰出人士即使具备一些高贵的品德,也是有缺陷的,所以他们顶多可以避免去犯一些严重的罪行,却不可能做到尽善尽美,也正是因此,我们不难发现,人类大多数时候只能生活在苦难和罪恶之中。③ 但是到了文艺复兴时代,类似彼特拉克(Francesco Petrarca,1304—1374 年)、

---

① 〔德〕韦伯:《以学术为业》,载《学术与政治》,冯克利译,生活·读书·新知三联书店 2005 年版,第 29 页。
② 〔德〕尼采:《快乐的科学》,黄明嘉译,华东师范大学出版社 2007 年版,第 191 页。
③ Quentin Skinner, *The Foundations of Modern Political Thought* (Volume 1: *The Renaissance*), Cambridge University Press, 1979, p. 91.

詹纳佐·马内蒂（Giannozzo Manetti, 1396—1459 年）、阿尔贝蒂（Leon Battista Alberti, 1404—1472 年）、乔瓦尼·皮科·德拉·米兰多拉（Giovanni Pico della Mirandola, 1463—1494 年）这样的人文主义者却完全逆转了这一看法，他们称颂人的伟大。人文主义者们采纳了古希腊人对人类命运反复无常的解释，认为那是命运女神操纵的结果（而不是如基督教教义所说那样是人的罪性导致的），而更为离经叛道的是，他们宣称人凭借自身优秀的品质可以战胜命运女神，最终把握自己的命运。① 这种种说法，无异于直接背离了圣奥古斯丁的教导，因此，人文主义思想一开始就与传统的基督教教义存在着某种冲突。人文主义的兴起，也就意味着传统基督教教义的瓦解。这首先引发了教会的权威性危机，最终引发了对上帝的质疑，世界就此走上了解神秘化的道路。随后的宗教改革主张"唯信称义"，认为人凭借信仰就可以撇开教会这个中介而和上帝直接打交道，而一直以来，按照正统的基督教教义，教会被认为是上帝在人间的代理人，是上帝的口舌和肉身，人不能直接与上帝沟通，必须凭借教会与神职人员的中介方才可能。所以，宗教改革的此种主张，就等于是否定了教会作为上帝代言人的地位，进一步瓦解了教会的权威（新教教会仍然存在，甚至因为气氛自由而发展壮大了，但其本质上只是平信徒的聚会，不再是人与上帝的中保）。② 而传统天主教权威的瓦解，以及赎罪券交易的取消，也带来了一个很严重的问题，即新时代的人们该如何信仰上帝呢？或者用更准确的话来说，人们怎么能够知道自己的信仰是有效的信仰呢？唯信称义，凭借信仰就可以得救，但是信仰了，得救的迹象或证据在哪里呢？没有迹象或证据，人们怎么知道自己的信仰是不是正确的信仰？③ 诸如此类的问题令新教教徒们发疯，或者用韦伯的话来说，令"每个人内在生出一股前所未有的孤寂"④，在这般折磨之下，两种影响深远的趋势产生了：一种趋势是信仰逐渐走向了主观化和私人化。信仰长期处于无法确认的状态，再加上人性的脆弱，人们很容易对信仰甚至对上帝的存在表示怀疑，这一点尤其是对许多欲念缠身从而信念不坚的人来说更是如此。另一种趋势则是把信仰外在化。新教加尔文宗认为，人是否得救取决于上帝预先的选择（即上帝预选说，predestination），但是人们不应该妄自菲薄，自暴自弃，而应通过恪

---

① Quentin Skinner, *The Foundations of Modern Political Thought* (Volume 1: The Renaissance), Cambridge University Press, 1979, pp. 95-98.
② 新教改革之后，教会一直存在，并且随着对新教教义的不同理解和阐释的增多，教会逐渐分成了若干派别，这些教派，在某种意义上也构成了现代社会各种社会团体的前身或原型。参见〔德〕韦伯：《新教伦理与资本主义精神》，于晓等译，左岸文化，2005年版，附录第321页。
③ 同上书，第123页。
④ 同上书，第115页。

守"天职"(calling)①来荣耀上帝。具体来说,在新教禁欲主义(加尔文宗、虔信派、循道宗、浸礼派都主张禁欲主义)思潮的影响下,履行天职的方式就是要永远孜孜不倦地劳作(不以满足自己的需要为满足),要极度的节俭(禁欲主义的题中应有之义),同时要以系统的理性计算的方式来计划自己的劳作。这一发展趋势的后果是,当人们把生活的重心都放在了劳作以及对劳作的计算上,人们逐渐把参与世俗生活当作了生活的全部,把获得世俗意义上的成功当作了生活的目的(甚至把世俗成功当成了信仰有效、上帝恩宠的结果),日久天长,忘其初心,渐渐的连上帝也抛诸脑后了,成功成了新的上帝。所以,如果我们不是从新教教义本身来看,而是从新教教义的客观后果来看,这两种趋势其实都在某种程度上悬置了对于上帝的信仰,动摇了上帝的权威。此外,还有一点不得不提的是,新教的唯信称义主张,事实上也赋予了个人以信仰自主权,提升了人的主体性地位,这种主体性地位的提升,有朝一日又反噬了对于上帝的信仰(当人们认为上帝构成了对自己自由的束缚时)。在文艺复兴和宗教改革之外,近代科学革命也交相辉映地为世界的解神秘化添砖加瓦,甚至成为"压死骆驼的最后一根稻草",这是因为,近代科学革命提供了一种科学理性的科学精神,把整个古代灵性的世界还原成了一种冷冰冰的物质的世界,造就了一种机械论世界观,彻底地对世界进行了祛魅。而到了启蒙运动,一种新的解神秘化后的世界观终于被彻底打造成形了。

所以,祛魅的实质就是"上帝死了",因为上帝就代表着"魅",现在呈现在我们面前的是一个纯科学的世界,也是一个物质化的世界,是一个理性化的世界。尼采说"上帝死了",其实这个"死",只是意味着神圣的东西从公共生活遁入了私人生活领域,现代人可以信仰,但信仰是你的私事,任何人信仰的事物都不可能成为政治和法律的基础,而传统的政治正当性、法律正当性所要求的恰恰就是一种公共的信仰,一种公认的神圣。所以,神圣事物从公共生活的退隐,其实就意味着传统法律正当性的完全崩溃,它被釜底抽薪了,正如后来马克思所说:"一切稳固的东西都烟消云散了,一切神圣的东西都被亵渎了。"②

在祛魅的大背景下,我们可以很好地理解古代自然法在近代为什么会衰落。因为自然法本身就代表着一种"魅",不消说,古希腊早期和中世纪的自然与自然法观念,它们本身就与诸神或上帝密不可分,"上帝死了",自然法焉

---

① 天职这个概念页意味着对传统天主教教义的反动,传统天主教教义要人放弃现世的义务,而天职的概念恰恰就意味着积极地履行上帝交付的现世的义务。参见〔德〕韦伯:《新教伦理与资本主义精神》,于晓等译,左岸文化,2005年版,第95—96页。
② 〔德〕马克思、恩格斯:《共产党宣言》,中共中央编译局译,中央编译出版社2005年版,第29页,翻译有改动。

在? 即使是古希腊的哲学自然法传统,也属于一种超验的范畴,是彼岸世界的产物,彼岸世界作为"鬼魅"已被祛除,自然法覆巢之下,焉有完卵? 所以,我们可以看到,古代自然法的堕落是一种直线式堕落。

由于"上帝死了",由于传统自然法的覆灭,近代法律正当性从超验模式向经验模式开始转移。这种转移似乎首先发生在自然法传统内部,自格劳秀斯以来,自然法的根基已经不是上帝或理念世界了,而被转换成了人本身,人的权利,或者更直白地说,人的利益和需要。这就是格劳秀斯划时代的意义所在,他的特异之处在于,他假定自然法可以不需要借助上帝而存在,自然法本质上植根于人的权利,他第一次赋予了"Jus"一词以权利的含义[1],Jus 在古典政治学的含义有"法"(law)与"正义"(just)之义,但不含权利之义,正是格劳秀斯第一次指出,Jus 一词不仅具有正义的内涵,还具有"一个人所具有的使得他能够正当地拥有某物或正当地做某事的一种道德资格"[2],即权利之义,这一转变为自然法的根基从理念或上帝到自然权利的转换打下了基础。而霍布斯的学说则以一种更加彻底的方式解释了近代法律正当性的这种模式迁移。霍布斯以一种自然科学的方式来看待人,把人看作是情感和理性两种元素的结合——就像水是氰元素和氧元素的结合一样,而且情感是更加本质的。对于情感,霍布斯认为,"一切情感中最强烈的乃是对死亡的恐惧,更具体地说,是对暴死于他人之手的恐惧。"[3]对死亡的恐惧令人产生了一种自我保存的欲求,这种欲求对于每个人来说都是不能放弃的,是人们必须要实现的欲求,所以,自我保全就对人提出了一种最根本的道德律令,这个道德律令也是所有其他道德规范的基础。自我保存的道德律令也产生了人的自然权利,因为所谓权利,不过是一种按照正确的道德律令去行为的自由,"'权利'这个词的确切含义是每个人都有根据正确的理性去运用他的自然能力的自由。因此,自然权利的首要基础就是:每个人都尽可能地保全他的生命。"[4]也就是说,保全生命的欲求催生了旨在保护生命的各项自然权利。这样,霍布斯的自然权利显然不是来自于上帝,甚至都不是"天赋人权",而是来自于人的根本欲求。显然,霍布斯对自然权利作了一个全然科学化的解释,没有一点神神叨叨的地方。在霍布斯之后,洛克、卢梭对自然权利的看法似乎也沿袭了霍布斯的路径,他们认为真实的人类生活始于自然状态,在自然

---

[1] John Finnis, *Natural Law and Natural Rights*, Clarendon Press, 1980, p. 207.
[2] Kund Haakonssen, *Natural Law and Moral Philosophy: From Grotius to the Scottish Enlightenment*, Cambridge University Press, 1996, p. 28.
[3] 〔美〕施特劳斯:《自然权利与历史》,彭刚译,生活·读书·新知三联书店2003年版,第184页。
[4] Thomas Hobbes, *On the Citizen*, edited by Richard Tuck, Harvard University Press, 1998, p. 27.

状态中，人一开始就是自由、平等、和谐地生存着的，因此，人天生享有生命、自由、平等、财产等各项权利。

近代法律正当性从超验模式向经验模式转移，不仅发生在自然法学传统的内部，也发生在功用主义和历史法学等自然法学的外部，功用主义试图将现代法律的正当性建立在功用的基础上，实际上就是建立在人的利益基础上，并且这种利益，就是一种实实在在的感官和心理的快乐，其经验基础一览无余；历史法学以民族精神作为法律正当性的基础，相较于近代的自然法传统和功用主义，只不过是将法律正当性的基础从个体的人转换成了民族——一些特定群体的人之聚合。民族精神并不是上帝的造物，也不是来自于另一个神秘莫测的理念世界，它是由一个民族鲜活的历史生活构成的，从这个意义上说，显然，民族精神也是以经验为基础的。

近代法律正当性从超验模式向经验模式转移，说到底，就是法律正当性基础从神向人转变，比如功用主义法律正当性就将法律正当性的基础建立在人的快乐之上；历史法学将法律正当性的基础建立在一个民族的由民族的生活史所呈现的民族精神之上；而古典自然法学则将法律正当性的基础建立在人的自然权利之上，这种自然权利总体上也是植根于人的欲求或社会状态。不过，在自然权利的具体保障问题上，各家的说法并不一致，霍布斯所设想的是立宪君主制，通过君主立法来保障人的根本权利；洛克则以一种现实主义的审慎，提出有限政府的伟大构想来保障自然权利；卢梭则从人民主权的思路去构想自然权利的实现，他特别重视法律的作用，提出了对于法律的同意学说，开现代法律正当性范式之先河。

第二节 法律正当性：从实质到形式

韦伯的"祛魅"、尼采的"上帝死了"固然是对近代世界转型的精当描述，但是在此之前差不多一个世纪，休谟已经提出了这个想法，休谟把它叫做"事实与价值的二分"①。就神圣价值从公共生活中遁去而言，在某种意义上，与其说"祛魅""上帝死了"，确实还不如像休谟那样说"事实与价值二分"来得准确和彻底。"事实与价值二分"意味着事实与价值分属两个截然不同的世界，它们之间无法沟通彼此。② 价值就是"魅"，事实与价值二分意味着价值不可能获得事实性的基础，不可能获得经验性证据的支持。而近代确立的科学范

---

① 参见〔英〕休谟：《人性论》（下册），关文运译，商务印书馆 1980 年版，第 509—510 页。
② 参见唐丰鹤：《在经验和规范之间：正当性的范式转换》，法律出版社 2014 年版，第 155—156 页。

式恰恰认为知识和真理都只能局限于有经验证据支持的、本质上属于事实范畴的那些知识,我们把这种真理观叫做"经验性的真理观"①。而价值因为不可能跨越事实与价值二分的鸿沟,所以也就不可能取得知识和真理的地位,它顶多只是一种意见、一种玄想、甚至可以被视为胡说八道。它只能停留在个人信念的领域,而无法充任公共领域的正当性地基,正如任剑涛先生所说:"在现代祛魅的过程中,神圣因素遁入私人生活领域,理性主宰公共事务领域,促成了一个公私领域截然分离的二元世界。"②事实与价值二分的影响十分深远,在某种意义上现代社会的价值主观主义、价值多元主义、价值相对主义、价值虚无主义等现象或思潮的出现正是其逻辑的延伸,对此,我们可以略述如下:(1) 价值主观主义。价值主观主义是事实与价值二分的直接推论。按照事实与价值二分理论,不可能从事实中得出价值,也就意味着价值没有事实基础,是纯粹主观的,这就导致了价值主观主义。价值主观主义就是说价值只是一种个人偏好,只是一种个人口味,是因人而异的,是个人的主观选择,因此,并不存在一种公共的、客观的价值,即使存在这种公共的、客观的价值,也只是一群人偶然的口味相同而已。按照价值主观主义,价值的公共性就被废除了,任何价值就失去了它可能具有的规范性意义,价值也不可能成为我们公共生活的基础。价值主观主义几乎必然会导致价值多元主义、价值相对主义,甚至是价值虚无主义。(2) 价值多元主义。价值多元主义是现代社会的一个标签,它被以赛亚·伯林(Isaiah Berlin,1909—1997 年)、约瑟夫·拉兹、约翰·格雷(John Gray)等英国政治思想家所明确表达,按照他们的理解,价值多元主义是指如下思想:人们可以自由地持有任何价值观念;这些价值观念常常相互对立;这些价值观念之间不可通约;这些价值观念无法区分是与非,亦无法区分高与下,无法对它们进行一种辞典式排序。③ (3) 价值相对主义。价值相对主义有别于价值绝对主义,即强调任何价值都不是绝对真理,都不是普世性的,都不能要求唯我独尊,任何价值都是相对的,它们只在特定的情境下才具有合理性。(4) 价值虚无主义。价值虚无主义就是说一无所信、一无所守,世界没有意义、目的和归宿,人生只是有一种偶然的遭遇,没有目的、没有价值、没有意义、没有方向,活着就是活着,放任

---

① 实际上休谟就已经将知识限定于事实的知识与观念的知识,最终都依赖于经验。请参见〔英〕莫里森:《法理学:从古希腊到后现代》,李桂林等译,武汉大学出版社 2003 年版,第 114 页以下。

② 任剑涛:《祛魅、复魅与社会秩序的重建》,载《江苏社会科学》2012 年第 2 期。

③ John Gray, Where Pluralists and Liberals Part Company, in Maria Baghramian and Attracta Ingram eds., *Pluralism: the Philosophy and Politics of Diversity*, Routledge, 2000, pp. 87-88.

享乐、追求利益。"惟有在我们的感官感知中获得的、亦即被我们亲身经验到的存在者,才是现实的和存在着的,此外一切皆虚无。"①

"祛魅"或"事实与价值的二分"之后,人类社会就此进入了一个多元的社会。由于没有了一个统一的"魅",没有了一个价值主宰,也就没有一个绝对的真理。多元社会的核心理念就是不承认任何绝对的真理,自然不是绝对的,上帝不是绝对的,佛陀也不是绝对的。任何思想、任何言论都是可错的,所以,任何思想、任何言论均可以表达,但是却没有任何思想、任何言论可以说自己是唯一真理而压制不同的声音。所以,多元社会,没有任何真理,一切都只是意见,分歧由此成为多元社会最具标识性的特征,杰里米·沃尔德伦(Jeremy Waldron)指出,在现代社会,人们几乎对所有的事物,都存在一种根本的分歧,比如说我们对于上帝、价值、原则、美德、功过、有意义的生活、权利义务、民主、人性尊严、如何对待动物、如何处理冲突等都存在严重的分歧或者对立,并且对如何解决这些分歧也不存在一致意见。②

祛魅之后的社会是一个多元化的社会,多元社会是一个不承认绝对真理的社会,多元社会的基本洞见就是假设任何观点都是可错的,在多元社会中,根本没有绝对真理的地位,而有的只是意见的表达,多元社会也许唯一必须被公认的就是事实性的知识了,比如自然科学的定理,即使在多元社会也被广泛地接受。另一方面,即使自然权利、民族精神、功用这些都是有事实根据的,但是把它们当作法律正当性的基础这一做法却是彻彻底底的价值判断,一个人也许可以毫无阻碍地承认功用与民族精神的存在,但是并不代表他同样必须承认,功用与民族精神构成了法律正当性的基础。在这里,实际上存在着两个命题:

命题1:功用与民族精神是有事实根据的,是真实存在的。

命题2:我们应该把功用与民族精神当作现代法律正当性重建的根基,即承认法律的功用正当性或法律的民族精神正当性。

很显然,承认命题1并不意味着承认了命题2,命题2本质上是一个价值判断,对于这种价值判断,多元社会认为这只是你的一家之言,并不是普世真理。实际上,分歧才是多元社会的根本特质。在这样一个分歧的多元社会里,我们不难发现,为什么任何实质性的法律正当性都必然会走向穷途末路,因为实质性的法律正当性具有一个与多元社会本质上就冲突的特征,那就是不可包容性。在多元社会中,一个人或一个学派相信法律正当性的基础是民

---

① 〔德〕海德格尔:《尼采》(下),孙周兴译,商务印书馆2002年版,第669—670页。
② 〔美〕杰里米·沃尔德伦:《法律与分歧》,王柱国译,法律出版社2009年版,第230页。

族精神，只要他（们）是发自真诚地相信，那就意味着他（们）将自己提出的命题2当作了唯一的真理（起码在法律正当性这个议题上），他（们）相信另一部分人将功用作为法律正当性的基础是一种谬误，反之亦然。但是这样一来，他们就与多元社会的基本框架是内在冲突的，多元社会是不承认有绝对真理的社会，是包容各种分歧观点的社会，而实质性的法律正当性却主张自己的命题2是唯一正确的，比如说，如果全社会真的接受了历史法学的命题2，认其为真理，那么就必然反对功用主义提出的命题2，视其为谬误，甚至是异端（像中世纪教会所做的那样），那么，这还是多元社会吗？这还是祛魅之后的社会吗？所以，不仅是历史法学的民族精神正当性命题、功用主义的法律功用正当性命题，实际上，只要是任何实质性的法律正当性命题，都会面临现代多元社会的这一拷问，都是无法获得普世地位的。职是之故，我们可以非常自信地说，任何实质性的法律正当性范式在多元社会中都会铩羽而归，由此，法律正当性几乎必然要转向形式性的范式，形式性的法律正当性范式恰恰可以容纳各种不一样的实质性价值共存，从而完美地与祛魅后的多元社会契合。

第三节　法律正当性：从形式到程序

由于实质性法律正当性遭遇的困境，所以，随着现代性的深入展开，形式性法律正当性逐渐取得了支配地位，成为一种普遍蔓延的法律正当性范式。法律的科学理性正当性与近代科学革命一起成长，试图将现代实证法的正当性建立在科学的形式和科学理性之上；法实证主义基于合法性的正当性把法律的有效性与正当性建立在基础规范或承认规则的授权之上，却对基础规范或承认规则的合道德性只字不提；法律的内在道德正当性模式把现代实证法的正当性建立在一系列形式化的内在道德之上。这三种法律正当性模式的共同之处在于，无论是科学理性、基础规范、承认规则，抑或是内在道德，它们本身均是形式化和空心化的，在实质道德上均采取一种包容性、任意性的立场，可以被任何一种实质道德侵占却没有任何反抗意识，正是在这个意义上，我们说以上三种法律正当性模式属于形式性的法律正当性范式。

在祛魅，在多元社会，在现代性——这三者之间是彼此勾连的关系——的大背景下，这些形式性的法律正当性不敢对法律的实质内容提出任何具体的要求，另一方面，法律本身又不可能不体现任何价值，所以，最终，从这种形式性的法律正当性出发，现代实证法从源头上就被认为可以体现任意一种价值，比如说，一种反映基督教道德的现代实证法可以是合乎科学理性、基础规范、承认规则抑或是内在道德的;同样,一种反映反基督教道德的现代实证法也可以是合乎科学理性、基础规范、承认规则抑或是内在道德的。由于形式性法律正当性范式对法律的实质内容在道德上采取一种放任的态度——实际上,这正好反映了形式性法律正当性的道德包容性,它与现代多元社会本质上是相通的——这其实就是对法律采取一种价值相对主义的立场,而此种立场,曾经遭遇惨痛的打击。

  拉德布鲁赫便曾经采纳这种相对主义的法律态度。拉德布鲁赫的理论脉络属于新康德主义的西南学派(主要代表人物是文德尔班和李凯尔特,强调区分自然科学与人文科学),他深受康德的影响,而康德又受休谟的影响,接受事实与价值的二分,是与应当的分离,认为从是中无法推导出应当,"依据康德哲学,从存在的事物不可能演绎出价值、正当与当为。无论任何事物绝不能仅因其存在,或曾经存在或将会存在而作为其正当化的理由。"[①]拉德布鲁赫受康德的影响,同样接受事实与价值的二分,是与应当的分离,从事实中无法推导出价值,从是中无法推导出应当,这实际上就是把知识分成了两种:事实性知识,有经验支持,是真实的;价值性知识,不可能找到经验证据来支撑,是虚假的。事实与价值的二分,意味着应然价值不可能从事实层面得到支持,也就意味着价值本质上只是一种主观想象之物、一种没有科学根据的臆测,"依据康德式二元论方法,就意味着我们不可能从'什么是'中合乎逻辑地得出'什么是富有价值的'、'什么是正确的'、'什么是应当的'。即承认应然命题只能从其他的应然命题中演绎地推出,而不能从实存的事实中归纳地推出。拉德布鲁赫以此承认了终极价值的不可知论,它只能来源于信仰。"[②]后来逻辑经验论者卡尔纳普忠实表达了并进一步发展了这种观念,他将知识分为三种:第一种是经验知识,即可经验地加以证实的知识;第二种是分析知识,即可逻辑地加以证实的知识,这种知识可以从一个经验知识中经由逻辑推演而得出;第三种知识既非来自于经验,亦非来自于分析,它们包括形而上学知识、宗教知识、道德知识、规范知识和伦理知识,这些知识由于既不能用经验证实,也不能从经验陈述中逻辑地推演出来,因此,这些知识是不可理喻的。对于卡尔纳普来说,只有前两类分别以培根与笛卡儿为代表的知识才是有效的知识,或真理,而第三类知识由于不能断言其真假,所以它们应

---

  ① 林文雄:《拉德布鲁赫的法理念论——以其正义论为重心》,载杜钢建主编:《法治湖南与区域治理研究》(第3卷),世界图书出版公司2011年版,第6页。
  ② 季涛:《法哲学的阿卡琉斯之踵——论拉德布鲁赫对法律神学的知识立场》,载《同济大学学报》2006年第5期。

该被从有效知识的领域中清除出去。①

不过,拉德布鲁赫注意到,人不可能不采取某种价值立场去生活,既然所有的价值归根到底都是虚幻,都是没有根据的,那么,我们怎么知道去采纳何种价值才是正确的呢?拉德布鲁赫认为,这个问题只有诉诸决断,拉德布鲁赫说:"相对主义属于理论理性,而非实践理性;这意味着它放弃了对终极价值决断进行科学证明的企图,但却并未放弃这种决断本身。"②决断就是说每个人决定自己要去信仰、采纳何种价值,这背后没有什么道理可讲,对价值的信念就像一个人喜欢红色,另外一个人喜欢蓝色一样,只是一种审美,没有理据,也没有高下对错之分。你信仰为神的价值,在别人眼里可能完全是魔鬼,反之亦然。

此种立场,拉德布鲁赫并不是首创,早在马克斯·韦伯——他同样受休谟、康德的影响——那里,此种立场已经以一种"高贵的虚无主义"的面貌出现了,虚无主义意味着一无所信,而"高贵的虚无主义"是说,既然各种价值立场之间存在冲突,却在现代多元社会的框架中被认定为没有高下对错之分,无法坚持一个,而剔除另外一个,大家即使再不对胃口,都必须共存。这样,就会形成"诸神之争",对于这种"诸神之争",多元社会的基本框架是让他们相互共存,彼此竞争。而作为个人,我们不能什么都不信,但是又没有一个政治权威告诉我们哪个才是真神或真理,这样,我们只能选择一个我们所相信的,或者说合我们口味的价值观去信仰、去追随。当然,如此一来,张三追随的价值或神,在李四眼里,很可能是魔鬼,反之亦然。然而,不论如何,此种立场,总是有所相信,这种有所相信的态度就是所谓的"高贵的虚无主义"③。它并不是彻底的虚无主义,因为它并非什么都不信,但是它最终是一种相对主义,因为他所信的只不过是他的一种决断而已,真理性是无法保证的,也无法成为社会的公共信仰,只是一种个人信念罢了。

那么,基于这种相对主义态度,拉德布鲁赫所决断和追随的价值是什么呢?他认为法律应当体现三种法理念④:首先是一种形式化的正义,即"同样情况同样对待,不同情况不同对待"意义上的平等,它是一种形式化要求,对法律的具体内容并没有提出任何要求;其次,是合目的性,基于实践理性的考量来决定法律的具体内容;最后,是法的安定性,它要求法的实证性与稳

---

① 参见〔美〕卡尔纳普:《通过语言的逻辑分析清除形而上学》,载洪谦主编:《逻辑经验主义》上卷,商务印书馆1982年版,第31—32页。
② 〔德〕拉德布鲁赫:《法哲学》,王朴译,法律出版社2013年版,第14页,翻译有改动。
③ 〔美〕列奥·施特劳斯:《自然权利与历史》,彭刚译,生活·读书·新知三联书店2003年版,第50页。
④ 〔德〕拉德布鲁赫:《法哲学》,王朴译,法律出版社2013年版,第81—86页。

定性。

在这些价值中,彼此可能发生激烈的矛盾冲突,主要有:(1) 形式正义与合目的性的矛盾;(2) 法的安定性与合目的性的矛盾;(3) 以形式正义和合目的性为一方、以法的安定性为另一方的矛盾。拉德布鲁赫认为这些矛盾可以被认识,但是不能被解决,这三个价值共同控制着法律,要决定哪个原则居于决定地位"在不同的时代会有不同的倾向"①。

从拉德布鲁赫的论述可以看出,他对法律采取一种价值相对主义、形式化的立场,他所谓的正义只是一种形式化的平等,并没有决定法律的实质性价值取向;合目的性决定了法的具体内容,但是却与法律的道德化无关,它所追求的只是实践理性意义上的妥当性;法的安定性理念就更不会对法的道德内容提出任何要求了。所以,拉德布鲁赫心中的法律是一种道德任意的法律,这也是跟他的价值相对主义立场相吻合的。

然而,随着纳粹战争本质的败露,第二次世界大战后拉德布鲁赫对于法律的看法发生了根本的转变②,他意识到法律价值上的相对主义态度可能造就极端邪恶的法律,并为任何暴行背书。经历了第二次世界大战的拉德布鲁赫在战后对此痛定思痛,他在《制定法的不法与超制定法的法》一文第三部分的开始处写道:"事实上,实证主义'法律就是法律'的信念,已使德国法学界失去了自卫能力,从而抵抗具有暴政、犯罪内容的制定法。此种信念,也使得实证主义完全失去了运用自己的力量来证立制定法有效性的能力和机会。实证主义相信,既然制定法享有自我施行的权力,那么制定法的效力就已经得到了证明。"③在这里,拉德布鲁赫把纳粹篡权和纳粹暴政的根源指向了法实证主义,这是个辞不达意的说法,所以遭到有力的反驳并不奇怪。④ 但是,

---

① 〔德〕拉德布鲁赫:《法哲学》,王朴译,法律出版社 2013 年版,第 85 页。
② 关于拉德布鲁赫思想的变化与连续的讨论可以参见陈灵海:《诗与真:拉德布鲁赫法哲学转向的当代诠释》,载《浙江社会科学》2008 年第 2 期。林文雄先生认为,拉德布鲁赫一生中,其法理念所显现的正义三要素是有变动的。1914 年以前,在法哲学纲要,他强调合目的性。在 1932 年后的代表著《法哲学》,他强调法安定性。在 1945 年后的法哲学导论,他却强调正义的优先地位。参见林文雄:《拉德布鲁赫的法理念论——以其正义论为重心》,载杜钢建主编:《法治湖南与区域治理研究》(第 3 卷),世界图书出版公司 2011 年版,第 30 页。
③ Gustav Radbruch, Gesetzliches Unrecht und übergesetzliches Recht, in: *Gustav Radbruch, Gesamtausgabe*, hg. v. Arthur Kaufmann, Bd. 3, Müller, 1990, S. 88.
④ 例如,霍斯特·德莱尔(Horst Dreier)认为,法实证主义无论在魏玛时期还是在纳粹时期的理论与实务中都不是支配性的思潮,它的影响力早在二十世纪二十年代就已消退,纳粹的法律思想和法律实践并不要求法律人严格适用制定法的规定,相反,它要求法官依据纳粹的指导思想和基本价值原则去灵活地解释制定法,因为纳粹时期的大量制定法继受自魏玛时期而未加变更。拉尔夫·德莱尔则指出,法律人在第三帝国期间的行为最好被理解为"对(纳粹)制定法的盲目服从"与"纳粹自由法律思维"的结合。参见雷磊:《再访拉德布鲁赫公式》,载《法制与社会发展》2015 年第 1 期。

也就是辞不达意而已,从根本上说,拉德布鲁赫的批评与反省并没有错,只不过,对纳粹暴政起推波助澜作用的,可能并不是(不完全是)法实证主义,而是那种祛魅后的价值相对主义与虚无主义(所以,批评者抓住法实证主义来批判拉德布鲁赫,可能并没有抓住问题的症结),法实证主义只是这种价值相对主义与虚无主义一种表现形态而已,当然,它也是一种最极端和最纯粹的表现形态,从这个意义上讲,拉德布鲁赫对法实证主义的批评并无大谬,事实上,算得上入木三分。

价值相对主义和虚无主义导致了形式性法律正当性的上台,因为只有形式性标准才能容纳各种不同的价值共存,"众神共欢",但是相对主义在"有容乃大"的同时,却也容忍了最邪恶暴政的可能,正如纳粹暴政带给人类的切肤之痛那样真切。

对此,另外一位几乎与拉德布鲁赫同时代的法学家卡尔·施密特(Carl Schmitt,1888—1985年)无疑看得更透彻,说得更彻底。卡尔·施密特对这种价值相对主义进行了入木三分的针砭,他认为这种相对主义立场就是一种技术化、中立化、理性化,它对真理与谬误都无动于衷,只是一味地想要保持中立,对是非黑白保持缄默,施密特颇为尖刻地说:"一种神奇的理性机制永远都以同样的认真和精确满足这种或那种需求,无论是对丝绸衬衣的需求,还是对毒气或其他任何东西的需求。"①

最终,拉德布鲁赫幡然醒悟,他在第二次世界大战后改变了自己的立场,他批判实证主义;宣告纳粹法不是法;肯定英美盟军处理纳粹法的方式;呼吁反抗极端的恶法。② 他说:"正义与实证法的安定性之间的冲突应该这样来解决:一般来说,实证的、由立法和国家权力作保的法律具有优先地位,即使其在内容上是非正义的或是不合目的的;不过,一旦实证法与正义之间的冲突达到了一个让人不能容忍的程度,此时,作为'不正确法'的实证法就必须向正义屈服。在实证法因为不正当而彻底失去效力与实证法虽然内容上有一定程度的不正确但仍然有效的情形之间,我们不可能划定一个清晰的界限,但是,我们仍然可以最大限度明确地划定另一条界线:在正义被彻底背弃的地方,在构成正义之核心的平等被有意否认的地方,法律就不仅仅是一定程度的不正确了,毋宁说它压根就不是法。"③

---

① 〔德〕施米特:《罗马天主教与政治形式》,刘锋译,载刘小枫编:《政治的概念》,上海人民出版社2003年版,第70页。
② 林文雄:《拉德布鲁赫的法理念论——以其正义论为重心》,载杜钢建主编:《法治湖南与区域治理研究》(第3卷),世界图书出版公司2011年版,第18页。
③ Gustav Radbruch, Gesetzliches Unrecht und übergesetzliches Recht, in: *Gustav Radbruch, Gesamtausgabe*, hg. v. Arthur Kaufmann, Bd. 3, Müller, 1990, S. 89.

在祛魅的时代,人们对价值采取一种相对主义的立场,法律正当性范式由实质性范式转向形式性范式,以容纳各种不同的价值共存共欢,然而,在皆大欢喜的背后,却敞开了邪恶法律乘虚而入的大门,无疑要对纳粹暴政负上一份责任,这也同时意味着,法律的形式性正当性进路可能"此路不通"。

质言之,法律的形式性正当性之所以"此路不通",是因为它片面强调法律的形式性标准,却不敢对法律的内容提出任何实质性要求,因而它也就不能保证法律自身的善良,从而埋下了"恶法之治"的隐患。由此,现代法律正当性必须另寻出路。

第四节　法律正当性的程序主义转向

在此背景下,一种新的法律正当性范式进入了我们的视野,那就是"同意一程序"的法律正当性范式。

同意理论首先是一种有关政治学说的理论,它致力于解释政治的正当性问题,解释公民的政治服从义务从何而来的问题,霍布斯就曾提出:"所有主权者的权力从根源上说都是经过被统治者每一个人的同意而来。"①洛克以更加明确的语气说道:"人类天生都是自由、平等和独立的,如不得本人的同意,不能把任何人置于这种状态之外,使受制于另一个人的政治权力。"②很显然,按照同意理论,主权权力来源于公民的自愿同意,该理论认为,我们所自愿同意的政治权力当然对我们来说就是正当的,对于我们已经同意接受的权力,我们当然也自愿地服从,服从这种权力其实就是在服从自己,所以,由此而组织的社会,就体现了一种同意的自治。同意理论的好处是显而易见的。首先,它迎合了现代社会的世俗化转型,把政治权力从悠远高渺的"君权神授"转换成了人民的同意;其次,在一个世俗的基础上,它说明了公民服从义务的由来以及此种义务的限度。按照同意理论,公民所负有的政治义务恰恰是公民自己给自己施加的,因此,其限度限制在公民同意的范围内;最后,同意理论确认了公民的主体身份,而主体性的确立恰恰是现代性的标志。③按照同意理论,国家基于公民同意而存在,其目的在于保障公民权利,如果违反了这一宗旨,公民有权反抗。

这种理论同样可用于法律,法律为什么是正当的?为什么具有效力?公民为何要服从法律?当那些超验性的证成路径被釜底抽薪之后,对此,亦同

---

① 〔英〕霍布斯:《利维坦》,黎思复、黎廷弼译,商务印书馆1985年版,第464页。
② 〔英〕洛克:《政府论》(下篇),叶启芳、瞿菊农译,商务印书馆1982年版,第59页。
③ 〔德〕哈贝马斯:《现代性的哲学话语》,曹卫东等译,译林出版社2004年版,第19—21页。

样可以用同意理论进行说明,按照同意理论,法律正当性的基础即在于公民的普遍同意,他们都接受法律的身份,承认它具有约束力,都同意受法律的辖制,法律正因为获得了公民的普遍同意或接受而被视为正当。

在此,所谓"同意"指的是行为者用来在自己与同意对象之间创立一种特定权利义务关系的行动。弗雷斯曼(Richard Flathman)指出,同意必须符合四项条件:(1) 行为者必须对同意的对象有所认识;(2) 他有同意的意愿;(3) 他将自己同意的意愿向外作了表示;(4) 同意的意思表示是真实自愿的。① 同意包括明示同意(express consent)与默示同意(tacit consent)。对于默示同意而言,除了上述四项条件外,还应该加上另一项条件:(5) 在沉默被当作同意的场合,行为者对自己沉默行为的含义有明确的认识,即他知道在这种场合,自己保持沉默即意味着是在表示同意。②

同意理论面临很多现实的困难③,比如说,明示的同意可能只能存在于想象中的社会契约里,而即便原始的社会契约确实存在,那祖先的契约如何能够约束后来的世世代代人呢?由于这种明示同意碰到的困难,一部分政治理论家转向了默示同意理论,该理论认为只要一个人没有退出这个国家,也就是移民,即视为是对该国制度的默示同意,但是对很多人而言,这不真实,因为移民的条件很高,所以,按照这种理论,很多人就存在被迫同意的情况——这已经背离了同意这个词的初衷。同意理论面临的更加根本的困难是,如果正当性的基础只在于公民的同意,那么国家就可以通过意识形态宣传、灌输、洗脑、愚民教育等方式来获得这种同意。这种同意没有对同意对象的品质提出要求,是不足取的。④ 因为这些困难,现代政治与法律的正当性,逐渐向着程序的方向转化,试图用共识来取代同意,以作为现代政治与法律正当性的基础。

在此必须首先说明的是,我们所讲的程序特指一种哈贝马斯式的程序,即通过理想商谈来汇聚、整合各种意见并达成共识的程序。程序理论在某种程度上是同意理论的延续和改进。程序延续了同意理论的核心理念,即法律正当性的基础在于公民的同意,程序的产出是共识,而共识显然是一种大家都同意的东西。所以,从这个意义上讲,以程序共识作为现代法律正当性的基础,就如同同意理论一样,把法律正当性的基础建立在公民的认可与接受

---

① Richard Flathman, *Political Obligation*, Atheneum, 1972, p. 220.
② John Simmons, *Moral Principles And Political Obligations*, Princeton University Press, 1979, pp. 80-81.
③ 参见毛兴贵:《同意、政治合法性与政治义务——现代西方同意理论述评》,载《哲学动态》2009年第8期。
④ John Simmons, Justification and Legitimacy, *Ethics*, Vol. 109, 1999, pp. 749-750.

上。同时，程序又可以巧妙地回避对于同意理论的一些诘难，比如程序商谈的持续进行，可以解决同意的代际隔断问题；程序的开放性可以解决公民无法参与只能默示同意、甚至强迫同意的问题；最根本的是，程序依靠理性对话达成共识，它排斥那种依靠洗脑、愚民式的宣传而获得的虚假同意，而追求一种真心诚意的同意。

更妙的是，同意—程序的法律正当性范式还能与现代社会新的世界观相容。在现代性的大背景下，一种新的法律正当性范式要想立得住脚，似乎不能与大的时代背景相睽违。因此，新的法律正当性范式首先必须立足于经验，因为在祛魅的世界观背景下，在经验性真理观之下，若再把法律正当性建立在无法验证的神祇与哲学家自说自话的自然之上，似乎再也无法获得支持；其次，新的法律正当性范式必须能够容纳不同的价值主张和完备性学说，毕竟我们处在一个价值多元的社会，各种价值观念和完备性学说层出不穷，并且不乏内在的合理性，更致命的是，我们的确难于知道绝对真理是否存在，或者存在的话它又是指代什么？再次，新的法律正当性范式又不能完全空心化，它必须能够保证法律的基本道德底线，必须对法律的品质作出承诺。以此观之，现代法律正当性范式之所以转向程序主义，并不是没有原因的，因着我们所讲的程序，正复具有以上品质，或者说，可以满足以上条件。

首先，程序的立足点是经验世界。我们所讲的程序，是一种旨在收集、整合各种意见的装置，它立足于具体的社会生活。程序的参与者是社会公民；程序的投入是具体公民的意见、主张或理由；程序的产出是社会共识；程序的作用过程则是平等、自由、没有强制的交流与对话。显然，这样一种程序，无论素材（即公民意见）、过程和结果，都立基于具体的社会土壤，是经验性的。

其次，这种程序具有形式的维度。我们所说的形式性主要是指程序的中立性与包容性。在多元社会，每个人都是一个"小神"，每个人持守的信念和价值观则是每个人存在的标识，所以，在多元社会，任何正当性装置都必须能接纳包容各种不同的价值，容忍"众神共欢"，这是它能被接纳的前提条件，而程序恰恰是具有这种中立性和包容性的政治装置。这是因为，一方面，程序具有中立性。程序的中立性指它在多元社会的诸多价值面前保持一视同仁的态度，在某种意义上，程序就像是一个自由的舞台，它允许百花齐放、百家争鸣，以此保留社会的多样性和创造性，以及对个人的根本性尊重；程序的中立性也意味着它对多元社会不可避免的"诸神之争"保持不偏不倚的立场，在此意义上，程序就像一个空旷的竞技场，在这里，多元社会的各种价值上演着优胜劣汰、物竞天择的生存之争，但是程序本身并不会带着特定的立场介入其中。

另一方面,程序的中立性在很大程度上也决定了程序的包容性,正因为程序对各形各色的价值都不偏不倚,所以它才容纳各形各色的价值之花在同一块场地上竞相开放,而如果程序失去了这种中立性,要对各种价值评定对错,进行辞典式排序的话,那么,显然,只有获得它认可的价值才可能拿到入场券,并进而对社会形成价值强制和价值主宰。果真如此,这样的社会就不再是一个包容多样性的社会,一个多元开放的社会,而是一个专断独裁的社会。

最后,这种程序具有实质的维度。我们讲的程序不仅是形式性的,容纳各形各色的价值共同竞技,并对它们保持一种价值中立的立场,而且这种程序还可以从分歧中达成共识,通过各种价值和观念之间的交流、对话,求同存异,消弭争议,对法律正当性基础问题形成共识性观念,这就是此种程序的整合性特质。它把各种分歧的意见整合成一个被普遍接受的共识,并以此作为现代法律正当性的基础。"如果说多元化的价值只是一种程序的投入的话,那么经过程序的整合甚至可以说是化学反应,程序的产出乃是一种融合各种分歧的共识。或者以卢梭的话来说,程序的投入乃是因人而异的众意,而产出却是寓万于一的公意了。"①

正如前文所说,形式性法律正当性的缺陷很大程度上在于它不能保证法律自身的善良,而程序性法律正当性所整合的社会共识试图把自身的真理性和道德性建立在真诚的对话意图和理想的对话程序之上,更重要的是,建立在所有程序参与者的切身利益的基础上,所以,它在实质内容上也有望克服形式性法律正当性范式的内在缺陷。

第五节 结 语

在"祛魅"的时代大背景下,现代社会的法律正当性经历了几次范式转型:首先是从超验转向经验,这一点在自然法传统内部表现得十分明显,古代的自然法是由诸神或上帝背书的超验自然法,到了近代,一变而为人本主义的人权自然法。与此同时,法律的功用思想和历史法学更加彰显了法律正当性从超验向经验的转变。其次,随着现代性进程的加深,法律正当性的范式又从实质转向了形式,这是因为,任何实质性的法律正当性主张出自理论真诚都必须自称具有唯一合理性,但是在一个"无真理的时代",是不容许有主张以真理自居的,而形式性的法律正当性类型,因为其主张只涉及法律正当

---

① 唐丰鹤:《在经验和规范之间:正当性的范式转换》,法律出版社2014年版,第266页。

性必须具备的形式性要求,所以反而能够容纳不同的实质性价值相互竞争,与现代社会"真理要通过相互竞争来证明自己"的"市场性真理观"相吻合。不过,纯粹的形式性法律正当性类型,虽然可以与多元化社会相容,但是它完全放弃了对法律之实质性价值的要求,无疑会丧失对恶法的批判力,不免沦为替恶政辩护的工具,并不足取。法律正当性的范式还需继续进化,哈贝马斯式的程序性的法律正当性类型由此显示出其生命力,这是因为,它一方面可以借助程序的中立性和包容性而容纳不同的实质价值相互竞争,从而与多元社会相合;另一方面它又可以借助程序的理想商谈来达成社会共识或公意,从而保证法律的合道德性。

第十章　程序性的法律正当性

正如前文所交代的那样,我们所理解的程序并不是或不止是简单意义上理解的那种步骤和手续,而是一种有容乃大的政治装置———一种以理想商谈为内核,以意见为投入,以共识为产出,熔经验性与规范性为一炉,合形式性与实质性为一体的大程序。这种大程序可以理解为一个包罗万象的中立性平台,它容忍各种价值在平台上自由驰骋竞争,并不事先预设对错的标准;但是它又通过对理想的参与者与理想的对话规则的设定,来确保程序产出的道德可欲性。总之,这种大程序是应现代社会而生的一套正当性工具,它吻合了现代人的主体多样性要求(表现为各种各样的价值观),却也没有放弃满足实质正义的基本要求。

这种大程序立足于哈贝马斯的双轨制审议民主理论,是一种包含双轨制民主商谈的现代政治装置。为了弄清楚这种大程序的来龙去脉,我们必须对哈贝马斯的相关理论稍作介绍。粗略而言,在哈贝马斯的理论体系中,社会分为两大部分:负责文化再生产的"生活世界"(life world)和负责物质再生产的"系统"(system)。生活世界可以再分为两个部分:一个是私人领域(private sphere),主要指市场①和家庭,核心是以亲密性为特征的领域;一个是公共领域(public sphere),即那些允许公民通过公开的和合理的对话以形成社会舆论的社会机制。② 系统也可以分为两个部分:一个是经济系统,即市场经济或商品经济系统;一个是政治系统,即国家、官僚和行政系统。藉由哈贝马斯生活世界与系统的两分,以及对公共领域与私人领域的二元划分,科恩(Jean Cohen)与阿雷托(Andrew Arato)引入传统的公私二元维度将哈贝马斯的社会观描述成一个四元的模型③:

---

① 市场具有一定的公共性,但是,市场上待售的商品本质上家庭私有的,所以,市场还是应该被理解为是私人领域。参见王晓升:《"公共领域"概念辨析》,载《吉林大学社会科学学报》2011年第4期。
② 〔美〕安德鲁·埃德加:《哈贝马斯:关键概念》,杨礼银、朱松峰译,江苏人民出版社2009年版,第143页。
③ 〔美〕简·科恩、安德鲁·阿雷托:《社会理论与市民社会》,时和兴译,载邓正来、J.C.亚历山大主编:《国家与市民社会———一种社会理论的研究路径》,中央编译出版社1999年版,第190页。

哈贝马斯的四元社会模型

	公	私
系统	政治子系统	经济子系统
生活世界	公共领域	私人领域

在哈贝马斯的商谈理论中,公共领域扮演着十分重要的角色,一开始,哈贝马斯认为公共领域只存在于生活世界中,后来,由于受到南希·弗雷泽(Nancy Fraser)的启发,他接受政治系统中也存在着一个公共领域,即政治系统中的商谈与议事机制(主要就是指现代国家的议会)。弗雷泽将生活世界中的公共领域称为"弱公共领域"(weak publics),而将政治系统中的公共领域称为"强公共领域"(strong publics)。① 哈贝马斯意识到,政治商谈的核心就在于这两个公共领域各自的商谈与相互的联动,由此,他提出了所谓的双轨制审议民主理论(双轨其中一轨指的是生活世界中的公共领域,即弱公共领域;另一轨是政治系统中的公共领域,即强公共领域)。双轨制审议民主理论的要义在于:通过强、弱两个公共领域的理想商谈,并由强公共领域向弱公共领域负责,从而建立一种自下而上的民主。

借鉴哈贝马斯的四元社会模型,并立足于他的双轨制审议民主理论,我们可以设计一种双轨制商谈程序,以此来作为重建现代法律正当性的装置。这种双轨制商谈程序的总体框架可以图示如下:

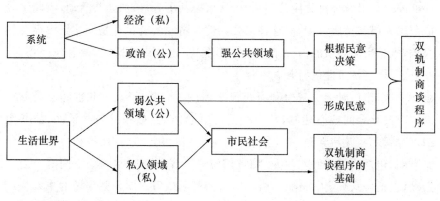

如图所示,这种双轨制民主商谈程序,其基础在于市民社会的一系列建制,主要框架则是强、弱两个公共领域,而行动规则则是一套理想的对话准则。要而言之,这种双轨制民主商谈程序的主旨在于,它以市民社会中的自

---

① Nancy Fraser, Rethinking the Public Sphere: A Contribution to the Critique of Actually Existing Democracy, in Craig Calhoun(ed.), *Habermas and the Public Sphere*, The MIT Press, 1992, pp.109-142.

由意见表达为前提,通过弱公共领域的自由交往而形成民意,民意通过强公共领域的理想商谈而进入系统决策层,最终由决策机关根据民意作出决策。

第一节 双轨制商谈程序的社会基础

双轨制商谈程序的立足点是弱公共领域,而弱公共领域的基础则是市民社会,弱公共领域正是根植于市民社会的深厚土壤,并从中获得养分的,从这个意义上说,整个双轨制商谈程序赖以存在的社会基础就是市民社会。"公共领域依托于市民社会,正是市民社会作为现代世界特有的社会形式为公共领域的生存与发展提供着稳固的社会基础。"①"市民社会是公共领域的载体,强大的公共领域依赖于一个健全和充满活力的市民社会。"②

对于双轨制商谈程序而言,市民社会的基础性意义在于:

首先,市民社会为双轨制商谈程序提供了公民。公民是双轨制商谈程序的参与者,也是双轨制商谈得以进行的前提。公民在此的意思并非一个单纯的自然人,任何自然人都有两面性,首先是私的一面,即着眼于私人利益,关注私人事务;其次是公的潜能,即着眼于公共利益,关注公共事务。关注私人利益乃是人的本性,公的潜能则需要开发。市民社会一方面植根于私人领域,保留了自然人私的一面;另一方面,公民社会致力于发展公共性(publicity),引导公民关注公共利益,从事公共事务,参加公共活动,以此来养成公民人格和公民意识,而这种以公共性为特质的公民正是公共领域存在的根源,也是法律商谈的前提条件和必要配置,正如卢梭所说,没有公民,就没有公意,也就不可能进行公共审议了。

其次,市民社会为双轨制商谈程序提供了公共机构、公共空间和公共运动。市民社会的核心建制,是一些公民联合体,比如各种公共社团、公共组织,包括教会、政治党派、工会、行业协会、兴趣协会、公益社团和协会等。公共空间,包括广场、神庙、沙龙、咖啡馆、茶馆、媒体空间和网络空间等。公共运动,包括群众聚会、辩论、演讲、动员、游行示威等。弱公共领域的主要生产机制是借着公民之间的交流对话来达成社会共识,在一个大规模社会,这样一套生产机制主要依赖的并不是公民个人的对话交流,而是公民群体——这些公民群体往往由同质的公民个人组成——之间的对话交流,也就是表现为

---

① 杨仁忠:《论现代公共领域生存发展的社会机制及其学术意义》,载《学习论坛》2008 年第 7 期。
② 汪行福:《通向话语民主之路:与哈贝马斯对话》,四川人民出版社 2002 年版,第 271 页。

公共社团、公共组织在公共空间之间的交流。所以,从这个意义上讲,公共社团、公共组织、公共空间和公共运动为弱公共领域提供了基本的生产要素和生产空间,弱公共领域的商谈正是借助这些公共社团、公共组织、公共空间和公共运动来开展商谈行动的。

最后,市民社会为双轨制商谈程序培育了公共精神。市民社会的主导性价值取向是一种公共性。市民社会虽立足于私人,但是又引导个人超出私人的狭隘利益和狭隘视角,转向关注公共利益和公共事务,由此养育出了一种以公共性为标识的公民精神。这种公民精神可以说是一种共和主义精神或集体主义精神,它试图走出个人自私自利的泥沼,而把目光转向社会公共生活,积极参与社会公共事务,并以公共利益为奋斗鹄的,最终,这种面向公共利益的奋斗被证明为更有利于每个人私人利益的保全,因此,相比目光短浅的为一己之私而努力,这种奋斗显得思虑深长。对于双轨制商谈来说,如果没有这种以公共性为取向的公民精神,那么旨在实现公共利益的社会共识就是不可能达成的,实际上,如果每个人都顽固地坚持自己的一己之私,不要说社会共识遥遥无望,就连社会团结也岌岌可危。从这个意义上说,公共精神构成了人们从事公共商谈的精神原动力,也是确保公共商谈不走形变样的精神支柱。

总之,市民社会作为私人和国家之间的中间缓冲带,一方面连接了私人领域,从中吸收取之不尽的养分,把私人孤立细微的声音汇聚成黄钟大吕的振聋发聩之声,所谓"感受私人领域中的那些大家有所共鸣的社会问题,并对其进行精炼和转译,使其以一种放大的形式进入公共领域"①;另一方面,它又连接了国家权力系统,试图把私人微弱渺小的声音经过公共领域的放大传达到决策者耳中,建立一种上通下达、自下而上的民主立法模式。

第二节 双轨制商谈程序的基本框架

双轨制商谈程序的基本框架主要包括弱公共领域和强公共领域两个支点:

1. 弱公共领域。弱公共领域即哈贝马斯通常所声称的资产阶级公共领域,它实际包含三个具体的公共领域:文学公共领域、政治公共领域和科学公共领域。② 哈贝马斯主要关心的是政治公共领域,即公民就公共政治问题进

---

① Jürgen Habermas, *Between Facts and Norms: Contributions to a Discourse Theory of Law and Democracy*, translated by Williiam Rehg, The MIT Press, 1996, p. 367.
② 王晓升:《"公共领域"概念辨析》,载《吉林大学社会科学学报》2011年第4期。

行商讨所形成的意见的交往网络。按照哈贝马斯的看法,弱公共领域包含了三个构成要素:第一个构成要素是公民。公共领域的参与者是人,人有两面性,一方面,他是一个私人,拥有自己的私人利益,另一方面他是(或应该是)一位公民,他应该关注公共利益。作为一位私人,他极有可能会按照自己的特殊利益来行事,但是作为一位公民,他应该着眼于公共利益,这是因为,"公共领域不是用来保护私人利益的,而是要讨论共同的善。"① 弱公共领域的第二个构成要素是公共论坛。在哈贝马斯看来,公共领域的一个核心功能便是交流、对话,以便为多元社会的各种分歧意见找到一个表达、展示与融合的平台,所以公共领域必须提供一个交流、对话的平台或空间,也就是公共论坛。弱公共领域的第三个构成要素是公共舆论。哈贝马斯之所以对公共领域寄予厚望,是希望公共领域能够整合多元社会的各种分歧意见,形成社会共识,也就是形成公共舆论或民意(但是很多时候,形成共识实在太困难,尤其是在弱公共领域这样的开放性空间,所以,这种共识很多时候是未完成形态的,也许更合适的说法是一种主流的声音,它需要强公共领域进一步凝练)。

哈贝马斯的弱公共领域是其强公共领域的基础,相比强公共领域而言,它具有开放性的特点:它允许各种各样的人参与表达,不需要颁发许可证;它在时间和空间上没有什么限制,人们可以随时随地进入讨论,也可以随时随地退出讨论;它对各种声音和意见开放,允许它们自由地表达、展示和说服。对哈贝马斯而言,弱公共领域的这种开放性意味着什么呢?意味着它可以最大限度地容纳各种分歧和多元意见,从而与它植根其中的多元社会相契合;也意味着它最后达成的社会共识或主流意见有着最广泛的群众基础,这种共识或主流意见也因此具有正当性。

2. 强公共领域。如果说植根于市民社会的公共领域是弱公共领域的话,那么,强公共领域则指的是政治系统中的公共领域,主要指向的是现代民主国家中的立法机构,也即议会。② 如同弱公共领域一样,哈贝马斯的强公共领域也由三个要素构成:第一个构成要素是议员,议员由民主选举产生,本质上是特定选民群体的代言人;第二个构成要素是议员进行商谈的论坛,它是议员发表意见、交流、对话的平台;第三个构成要素是法律共识或公意,议员们秉持各种意见与观点进行交流、对话,经由理性商谈达成法律共识,此种共识,就是卢梭所说的公意,也是具有正当性的法律。

---

① 王晓升:《"公共领域"概念辨析》,载《吉林大学社会科学学报》2011年第4期。
② 参见谈火生、吴志红:《哈贝马斯的双轨制审议民主理论》,载《中国人民政协理论研究会会刊》2008年第1期。

相较弱公共领域而言,哈贝马斯的强公共领域具有正式性的特点:它有对象的限制,进入商谈讨论的只能是议会议员,不再对各形各色的社会公民和社会团体开放;它有时间和空间的限制,讨论局限于议会空间,并且讨论的时间受制于议会立法程序(虽然并不鼓励未经充分商讨就简单粗暴地进入表决程序);它也有主题的限制,因为所有的商谈都围绕着弱公共领域给定的议题范围来进行,而不再像弱公共领域中的讨论那样可以漫无边际。

3. 两个公共领域之间的关系。对哈贝马斯来说,强弱两个公共领域之间的关系是一种"中心与外围"的关系。弱公共领域是外围,弱公共领域由于其开放性,所以更能容纳多元社会的各种意见与分歧,这些意见和分歧在弱公共领域中通过沟通和对话,会被去芜存菁,去伪存真,最后会被凝练为若干比较集中的声音或议题,形成了所谓的社会舆论或民意。然后,弱公共领域会将这些社会舆论或民意的信号发射给国家体制,主要是立法机关,以推动国家体制作出特定的反应与回馈。可见,在哈贝马斯那里,弱公共领域一方面就像一个预警器,它无所不在的触觉时时刻刻在探察着全社会的任何风吹草动;另一方面弱公共领域又像一个放大器,它能把社会任何角落发出的微弱声音根据其和声的多少而放大成振聋发聩的黄钟大吕之声,并以此向国家体制施压,促使国家机器的齿轮运转,对民意作出回应。强公共领域是中心,在现代国家代议制民主模式下,法律的正式生产要留待立法机关,主要是议会。在双轨制审议民主模式下,强公共领域要通过自己的内部审议将弱公共领域的声音转译成立法。如果说,弱公共领域的功能主要是为强公共领域提供立法的素材或选择项的话,那么,强公共领域的功能则是根据这些素材或选择项来进行立法,并确保这些素材或选择项中之真正重要者能被落实到正式的法律之中。所以,强公共领域一方面具有受制性,它受制于弱公共领域,要对弱公共领域的声音作出回应;另一方面,强公共领域又具有自主性,它并不是完全在盖一个橡皮图章,它要对弱公共领域的声音进行辨识,进行讨论,进行进一步的凝练,进一步的去芜存菁,去伪存真,最终形成立法。所以,此种以弱公共领域和强公共领域为基本框架的双轨制审议程序,实际属于下表中的Ⅲb 民主类型[①]:

---

① 参见林立:《哈伯玛斯的法律哲学》,新学林出版股份有限公司 2016 年版,第 270—272 页。

		决定		
		公民	议会	
审议	公民	I 公民审议,公民决定	III 公民审议,议会决定	IIIa 公民审议,议会不审议而表决
				IIIb 公民审议,议会审议而表决
	议会	II 议会审议,公民复决	IIa 议会审议,公民不审议而复决	IV 议会审议,议会决定
			IIb 议会审议,公民审议而复决	

第三节 双轨制商谈程序的对话规则

在哈贝马斯的话语体系中,沟通并不是日常意义上的那种交谈,而是一种理想的对话,这种理想的对话对说话者的资质提出了非常高的要求,哈贝马斯将这种说话的资质称为"沟通资质"(communicative competences)。结合哈贝马斯的相关论述,所谓的沟通资质主要包括三个方面的要求[①]:其一,沟通主体要有认知能力,即要有能够分辨自己所身处的三种不同类型的世界的能力。这三种不同类型的世界即客观世界(比如我们所身处的地球)、主观世界(比如我们的内心世界)和社会世界(比如我们所生活其中的社区)。哈贝马斯指出,虽然古人常常将这三个世界混为一谈(比如中国的天人感应学说,把自然灾害当作是对人德行有亏的惩罚,即把客观世界和社会世界混同),但是现代人应该有能力区分这三种不同类型的世界。其二,沟通主体要有语言能力,即针对不同的世界要有选择不同的语句来表达的能力。比如说,针对客观世界,要有运用陈述语句的能力,以对客观世界加以描述;针对主观世界,要有运用情感表达语句的能力,以表达自己的情感;针对社会世界,要有运用规范调节语句的能力,即能使用祈使句来表达自己对别人的期望,以达成共识。除此之外,哈贝马斯还在不同的地方提出所有说话者都要共同具有的一种基本能力,即选择一种可理解的话语来表达自己想法的能力,这是因

---

① 参见汪行福:《通向话语民主之路:与哈贝马斯对话》,四川人民出版社2002年版,第81—84页。

为,如果说的话别人都听不懂,对话自然也就不可能进行。其三,沟通主体要有反思地对待自己行为的能力,即要求掌握话语行为的有效性要求,来反思地对待自己的行为。哈贝马斯指出,针对三种不同类型的世界及其话语行为,也存在着三种不同类型的有效性要求:针对客观世界及其话语行为,有效性要求是真实性(wahrheit;truth),即说话者的话语要与客观世界的真实相符(比如说,海水是咸的);针对主观世界及其话语行为,有效性要求是真诚性(wahrhaftigkeit;truthfulness),即说话者表达的意图是真诚的(比如说,我真的只爱你一人);针对社会世界及其话语行为,有效性要求是正确性(richtigkeit;rightness),即说话者所主张的价值观在道德上是正确的。①

按照哈贝马斯的看法,具备以上这些沟通资质的对话者一开始可以就各种议题展开对话,如果对话能够持续顺利地进行,那么,共识也就是水到渠成的事了。但是如果沟通出现了障碍或者说卡壳(这也是通常会遇到的事),则对话应该进入一个更高的层次,哈贝马斯称其为"论辩"或"商谈"(diskurs)。② 也就是说,对哈贝马斯而言,对话实际上包括了两个阶段:第一阶段是狭义的沟通(kommunikation),即具备前述沟通资质的人对相关议题展开讨论与对话;第二阶段是论辩或商谈(diskurs),即当人们在第一阶段沟通受阻时,对话被转入一个更高的层次,以继续谋求共识的可能性。③ 对哈贝马斯来说,为了保证共识的可能性与真理性,这种高层次的对话——论辩或商谈——必须遵循一种范导性的对话规则,哈贝马斯将此称之为"理想的话语情境"。根据哈贝马斯的相关论述,"理想的话语情境"主要包括下述对话规则④:

(1) 交往行动的参与者应以正心诚意的态度和动机来参与对话,除了相互合作追求真理,达成社会共识这一动机外,别无其他动机,尤其不能哗众取宠、挑拨是非、以言谋私等。

(2) 对话各方地位平等,权利对等。任何人都可以说出自己的看法,也允许他人说出自己的看法;任何人都有权对他人的意见进行质疑、批判和反对,也允许他人对自己的意见进行质疑、批判和反对。

(3) 每个交往行动的参与者有同等的权利去表达自己的愿望、好恶和情感;每个交往行动的参与者亦有同等的权利去提出要求和拒绝要求,作出承诺和拒绝承诺,自我辩护或要求他人自我辩护。

---

① 参见林立:《哈伯玛斯的法律哲学》,新学林出版股份有限公司2016年版,第19—20页。
② 同上书,第24页。
③ 同上书,第50页。
④ 参见汪行福:《通向话语民主之路:与哈贝马斯对话》,四川人民出版社2002年版,第87—88页。

(4) 交往行动的参与者必须摆脱自我中心主义和独断论,不能预先假定自己的意见是唯一正确的,相反,要把任何自我表达、事实陈述、规范要求理解为可错的,随时可待修正的。

(5) 认真对待与争点相关的证据,包括支持的证据和反对的证据,真诚对待证据的有效性与证明力,允许自由地对证据进行质询、批评和论证。

(6) 交往行动的参与者应该真诚地看待与争点相关的证据和理由,发自内心地接受证据和理由的说服性,任何人不能为了面子、利益等因素顽固地坚持自己被证明为不合理的观点,负隅顽抗、混淆是非。

(7) 交往行动的结构应该排除任何强制,不论这种强制来于对话过程的外部,还是来自于对话过程的内部;确保每个人都是自由地参与对话,提出观点,接受观点,仅仅出自于他的本心。

(8) 对话没有时间上的截止线,对话可以无限制地持续进行,对话是否终止取决于是否达成了社会共识。当然,如若由于资料或知识的限制,无法做出理性判断时,对话过程可以中断,但是一俟条件具备,则任何人都有权再次发起对话。①

由于商谈理论要求对话主体具备真实性、真诚性、正确性,以及可理解性等资质;对话动机只是追求共识和真理,别无其他意图;对话过程自由、平等、不存在强制;对话的决定性力量仅仅在于事实与理由。这一系列的要求看起来确实与现实生活相距甚远,所以甫一提出,便遭到了"反事实的理想"之讥,确实不算冤枉。试想,现实生活中的人们对话,哪里不是充满浮夸、幽默、调侃、反讽,甚至恶毒攻击呢?② 正如哈贝马斯自己所认识到的,现实生活中,人们的行动更多是戏剧行动或策略行动,而不是交往行动。既然如此,这种理想的对话主体与理想的对话条件在现实中大约是很难行得通的,对此,哈贝马斯也是心如明镜,他意识到他为商谈所设置的条件过于理想,某种程度上是不可能实现的条件(improbable conditions)。不过,他也同时认为,这些理想化的商谈条件即使对于日常对话来说也是非常必要的范导,舍此,人们无法进行有效的对话。从哈贝马斯的这些辩护中,我们大概可以看出,他提出这些不无苛刻的对话资质与对话条件的意图,主要在于引导,甚至规范现实生活中的对话,使它们能够摆脱锱铢必较的利益角逐的狭小格局,从而可以凭借其来追求真理和正义。从这个意义上来说,用现实阻碍来反诘对话的理想主义,虽然言之成理,但是却不能算是成功的反驳。

---

① 这种理想的对话规则后来被阿列克西进一步明确化了,参见〔德〕罗伯特·阿列克西:《法律论证理论》,舒国滢译,中国法制出版社 2002 年版,第 234—256 页。
② 参见张汝伦:《哈贝马斯交往行动理论批判》,载《江苏行政学院学报》2008 年第 6 期。

第四节　双轨制商谈程序的产出是共识

双轨制商谈程序的产出是共识,但在此必须加以限定的是,此种共识,是一种"重叠共识"(Overlapping Consensus)①。"重叠共识"这个词是罗尔斯首先提出来的,包含了他对先前哲学理论的某种修正。首先,从总体上来说,"重叠共识"是一种较低层次的共识。根据童世骏先生的研究,重叠共识可以理解为人们在承认价值方面发生分歧的同时,在规范方面却具有共识。② 比如说,在多元社会,人们的宗教观念往往不可调和地冲突,但是不论是基督教徒、佛教徒还是无神论者,他们却都认可应该靠右行驶这样的规范,甚至都同意诚实信用这样的原则性规范。由于规范较价值为浅,所以这种共识可以称为浅层次共识。③

其次,就规范层面而言,其实还可以进一步细分为深层次规范和浅层次规范,深层次规范关涉一个社会的根本性的与普遍性的是非和权利标准,诸如正义、自由、平等、诚信等。浅层次规范主要指涉的是一些浅层次的一般原则、具体的行动规则或是行动标准。而罗尔斯的"重叠共识"(即正义两原则)虽是一种浅层次共识,即关于规范而不是价值的共识,但是他的正义两原则同时却是规范中的深层次规范,正是这一点导致人们对他"重叠共识"的深浅性质不同:认为他的"重叠共识"是深层次共识的,其实说的是他的正义两原则是规范中的深层次规范;认为他的"重叠共识"是浅层次共识的,其实说的是他的正义两原则是规范而不是价值,是正当而不是善。实际上,两种说法都没有错。

重叠共识总体上是一种浅层次共识,即关于规范的共识,但是规范本身却有深层次规范与浅层次规范之别,罗尔斯已经正确地意识到,当人们对某

---

① John Rawls, *Political Liberalism*, Columbia University Press, 1996, pp. 133-172.
② 童世骏:《关于"重叠共识"的"重叠共识"》,载《中国社会科学》2008年第6期。
③ 有的学者正好相反,他们把重叠共识理解为一种深层次共识,也就是,当人们对具体的善观念和良善生活方式的标准意见不一的时候,他们却有可能对一个社会带有根本性和普遍性的是非和权利标准,比如公平正义、自由、平等、诚信等普遍价值观达成共识。这就是正当优先于善的含义,"所谓正当,也就是一个社会带有根本性和普遍性的是非和权利标准,比如公平正义、自由、平等、诚信等普遍价值观,这是最抽象层面的道德,构成了宪政民主的基本价值,而具体的善观念和良善生活方式的标准,则是具体层面的道德观念。因此,正当优先于善,指的是抽象层面的道德价值和标准优先于具体层面的道德观念,包括善观念和良善生活的标准。"参见顾肃:《多元社会的重叠共识、正当与善——晚期罗尔斯政治哲学的核心理念评述》,载《复旦大学学报》2011年第2期。这个说法其实与我们的理解并不矛盾,我们主要是就规范与价值的深浅之别来认定的,而顾肃先生的理解则是从抽象与具体的分别来认定的。

些浅层次规范上存在分歧时,他们却可能在深层次规范上达成共识,罗尔斯说:"当我们对浅层次规范的共同理解遭遇崩溃时,抽象化是继续公共辩论的一种出路。我们应该清楚地认识到,分歧越深,我们就越要上升到一个更高的抽象水平上来,惟其如此,我们才能对分歧的根源获得一个清楚明白的认知。"①在现实生活中,这种人们在浅层次规范上意见分歧却在深层次规范上存有共识的情况确实不乏其例,比如说,在东欧和南非,尽管人们对"表达自由""信仰自由""法律面前人人平等"等条款的具体含义和具体做法意见分歧,甚至看法南辕北辙,但是却都出奇一致地赞同宪法的这些抽象原则。再比如在中国,人们对"法治原则""自由原则""平等原则"等宪法原则都深表赞同,但是对于政府的具体做法是否符合这些原则却常常争执不下。

不过,如果说罗尔斯发现人们在浅层次规范上意见分歧可以选择向深层次规范逃逸的话,那么,凯斯·孙斯坦(Cass Sunstein)则发现了相反的可能,他发现人们有时在一些深层次规范上意见不一,但是却在浅层次规范上很容易达成共识,他指出:"从法律上解决多元主义难题的一个突出方法就是对具体事务达成一致意见。尤其是我们意识到这一情况,即那些被一般原则所困扰的人们,或者说是对一般原则持有不同意见的人们,却常常能在具体事务上达成一致意见。也就是说,当我们在抽象层次上存有分歧时,我们不妨转而在较低层次上获得共识。"②因此,他提出了一种浅层次规范层面的共识,他称之为"不完全确定理论的共识"(incompletely specified theory agreement)③。孙斯坦写道:"有时候,要求普通公民——或是普通律师和法官——去决定皈依何种抽象原则,或是要他们对信服的抽象原则的含义有一个完整的理解,确实有些勉为其难。在一个致力于允诺让持有不同基本信念的人们和谐共存、相互尊重的自由社会里,罗尔斯式的策略可能会遭遇各种困难,比如思想混乱、时间有限、能力不足等,还包括对政治自由主义由于自身的偏狭而无法充当基石性政治信条的担忧。当然,我无意去断言罗尔斯式的方案不能客服这些困难,但是,自由法律文化的参与者通常寻求在做什么

---

① John Rawls, *Political Liberalism*, Columbia University Press, 1996, pp. 45-46.
② Cass R. Sunstein, *Legal Reasoning and Political Conflict*, Oxford University Press, 1996, p. 47.
③ 如果说罗尔斯的"重叠共识"关心的是从具体的分歧到抽象的共识,那么孙斯坦思考的则是相反的可能性:从抽象的分歧到具体的共识。孙斯坦的"不完全确定理论的共识"是一种放弃抽象回到具体的共识,当人们对于某个抽象的原则存在不可调和的意见冲突时,他们却有可能对于处于这一原则之下的某些具体案件的解决达成共识。这些各有关具体案件或者低层次具体规范的一致意见就可以称之为不完全确定理论的共识。See Cass R. Sunstein, *Legal Reasoning and Political Conflict*, Oxford University Press, 1996, p. 35. See Cass R. Sunstein, *One Case at a Time*: *Judicial Minimalism on the Supreme Court*, Harvard University Press, 1999, pp. 10-11.

而不是在想什么上面达成共识,当他们从不同的出发点殊途同归时,他们能够以一种具有明显优势的方式来促进自由目标的实现。"①

如果我们把罗尔斯和孙斯坦的看法结合起来,就会发现,重叠共识其实哪怕是在规范层面上都可深可浅。这一发现的重要意义在于,它降低了达成共识的难度。在此之前,人们对哈贝马斯"共识真理观"的一个重要疑虑是分歧乃是社会常态,而且正如罗尔斯所指出的,很多分歧的观念之间并没有对错之分,而是一种不可能也不应该消除的"合理的分歧"(reasonable disagreement),所以,达成社会共识无异于痴人说梦。但是一旦我们意识到我们追求的共识是一种关于规范的共识,并且在规范层次上可深可浅之后,那么,我们就没有必要强行要求在同一层次上达成社会共识——那是不可能的,我们可以错开分歧谋求在不同层次上达成社会共识,具体来说,就是**当我们在价值层面存在分歧时,我们谋求在规范层面达成共识;当我们就深层规范存在分歧时,就向浅层规范逃逸;当我们就浅层规范存在分歧时,就向深层规范逃逸**。由于有了这些参差不齐的角度存在,共识总是可能在某个层面达成的。从这个意义上讲,重叠共识不再是臆想中的镜花水月了,它也在某种程度上消解了对哈贝马斯共识理论不可能性的批评。

第五节 双轨制商谈程序的关键是强公共领域建设

强公共领域实际上就是现代社会的民主议会,然而,现代社会的民主议会却在很多方面根本背离了法律商谈的理想,这主要是因为,议员们受制于选民、利益集团、所在党派,他们身上往往承载着集团利益、党派利益、行业利益、地区利益,这导致他们在议会中的主要工作,就是要为他们所代言的选民、利益集团、所在党派、所处行业、所在地区的利益奔波忙碌,所谓"天下熙熙,皆为利来;天下攘攘,皆为利往"②。由于利益立场的先定,议员们根本做不到商谈程序所要求真诚、自由、平等、无强制的对话,相反,正像现代西方议会所展示的那样,议员们惯于说假话、空话、煽风点火、暗箱操作,提案、发言往往局限于行业利益、部门利益、党派利益、地区利益,甚至个人利益,全无公心可言。

那么,怎样切断这些利益瓜葛,怎样贴近理想的商谈,怎样正确转译弱公

---

① Cass R. Sunstein, *Legal Reasoning and Political Conflict*, Oxford University Press, 1996, p. 48.
② 《史记·货殖列传》

共领域的声音呢?对此,笔者认为,也许哈耶克的立法议会(nomothetae)①构想不仅是一个天方夜谭的构思,而是具有某种深刻的洞见,可以给我们带来启示。

哈耶克将议会一分为二:立法议会与政府治理议会。对哈耶克来说,立法议会不应受利益(interests)的支配,而应当受意见(opinion)的支配,这种意见关涉的仅仅是行动的正确与否。哈耶克同时认为,立法议会不应当成为实现特定目的的工具,即特定的个人或特定的群体的目的的工具,而是应当服务于广泛的、不特定的目的。基于此,人们在选举立法议会的议员时,对其品质的要求也就与对政府治理议会议员的品质要求截然不同,对于立法议会的议员来说,他们必须能够公正无私地捍卫正义,这就要求他们具有正直的品格,睿智的头脑和敏锐的判断力。② 那么,如何选出这样一批议员以及如何保证立法目的的实现呢?对此,哈耶克设计了一套精细的制度③:

第一,为了摆脱地区选民、行业选民对议员的影响,哈耶克设想的立法议会的议员不由那些地区选民来选择,而对议员的遴选条件更加没有行业与职业的限制。哈耶克设想了一个完全不同于现有体制的"同龄人俱乐部"(Clubs of Contemporaries)来选择议员,哈耶克认为,每个公民18岁时就可以加入同龄人俱乐部,这些俱乐部把各个社会阶层的同龄人聚集起来,不仅仅因为哈耶克认为同龄人是同龄人最好的评判者,因此知道他们之中谁品质最杰出,更重要的是,同龄人之间并没有一种特殊的利益(比如说,不存在一种49岁人的利益或50岁人的利益),因此,它选出的代表自然也就不会受制于特定利益,这样,他就不像地区选民、行业选民选出的代表那样受制于人了。实际上,同龄人俱乐部选出的代表仅仅关注公共利益。

第二,由于理想商谈要求参与者具备较高的资质,所以,在议员年龄的构成上,哈耶克认为男女议员必须达到相对成熟的年龄才能享有被选举的资格,具体来说,哈耶克认为男女议员的年龄应在45岁至60岁之间。这是因为,一般来说,这个年龄段的人具有较为丰富的社会阅历,心智成熟,理性完备(更不要说选出来的都是同龄人中的精英了),具备了很好的商谈能力。

第三,为了切断议会与政治党派的联系,哈耶克认为应明确规定那些已在政府机构或政治党派中任职的人不得担任立法议员,换言之,那些具有公

---

① 〔英〕哈耶克:《法律、立法与自由》(第二、三卷)邓正来等译,中国大百科全书出版社2000年版,第434页。
② 同上书,第435页。
③ 参见同上书,第435—443页。

职或党派身份的人,若想竞选立法议员,便必须事先辞去他在政府机构或政治党派中的职务。哈耶克相信,凭借这样一种剥离措施,议员可以免于听命于政党领袖或政府当局的命令,从而以完全独立的身份从事立法议会的工作。

第四,为了彻底地斩断选民、利益集团、政治党派对立法议员的不正当影响,哈耶克还建议立法议员的任期可以长达15年,并且要求规定期满后不允许连选连任。这样一来,他们的立法商谈就可以不用考虑证据和理由之外的其他压力,比如说不用为了讨好选民、利益集团和政党而做出利益交换。要有效地实现这一目的,哈耶克还建议,立法议员任期届满之后,不用回到原党团工作,也不用到社会上谋生,法律应该保障他们能够从事一些荣誉程度极高并且比较中立的工作,比如担任非专业法官(lay judges)的工作。即使有些立法议员不愿或不能担任这类工作也不要紧,哈耶克建议立法议员在任期届满之后直到退休之前,法律会保障他们获得一份体面的津贴。

第五,就立法议员的监督和激励而言,哈耶克认为,一般来说,这些品质高贵、心智成熟的议员会勤于工作,忠于职守,但是,还是有必要设计一些行之有效的监督和激励措施。哈耶克提出的监督和激励措施主要有:由前任立法议员组成评议会,对现任议员的工作予以某种评估和监督;当现任议员失职时,及时地对他们进行撤换;在现任议员任期届满之后,对合格的议员委派新职务,而对不合格的议员则不再委任;当整个议会失职或怠于行使某项立法权时,由政府进行接管等。

哈耶克的此番设想不乏乌托邦色彩,但是这也是建立在他对西方议会民主弊病的诊断之上的,从法律商谈的角度来讲,他设计的立法议会确实与商谈的理想条件更相契合,当然,这仅仅是一个初步的设想,它的许多细节都还有待进一步厘定。

第六节 结 语

程序性的法律正当性类型其核心建制一种哈贝马斯式的双轨制民主商谈程序。这种双轨制民主商谈程序,其基础在于市民社会的一系列建制,正是市民社会为双轨制民主商谈提供了适格的公民、公共机构、公共空间和公共精神。而所谓双轨,一轨是指市民社会中的弱公共领域,它构成了法律商谈的外围,为法律商谈提供了议题与民意;另一轨是指政治系统中的强公共领域,它构成了法律商谈的中心,使得民意可以被淬炼为法律。强公共领域的建设是双轨制商谈程序的关键所在,一套理想的对话规则则是双轨制民主商谈程序的核心,它确保了对话结果的可欲性。最终,经由这种双轨制民主商谈程序得出的结果是一种具有真理性质的"重叠共识",它代表了该社会中所有人的共同意志。

第十一章 法治:正当法的统治

第一节 法治观念的历史嬗变

作为一个万花筒般的概念,法治的观念远未厘定,但是其对手却一直是清晰而恒定的,那就是人治。① 如果我们能从人治之反动的角度来观察法治,所得也许会有不同。法治的观念早在古希腊便孕育了,原其初心,法治观念一开始萌发的动机便是反对人治。在柏拉图的时代,雅典典范式的民主已经沦落为"多数人的暴政"(tyranny of the majority),因此,柏拉图先是强调了一个贤明君王所治理的"理想国",在事有未逮之后,他转而强调理性法律的治理,不可或忘的是,《法篇》所描摹的法律,是一种反映着宇宙的真理,渗透着永恒美德的自然法或理念法,并不是那由败坏的人民所随意拿捏的实在法,对这种法品质的谆谆叮咛,贯穿了《法篇》的整个篇幅。在《法篇》中,柏拉图申明了法治与人治的对立,"如果一个国家的法律处于从属地位,没有权威,我敢说,这个国家一定要覆灭;但是,如果一个国家,法律是官员的主人,官员是法律的奴仆,那么,这个国家就会获得诸神的保佑和赐福。"②之后,亚里士多德基于苏格拉底—柏拉图式的人性观(人的灵魂由激情、欲望、理性三种成分构成并相互竞争主导权),主张法治应当包括政治平等下的自治、政府官员服从法律、法律与理性相等同以抵御政治权力的滥用等理念。当然,亚里士多德言谈中所指向的法律,也是一种正义之法或良法,他对法治的期许是,"法律为优良时就应具有至上性"③。在罗马时代,西塞罗重申了法治反对人治的传统,"官员的职能是治理,他们发布正确的、有益的、与法律相一致的政令。法律是如何指示官员的,官员也就如何指示人民,因此完全可以说,官员是说话的法律,法律是不说话的官员。"④不过,随着罗马从共和国转为帝制,皇帝获得了凌驾于法律之上的权威,优士丁尼法典有两个条文明确地

---

① 塔玛纳哈说:"法治的最广义理解是一条延续了2000年、常常被磨细但从没有彻底磨断的线索:主权者、国家及其官员受法律限制。"〔美〕塔玛纳哈:《论法治》,李桂林译,武汉大学出版社2010年版,第147页。
② 〔古希腊〕柏拉图:《法篇》,转引自法学教材编辑部《西方法律思想史编写组》编:《西方法律思想史资料选编》,北京大学出版社1983年版,第25页。
③ 〔古希腊〕亚里士多德:《政治学》1282b。
④ 〔古希腊〕西塞罗:《论法律》第三卷2—3。

说:"凡皇帝所意欲的就具有法律效力";"皇帝不受法律的拘束。"①而在漫长的中世纪,虽然被目为"黑暗时代",不过由于存在神权对皇权的制约、日耳曼习惯法中"君主处于法律之下"的原生理念,以及封建制度的形成(意味着贵族与国王形成了分庭抗礼的关系),因此,"在中世纪的大部分时间里,存在主权者受法律约束的真正传统。"②在英国,1215 年甚至出现了里程碑式的《大宪章》(Magna Carta),《大宪章》第 39 条的规定至今仍振聋发聩:"任何自由民,如未经与其地位等同之人的合法审判,或经国法判决,皆不得被扣留、监禁、没收财产、剥夺法律保护权,或被处以放逐、伤害、搜查或逮捕。"要而言之,中世纪西欧法治理念所呈现出来的主要特质是:君主在法律之下;法律不是或主要不是君主意志的体现,因为君主的立法权受到自然法、神法的限制;君主只是法律的执行者和维护者,是保护和实施法律的暴力机器。中世纪之后,时移世易,近、现代的法治开始和自由主义相伴,自由主义的核心关切是个人自由的保护,自由主义把国家权力或政治权力看作是对个人自由的最大威胁,这一逻辑使得自由主义必然走向法治,并对政治权力不遗余力地进行切割和限制。职是之故,自由主义提出了"法律下的自由"这一概念,自由主义法治包含以下一些观念:(1) 只有法律是民主创制的,个人才是自由的。(2) 只有政府官员被要求依法办事,个人才是自由的。(3) 只有政府被禁止侵犯神圣的个人自治领域,个人才是自由的。(4) 当政府权力被划分为几个分立的部分时,自由就得到增益。③

当我们把目光投注到当代,法治回复了"法律的统治"这一本来含义,虽然从微观操作的角度看,法治观念正在遭受激进左派的侵蚀(激进左派认为自由主义法治理念的不能成立,并且法律之治从司法层面来看也不够确定),但是法治观念仍然是最为人称道的意识形态。当下,依塔玛纳哈之见,最为流行的是如下两种关于法治的观念,即形式主义法治观与实质主义法治观④:

	备选的法治构想		
	比较薄弱→到→比较浓厚		
形式版本	1. 以法而治——法律是政府的工具	2. 科学理性法的统治	3. 形式合法性——普遍,面向未来,明晰,确定
实质版本	4. 个人权利——财产,隐私,自治	5. 尊严权和/或正义	6. 社会福利——实质平等,福利,共同体的存续

---

① Digest 1.4.1, Digest 1.3.1.
② 〔美〕塔玛纳哈:《论法治》,李桂林译,武汉大学出版社 2010 年版,第 31 页。
③ 同上书,第 43—45 页。
④ 参见同上书,第 117 页。对于形式主义法治观,笔者并不同意塔玛纳哈的某些看法,因此作了修改,理由请参见下文的说明。

形式主义法治观包括三种不同的形态。第一种形态可以称之为以法而治(rule by law)。字面意义理解即统治者运用法律来治理国家,这种形态的法治观虽然也要求统治者本身依法行事,法律是政府行为的依据,但是,另一方面,它往往认为法律就是统治者的意志,统治者可以按照自己的意志并以法的形式加以统治,说到底这种法治观本质上是一种主权者"通过法律的治理",它与其他的统治方式,比如主权者"通过道德的治理"或主权者"通过命令的治理",仅仅只有效率上的不同,这也是为什么历史上主张这种法治观的人士,往往是从治理效率上对这种治理方式加以辩护(著名的如中国法家的理论即是如此),这种法治观,与其说是法治的一种形态,毋宁说本质上是人治。形式主义法治观的第二种形态是莱布尼茨式的科学理性法观念,即要求法治之法必须是符合科学理性的原则,从具体的法律规则到整个法体系,都是从一个没有争议的基点经过科学推理而得出的,法律也因为符合科学理性的法则而具备正当性,法治即此种科学理性之法的统治。这种形态的法治观受制于后现代的多元分裂的特质,所以不敢提出任何实质伦理的要求,法律的正当性在于形式上的合乎理性,法典化运动反映了该种法律正当性的漫溢成灾,此种法治形态,无法承受对实质性道德避重就轻的指责,因为科学理性的法律同样可以服务于最邪恶的政权。形式主义法治观的第三种形态是一种形式合法性的法治观。如同第二种形态一样,当前现代统一同质的社会分裂为多元异质的社会之后,人们对法律的品质不再提出(也无法提出)实质伦理的要求,而是转而诉诸一系列形式性的道德(即形式合法性),比如富勒首倡的法律的八项"内在道德"即是典型,在富勒之后,拉兹、菲尼斯等人也提出了类似的形式合法性标准,拉兹提出的合法性标准包括:(1)法律具有可预期性、公开性和明确性;(2)法律具有稳定性;(3)特别法(比如法律命令)受到公开的、稳定的、明确的、一般规则的指导;(4)保障司法独立;(5)自然正义的原则必须得到遵守;(6)法院对其他原则的实施有审查权;(7)法院容易为人所接近;(8)不应容许预防犯罪的机构利用自由裁量权来歪曲法律。[1]菲尼斯提出的合法性标准则包括:(1)法律是可预期的,而非溯及既往;(2)法律是可遵循的;(3)法律是公开的;(4)法律是清晰的;(5)法律是融贯的;(6)法律是稳定的;(7)法令和命令的制定受公开、清晰、稳定的普遍规则的引导;(8)官员守法并保证法律的统一实施。[2]强调形式合法性的法治形态的问题在于,为了不与多元社会相背,其所提出的"道德"或"合法性原则"

---

[1] 参见〔英〕拉兹:《法律的权威:法律与道德论文集》,朱峰译,法律出版社2005年版,第187—189页。
[2] John Finnis, *Natural Law and Natural Rights*, Clarendon Press, 1980, p. 270.

都是纯粹形式性的,这些原则可以与"最大的邪恶"相容,虽然这些形式合法性原则似乎对法律的可预测性有所增益,并一定程度上有利于保护公民尊严,但是本质上仍然对实质性道德漠然于心。

依照塔玛纳哈的解说,实质主义法治观同样包括三种不同的形态(并在实质伦理上呈现从薄到浓的递进)。第一种形态是主张法治之法应承载保护个人权利的大任,法律的核心内容和根本宗旨即是对个人权利的确认和保护。所以,这种法治观,也可以说是一种权利法治观,人权构成了此种法治观的价值诉求。应该说,这种法治观,一直是近代以来关于法治的主流形态。它在当代最为著名的倡导者当属德沃金,德沃金浓墨重彩地指出,他所主张的法治观实乃一种"权利"观,这种权利观预设,公民个人拥有一系列道德权利与政治权利,而实在法的任务,就是确认和保护这些道德和政治权利,因此,他所谓的法治,就是"依据有关个人权利的合格公众观念进行治理的理想"。① 概而言之,这种权利法治观有两个要义:(1) 权利先于法律,权利不是实在法赋予的,而是先于实在法的存在;(2) 不仅如此,权利还是实在法存在的意义所在,实在法的天命就是确认、保护和实施个人权利的。实质主义法治观的第二种形态是德国的法治国理念,它早期受康德自由主义的影响,强调确保人人享有平等的自由,其后有形式化的倾向,经过纳粹统治后,德国《基本法》重新确立了实质法治的立场,具体来说,是把确定尊重和保护人的尊严当作国家一切行动的最高指导原则,个人权利同样被认为先在于法律,并构成了法律的最高价值,并且,《基本法》还致力于确保,立法机关无法取消这些权利,甚至宪法修正案都无法废除这些权利。实质主义法治观的第三种形态,也是最浓厚的一种形态是社会福利主义法治观,即主张法治之法的价值诉求应是实现或保障公民的社会福利权,简而言之,这种法治观不仅主张法律应满足公民的消极自由或权利,它还主张法律应满足公民的积极自由或权利,即实现社会福利的权利。

第二节　迈向程序主义的法治

由于把法治看作是一种与人治相对立的意识形态与制度实践,所以法治观念的过往历史将重心放在了"政治权力受法律限制"这一主题上②,我们对

---

① Ronald Dworkin, Political Judges and the Rule of Law, 64 *Proceedings of the British Academy* 259, 1978, p. 262.
② 今天,塔玛纳哈在总结法治观念的内涵时,依然强调"政府受法律限制"和"法律而不是人的统治"两大主题。参见〔美〕塔玛纳哈:《论法治》,李桂林译,武汉大学出版社 2010 年版,第 147—160 页。

法治过往历史的追溯已经充分地表明了这一点。强调这一点无可厚非,不过,我们对法治的历史梳理显示法治还有另外一面的含义(特别是当下对法治的理解),这一含义早已为亚里士多德所强调过,亚里士多德有一段被不断提及的话说:"法治应包含两重意义:已成立的法律获得普遍的服从,而大家所服从的法律又应该本身是制订得良好的法律。"①依亚氏之意,法治差不多等同于"良法的统治",考虑到亚氏所处时代用法之良善来证明法之正当,良法差不多也就等同于正当的法,所以,这样一置换,法治其实就是正当法的统治的意思。

法治的本义就是正当法的统治。在前现代社会,法治面临的主要问题是不羁的政治权力对它提出的挑战(这就是为什么约束政治权力成为法治的核心主题的原因),而在现代社会,乃至后现代社会,法治渐渐成为一种"政治正确"的意识形态,政治权力受法律约束也渐渐成为了普遍共识(当然,很多国家甚至很多号称"法治"的国家在这条道路上还任重道远),但是,一波未平一波又起,以全球视野来观察,当今法治却面临着多元社会的挑战。

什么是多元社会呢?它是一种存在着不同观念、利益群体的社会;它是一种各种观念相互并存、相互竞争、百花齐放、争奇斗艳的社会;它是各个群体相互平等包容、社会结构开放、价值评价体系多元的民主社会。多元社会的核心理念是不预设任何思想、言论是唯一正确的真理,任何思想、言论都可以自由地展示与表达自己,并且任何思想、言论之间都没有高下之别,所以,它们不仅被允许自由地展示与表达,而且还能以平等的身份进行展示与表达。

多元社会当然是一个宽容的社会,宽容从任何意义上讲,都是一种美德(尤其是对多样性的尊重和保护而言),但是宽容也有它的副作用,要知道分歧乃是人类社会的常态,宽容,乃至一味宽容,无疑会助长社会分歧,职是之故,多元社会往往也是一个深刻分歧的社会,事实上,分歧正成为现代多元社会的标志性特质,正如杰里米·沃尔德伦所洞见到的,在现代社会,人们几乎对所有的事物,都存在一种根本的分歧,比如说我们对于上帝、价值、原则、美德、功过、有意义的生活、权利义务、民主、人性尊严、如何对待动物、如何处理冲突等都存在严重的分歧或者对立,并且对如何解决这些分歧也不存在一致意见。② 罗尔斯在《政治自由主义》一书中则以明澈的语言指出,在现代多元社会中,不仅存在着各种自成体系而彼此之间又互不相容的宗教、哲学和道德学说,而且这些学说可能每一个都是正确、合理的学说,也就是说,哪怕是

---

① 〔古希腊〕亚里士多德:《政治学》,吴寿彭译,商务印书馆1965年版,第199页。
② 〔美〕杰里米·沃尔德伦:《法律与分歧》,王柱国译,法律出版社2009年版,第230页。

相互冲突的两个学说,也可能并不是非此即彼的关系,而是可能两者同时都是合理的、正确的。对于这些同时共存而又彼此竞争的学说,分歧是常态,没有哪一个学说能够得到所有公民的普遍认可,即使放眼可见的未来,也不应期待这些学说中的一个或多个,或横空出世的其他的合理的学说,能够得到绝大多数人的认可,更不要说所有人的认可了。①

多元分歧的社会也给现代社会的治理带来了严重的挑战。这根本上是因为,任何社会,都是既要分歧也要统合。没有分歧,意味着没有多样性,也就没有了自由与尊严;但是没有统合,只有分歧的社会也是不可能持续的。前现代社会,某种意义上可以说是价值一元化的社会,整个社会都团结在统一的价值观的基础上(想想中国古代儒家"罢黜百家,独尊儒术"背后的必然逻辑,以及西方基督教的一神论),潜在的异端即使偶有抬头,也很快被主流价值借着政治权力扼杀在摇篮中。不过,正因为打压过甚,造成社会多样性不足,人民思想压抑,身体亦日渐沉重。到了现代社会,价值多元化成为了社会的主要特质,多样性可谓极其丰富(想想于今自媒体的盛行,每个人都是一个小神,每个人都可以生产一种价值观),但是整个社会却陷入了分歧的深渊(沃尔德伦甚至认为现代社会的根本特征就是分歧)。如果说,前现代社会由于过于统一(铁板一块)而缺少多样性的话,那么,现代社会就是多样性泛滥却缺少将社会团结在一起的共同基础了,长此以往,社会也会分崩离析。

毋庸讳言,现代社会是一个极度分裂的社会,但是社会生活总要有共同的基础,所以,社会统合的任务就显得极其艰巨和急迫。如果说,前现代社会的统合主要是一种价值观整合(权力整合服务于价值观整合),那么,现代社会则深度依赖于一种法律整合,这主要是因为,在现代社会,前现代社会那种统一的价值分裂了,价值整合模式也自然而然地崩溃了,取而代之的是法律整合,现代社会是一个依赖法律团结在一起的社会,这也是为什么现代社会几乎所有的国家法律都呈现爆发式增长的原因,对于现代国家对法律的深度依赖,卢曼说:

> 人类的社会生活要么直接要么间接地由法律所塑造。……法律是使社会生活得以可能的基础性的条件,它无孔不入,无远弗届。不可能存在这样的生活领域,可以脱离法律的控制而能够持续有序地进行下去,无论它们是家庭、宗教社团、政党内部网络,还是科学研究活动。②

---

① John Rawls, *Political Liberalism*, Columbia University Press, 1996, Introduction, p. xvi.
② 〔德〕卢曼:《法社会学》,宾凯、赵春燕译,上海人民出版社 2013 年版,第 39 页,翻译根据英文版有改动。

不过,我们这里的论证可能出现了问题,有人可能会问,法律难道就不体现某种价值吗?法律整合与价值整合有区别吗?比如说,如果法律是儒家的法律,那么,所谓的法律整合与儒家价值观整合有何区别呢?所以,在这里,有必要对我们的论证进行一个整理,我们已经到达了这样一个结论:前现代社会,人们的价值观高度统一,所以,社会可以基于价值认同而团结,法律甚至显得有点多余;而现代社会,价值观高度分裂,因此,进行价值整合就不可能再去尝试,社会团结的希望在于法律。而此处的法律,实际上特指一种价值中立的法律——典型的价值中立的法律比如美国宪法第十五条修正案(即权利法案)第一条之规定:"国会不得制定关于下列事项的法律:确立国教或禁止宗教活动自由;剥夺言论或出版自由;剥夺人民和平集会和向政府诉冤请愿的权利。"——这种价值中立的法律,对各种价值持中立的立场和宽容的态度,因此,也是一种形式主义的法律。这种形式主义的法律的要点在于,它与多元社会本质上是相持相扶的,它容纳多元价值的存在,但是,法律本身却又保持着统一,社会因此得以团结在法律的基础上(这种团结表现为一种持续有序的秩序)。

多元分裂的社会、价值中立的法律,这两个关键词说明了为什么在现代社会,形式主义法治观会突然流行并占据主导地位,在某种意义上说,形式主义法治观恰恰是多元社会的本质要求和内在规定,形式主义法治观,它可以容纳任何价值诉求,相应的,形式主义法治观的流行,映照的就是实质法治观的衰落,原因不难理解,实质法治观提出的任何实质性价值诉求,在多元社会都有可能遭到持其他不同价值观的人的反对,比如说,当有人主张一种儒家法的统治或基督教法的统治时,他势必会遭到非儒家思想或伊斯兰教思想的坚决反对。从这个意义上说,前文所表述的几种所谓实质主义法治观,其实都是已经经过筛选的、比较有共识的、不太招人反对的实质价值的法治观了,但即使如此委曲求全,还是难免遭人反对,比如说,强调个人权利的思想在很多东方社会中就敌不过国家主义思想,所谓权利主义的法治观也敌不过国家本位的法治观。

现在的情况是,一方面,在多元社会中,鼓吹一种特定价值的实质法治观难以获得社会的承认,甚至被贴上"价值专政"的标签。另一方面,形式主义法治观的流行又可能造就"把魔鬼当天使"的悲剧,正如无数学者都已经指出的,法律形式主义或形式主义法治观可能会导致不公正甚至内容邪恶的法律制度的统治,正如拉兹所说:"一种根植于否定人权、普遍贫穷、种族隔离、性别歧视以及宗教迫害的非民主性法律体系,在总体上可能比任何更为开明的西方民主法律体系更符合法治的要求……法律可以……设立奴隶制而不违背法治。"①

解决这样的悖难殊非易事,也许就像法律正当性问题一样,可能的出路就在于形式主义法治观与实质主义法治观的融合上,我们将这种融合形式主义与实质主义的法治观称之为程序主义的法治观,它同样特指的是一种基于哈贝马斯式的商谈民主的程序主义法治。值得注意的是,这种哈贝马斯式的商谈民主的程序主义法治被塔玛纳哈归结为"民主+合法性"的法治观念,并被放入了形式主义法治观的行列,这可能是因为,塔玛纳哈把民主看做是一种形式的、空洞的决策工具,"像形式合法性一样,民主实质上是空洞的,因为它对法律的内容必须如何没有作任何规定。民主只是一种决策程序,规定了法律内容的决定方法。"②所以塔玛纳哈把"民主+合法性"看做是形式主义法治的一种。

然而,这无疑是不准确的,更是不公正的,这显示了塔玛纳哈对哈贝马斯商谈民主的某种误解,因为哈贝马斯式的商谈民主,绝非一种纯粹的、空洞的程序,它有内在伦理的要求(集中表现为理想的对话规则上),经由这种商谈程序所得到的共识,也绝非是完全随机的,它保证了共识的基本品性。公正地说,塔玛纳哈可能也意识到了这一点,所以,他一方面虽然把"民主+合法性"的法治观念归入了形式主义法治观的行列,但是,另一方面,他也认为这种法治观是"形式主义法治观"里实质伦理要求方面最为浓厚的一种形态。③

总而言之,我们主张现代社会的法治应该是一种融合形式与实质的程序主义的法治,程序主义法治主要意指一种正当程序之法的统治(因为只有这种法才在现代社会具有正当性),因此,其必然的逻辑导向是对正当程序立法的重视和强调,当然,这里的程序主义,必须要做特定的理解,它并不是仅仅指向我们日常使用意义上的立法正当程序,而是包括了市民社会中的公共商谈和立法机构中的立法商谈的大程序,而支配这种正当程序的,是一种理想化的对话规则,对此,我们前文都已作过详细的表述,于此不赘。

第三节　司法的不确定性与法治

程序主义法治理念在立法层面强调正当程序的立法,这种正当程序的立法已经殊为不易,但是在司法层面,程序主义法治还面临着一个严重的挑战,

---

① Joseph Raz, The Rule of Law and its Virtue, in *The Authority of Law*, Clarendon Press, 1979, pp. 211-221.
② 〔美〕塔玛纳哈:《论法治》,李桂林译,武汉大学出版社 2010 年版,第 128 页。
③ 同上书,第 117 页。

即,正当法如何在司法层面继续保持正当?之所以要追问这个问题,实是因为人们越来越发现司法具有不确定性的一面。

很久以前,人们的思维习惯于不会在立法之外额外考虑司法问题,司法对法律的理解一直被认为与立法层面保持一致,因此,法律被制定时是怎么样的,它在应用中也应该是怎么样的。早期的三权分立理论就是这样考虑问题的,所以立法权被认为是主导性的,司法权与立法权严格分离,并在立法者原意的支配下司法,当时,司法能动主义是完全不可想象的,因为设想法官可以背离立法者原意而思考,那无异于对三权分立的赤裸裸破坏。所以,在这种思维观念支配下,最早的司法观念是一种"自动售货机式的司法",或者叫"形式主义司法",也可以叫"机械主义司法",即法律规则被认为是给定的(由立法者、习俗法等给定),对于规则的理解也一开始就是确定的,所以,当案件事实发生后,裁判者所做的工作就是为其找到配套的规则(理想情况下配套的规则也是唯一的),机械地适用这一规则,得到一个唯一正确的答案。这里的要点是"在每个案件中,规则被法官以机械的方式适用以确定正确答案,他们没有行使自由裁量权也没有掺入自己的价值观"①。

然而,这种对于司法的看法不久之后被认为是天方夜谭。形式主义司法一开始被法律现实主义所启蒙,法律现实主义者发现,在司法过程中,不仅法律规则可以被植入主观的理解(规则怀疑主义,以卢埃林为代表),就连事实,也不完全是客观的(事实怀疑主义,以弗兰克为代表)。② 正是在这种怀疑主义的背景下,法律现实主义提出了自己的著名命题——司法判决是法官对事实刺激的某种反应。③ 在法律现实主义之后,作为法律现实主义思潮的进一步深化,批判法学应运而生,批判法学的不同代表人物大多主张司法的政治性命题,即司法判决本质上不是基于法律因素作出的,而是基于政治意识形态因素作出的。④

---

① 〔美〕塔玛纳哈:《论法治》,李桂林译,武汉大学出版社 2010 年版,第 100 页。
② 唐丰鹤:《法律现实主义的司法裁判观》,载陈金钊主编:《法律方法》(第 17 卷),山东人民出版社 2015 年版,第 51—61 页。
③ Brian Leiter, American Legal Realism, in W. Edmundson & M. Golding (eds.), The Blackwell Guide to Philosophy of Law and Legal Theory, Blackwell, 2005, p.52.
④ 批判法学的结论在某种程度上被大量实际证据所证实,比如 J. A. Segal 和 H. J. Spaeth 的研究证实了美国联邦最高法院大法官的意识形态立场与其司法判决之间的正相关关系。参见 J. A. Segal & H. J. Spaeth, The Supreme Court and the Attitudinal Model Revisited, Cambridge University Press, 2002, p.322;P. S. Atiyah 和 R. S. Summer 对联邦上诉法院判决的投票分析也发现了法官意识形态与投票之间的正相关关系。参见 P. S. Atiyah & R. S. Summers, Form and Substance in Anglo-American Law: A Comparative Study of Legal Reasoning, Legal Theory, and Legal Institutions, Clarendon Press, 1987, pp.142-143.

然而,如果司法的本质是这样的不确定,法律只不过是司法官手里的面团,那么,法治最终岂不是沦为了它的反面——一种法官的人治?正如哈贝马斯所忡忡忧心的:"如果作为法庭程序之产出的司法判决是可以通过法官的利益立场、社会背景、政治态度和人格结构,或者是通过该社会的意识形态传统、权力格局和经济压力等内在于或外在于法律体系的因素来说明的话,那么,司法判决的实践就不再是内在地决定的,也就是说,不再是由对程序、先例和法律根据的选择来决定的……司法决策的过程可以被等同为赤裸裸的权力运作过程。"①

对此,答案似乎取决于我们对法律的看法。我们可能持法律实证主义的规则观(尤其是奥斯丁、哈特意义上的法实证主义),认为法律的唯一有效构成成分就是规则,由于规则与事实之间的关系只有两种:能够对应/不能对应。②对法实证主义而言,如果最终结果是规则能够对应事实或经过解释后能够对应,那么,适用一种"自动售货机式司法"就是理想的情况;而如果最终结果是规则不能对应事实或经过解释后仍不能对应,那么,由于其规则之外无法的立场,就只能听任法官随意地造法了,这就导向了司法人治主义。所以,按照法实证主义的法律观,法治似乎是一种奇怪的混合:一方面,是简单案件中的形式主义司法,是严格的法治;另一方面,是疑难案件中的法官随意造法,是一种赤裸裸的人治。③

正是由于这样一种颇为吊诡的结果,德沃金对法实证主义的规则观进行了猛烈地抨击,法实证主义在规则之外求助于法官的自由裁量,但是德沃金正确地指出:"自由裁量权,恰如面包圈中间的那个洞,如果没有周围一圈的限制,它只是一片空白,本身就不会存在。所以,它是一个相对的概念。"④法实证主义认为在法规则之外,不存在其他形式的法律,所以,依此推之,法官在没有规则时诉诸自由裁量,其实并不是在裁量,而是在"决断"或"造法"。那么,对德沃金而言,他要捍卫法治的理想,就不能让法官把"自由裁量"变成"决断",他在哪里寻找限制裁量权的"面包圈"呢?对此,德沃金认为,法律,

---

① Jürgen Habermas, *Between Facts and Norms: Contributions to a Discourse Theory of Law and Democracy*, translated by Williiam Rehg, The MIT Press, 1996, pp. 200-201.
② 有些规则与事实能否对应看起来在两可之间,这时就需要解释,至于法实证主义对解释的看法,是主张随意解释还是严格解释,如果是主张随意解释,那其实就是法官造法,法治也就变成法官的人治了。如果主张按一套解释学规则来严格解释,那其实解释下来的结果还是能够对应/不能对应两种结果。
③ 参见〔英〕莫里森:《法理学——从古希腊到后现代》,李桂林等译,武汉大学出版社2003年版,第448—449页。
④ 〔美〕罗纳德·德沃金:《认真对待权利》,信春鹰、吴玉章译,中国大百科全书出版社1998年版,第450页。

在法实证主义所理解的规则之外,还有大象无形而又无所不在的原则、政策、历史传统、民族精神等因素一起构成,所以,一旦法官在疑难案件的场合,突破了规则的拘束,他并不是如实证主义法官那样无拘无束,他会发现他陷入了法律原则、政策、历史传统、民族精神等因素的包围,并且,他对这些因素的权衡和考量也不是无所挂碍的,而是要考虑到各种因素之间的一致性或整全性(integrity),按照德沃金的理解,如果这个过程正确的话,法官最终会找到法治所梦寐以求的"唯一正确的答案"①。

因此,如果我们持一种有别于法实证主义法规则观的德沃金式的法律原则观,则司法判决并不是不确定的(或者说,在司法层面法律并不是不确定的),法治的理想仍然可以高枕无忧。从这个意义上来说,德沃金提出的整全法的图景,实是包含了他对于法律的不确定性与现代法治如何可能问题的答案。

然而,德沃金之理解整全法以及寻求"唯一正解"任务,谁人可以担此重任呢?由于这一工作要求极高的天赋与对法律、社会的理解能力,所以,他似乎不是凡人,只有一位其智力可同赫拉克勒斯(Hercules)的体力相媲美的法官才能担当。"'赫拉克勒斯式法官'拥有处理所涉问题的两方面的理想性知识:对所有有效和为正当化所必需的原则和政策他了如指掌,对由现行法律各分散元素所构成的复杂的论辩网络他通盘掌握。"②

所以,德沃金式法治最终的结局居然走向了"超人",真是令人不得不感到讽刺,我们不禁怀疑,难道这样的超人法官不会谋求个人专治吗?以他这样的才能,谁又能限制他呢?所以,德沃金的法治理想实际上可能与柏拉图的"哲学王"人治竟然是相通的!对此,哈贝马斯嗅出了一丝危险的味道,他敏锐地意识到了赫拉克勒斯式法官身上"孤胆英雄"的特质,哈贝马斯坚持了德沃金对于法律和法治的部分看法,但他试图将德沃金赫拉克勒斯式的法官拉回到现实之中,通过制度性安排使得现实的法官共同体可以扮演这一角色,"我们要将法律理论的理想扎根于一个"由宪法解释者所构成的开放社会"的政治理想之中,而不是扎根于一个因为其美德和接近真理的能力而秀出群伦的法官的理想人格之中。"③

---

① 对德沃金"唯一正解"的讨论请参见林立:《法学方法论与德沃金》,中国政法大学出版社2002年版,第164—217页;亦请参见林来梵、王晖:《法律上的"唯一正解"——从德沃金的学说谈起》,载《学术月刊》2004年第10期。
② Jürgen Habermas, *Between Facts and Norms: Contributions to a Discourse Theory of Law and Democracy*, translated by Williiam Rehg, The MIT Press, 1996, p. 212.
③ Ibid., p. 223.

具体而言,哈贝马斯的方案可以概括为司法商谈方案①,即通过法官的理想商谈来获得对法律的统一理解,正是这种对法律的统一理解保证了正当法的统治在司法层面的延续,因为,这种商谈,一方面保证了司法的确定性,另一方面,还保证了司法在微观层面的合理性。②

　　司法商谈指的是司法过程中,通过法官(主要指合议庭成员)之间的理想对话来获得对法律的统一理解,并获得个案的妥当判决的一种司法模式或方法。司法商谈主要发生在合议庭内部,合议庭成员通过自由、平等、没有强制的真诚对话机制对案件进行讨论,并就案件事实与法律问题达成共识,最终作出一个合理的判决。在此过程中,案件当事人及其代理律师主要扮演一个信息或观点提供者的角色,他们的意见被考虑,但是共识的达成不需要征得他们的同意,这主要是因为,由于当事人及其律师的立场固化,他们更可能从事策略行动而不是交往行动,期待他们达成共识是不现实和不合理的。③

　　有人可能会质疑,哈贝马斯的方案,可能无法获得一个"唯一正确的答案",但是,在这一点上,其实是德沃金走得过激了,法治原则所要求的司法的确定性,并不需要唯一正解那样的确定性,它其实只需要一个有合理边界的确定性。我们要记住的是,自由裁量并不是对确定性的解构,因为它有边界限制;没有边界的自由裁量,也就是决断,才是对确定性的解构,也是对法治的消解。

---

① 参见唐丰鹤:《司法的合法性危机及其克服——基于哈贝马斯的研究》,载《政治与法律》2012 年第 6 期。
② 司法确定性原则和合理运用原则两者共同构成了司法正当性的两个维度。See Jürgen Habermas, *Between Facts and Norms: Contributions to a Discourse Theory of Law and Democracy*, translated by Williiam Rehg, The MIT Press, 1996, pp. 198-199.
③ 马克·范·胡克认为司法沟通可能会发生在五个领域:第一个沟通领域是法庭的当事人与法官之间;第二个沟通领域发生在上诉法院;第三个沟通领域发生于法学研究共同体;第四个沟通领域发生在媒体;第五个沟通领域发生在社会大众。〔比〕马克·范·胡克:《法律的沟通之维》,孙国东译,法律出版社 2008 年版,第 237—238 页。我们认为,法院有时会考虑其他法院的意见、法律专家的意见、媒体的意见、公众的意见,但是这些意见只能作为合议庭考虑的因素,合议庭并不需要就个案裁判分别与他们进行商谈,因此,不应属于司法商谈的范畴。

结　语

　　法正当性是法效力的一个上位概念,是对法的有效性进行的一种证成。法正当性即是对法有效性的证成,说一个法具有正当性的意思,就是说,这个法因为符合某种道德、原则或标准而具有法效力的意思,或起码是这种道德、原则或标准构成了法效力的必要前提条件的意思。

　　从历史的、宏观的视角来看,自古以来的法律正当性主要有两大类型:实质性法律正当性类型,即认为法律的正当性来源于实质性的道德伦理;形式性法律正当性类型,即认为法律的正当性来源于形式理性。

　　实质性法律正当性类型,即认为法律的正当性来源于伦理、道德、自然法、习俗、功用、民族精神等实质性的价值,或者说,实质性法律正当性类型,是把法律自身的正当性建立在伦理、道德、自然法、习俗、功用、民族精神等实质性价值的基础上。就观念史来说,历史上居支配地位的法律正当性思想即是这种实质性法律正当性类型,其主要的学术流派或思想体系有:(1) 自然法学。按照一种由来已久的传统看法,法可以分为自然法与制定法。自然法与制定法的分离与对立构成了法律历史叙事的一条主线,这种对立意味着两者之间一种空间等级关系的确立,也就是法律的自然与自然法正当性观念的确立,根据该观念,制定法的正当性被认为存在于作为高级法而存在的自然法之中,制定法因为背离自然法而减损或失去其应有的法效力。自然法观念与自然观念是表里关系,自然法观念跟随自然观念的变迁而变迁,自然与自然法之所以可以作为制定法正当性的基础,根本的原因在于自然与自然法的超验性与合理性。(2) 法的习俗正当性思想。法律在其演化历史中一直与习俗勾连在一起,法律被认为是从习俗中分化而来,习俗构成了法律内容的主要渊源,因此有所谓对法律与习俗关系的"发生学"解说和"法源论"解说。然而,长期流行的"发生学"解说和"法源论"解说不仅没有注意到,甚至在某种程度上遮蔽了习俗对于法律的正当性意义。法的习俗正当性思想,即认为法律的正当性建立在习俗的基础上,若不符合习俗,法律便没有效力或减损其效力。归根结底,习俗自身的正当在于:它体现着人民的同意与渐进的理性。(3) 功用主义。在现代性的大背景下,边沁发展出了一种实证主义法律观,法律被定义为主权者的决断。此种实证法以彻底挣脱自然法的羁绊为己任,却又无法面对对其本身正当性的质问,由此造成了现代实证法的正当性危机。作为时代的弄潮儿,边沁敏锐地注意到了此种姿态决绝的实证法即将面临的正当性拷问,为此,他天才洋溢地提出了法的功用正当性理论。该理论一方面试图以功用原则取代自然法来约束现代实证法本质上的恣意性;另一方面,却又巧妙地回避了自然法的非实在性问题,将功用原则建立在实证的地基上,保证了他理论立场的统一。(4)历史法学派。在自然法学式微之后,历史法学秉承了实质性法律正当性取向,试图把法律正当性建立在民族精神之上,这就是历史法学的法律的民族精神正当性。民族精神听起来是一个颇为玄妙的东西,然而它却具有鲜明的经验性质,它由民族的生活史所呈现,由历史资料所承载,被清澈而睿智的心灵所捕捉,它不诉诸于柏拉图的理念,也不诉诸基督教的上帝,没有一丝一毫超验的地方。在历史法学看来,这正是新时代里法律正当性的根基所在,历史法学的适格法律,就是一种渗透着、浸染着民族精神的法律,而违背民族精神的制定法,或多或少,部分或全部会丧失其法效力。以上四种法正当性思想,横跨了古今社会,看得出"古今之变"的深刻影响,但是由于不管是自然法、神圣的习俗,还是民族精神,抑或是功用,都是一种实质性的价值,因此,此类法正当性思想,都应该归属于实质性法律正当性类型。

形式性法律正当性类型,即认为法律的正当性来源于一套形式合理性的标准,比如说,认为法律的正当性来源于科学理性、一套形式性的道德,或者是一套价值中立的谱系性标准。或者说,形式性法律正当性类型,是把法律自身的正当性建立在科学理性、内在道德、基础规范或承认规则等形式性标准的基础上。就观念史来说,其进一步细分的类型有:(1)法律的科学理性正当性。早在现代性开始发轫的时候,莱布尼茨就已经意识到现代实证法的无根基性了,而伴随着科学精神的昌明,他第一次提出要以科学的理性来证明现代实证法的正当性,即是说,现代法律,虽然无法从实质性道德上提出要求,因为随着理念、上帝观念的衰落,任何实质性道德都无法自证其身,但是现代法律可以从一些公认的前提出发,通过科学理性地演绎、推演,发展出一套科学的、融贯的、严密的法律体系,法律自身的正当性也正立基于此,这就是现代法律的科学理性正当性思想。这种思想,后来主要体现在近代的法典化浪潮中,一个引人注目的现象是,古代法律的成文化只是记录、整理一些现有习俗、法律与命令,而现代的法典编纂则要意味深长得多,它绝对不是简单记录、汇编、整理既有的法律,而是在科学理性精神的指导下,对法律作演绎与推理,发展出一套封闭完美的法律体系,其真正的用意是籍此对现代法律进行正当化!(2)基于合法性的正当性。此种法律正当性思想为法实证主义所主张,法实证主义之所以强势崛起,其根本原因就是现代社会所发生的"古今之变",以至于传统自然法学逐渐式微,建立在经验与逻辑基础上的法实证主义遂顺时而生,它当然不能认同自然法学的法有效性取决于合道德性的思想,法实证主义别出心裁地为法效力来源设计了一套法的效力授权体系,简单来说,在这种法效力体系里,法规范分为上位规范和下位规范,而其要害则在于,下位规范的法效力来源于上位规范的授权,而完全不依赖于合道德性,为了避免对上位规范之效力来源的进一步追问与无穷追问,法实证主义还一了百了地设计了一个最终效力授权规范,这一最终规范在凯尔森那里被称为"基础规范",而在哈特那里,则被称为"承认规则"。所以,法实证主义的法效力体系,就是"最终规范授权给上位规范,上位规范再授权给下位规范"。通过这样一套精巧与复杂的法效力体系,法效力问题得到了自给自足的说明。从法正当性的角度来观察,法实证主义这一套做法,实质上就是说法正当性来源于上位规范,并最终建立在基础规范或承认规则的基础上,对于一项具体规范而言,它若符合上位规范和终极规范就是正当有效的,反之则不具有正当性,也不具有法效力。由于上位规范和终极规范本身也是法体系的组成部分,也是一项规范,所以,这种法正当性,其实就是合法性,即具体规范要符合上位规范或终极规范,这就是法实证主义的基于合法性的法正当性思想。(3) 法律的内在道德正当性。此种法律正当性是富勒提出的,富勒是一位"伪自然法学家",这主要是因为,他提出的现代法律必须符合的道德,完全不是传统自然法理论所想象的那种道德,而是一种差不多跟传统道德完全挂不上边的一套"道德",富勒自己称之为"内在道德",主要包括法律的普遍性、法律的公开性、法律的非溯及既往、法律的明确性、避免法律中的矛盾、法律的稳定性、官方行动和法律的一致性。这套"道德",其最大也是最令人瞩目的特点便是它们的形式化、空心化、去实质化,所以,这套道德,如果一定要命名为"道德"的话,那就是完全形式化的道德。富勒的思想反映了现代性对法律的冲击,因为在现代性之下,任何传统的实质道德可能都无法证明自身的正确性与普适性了,所以,形式化的道德出现了。在现代性的关口下,富勒只能用这套形式性道德作为现代实证法正当性的基础,也就是说,现代实证法,其正当性来源于"内在道德",若不符合"内在道德",法律也会减损、丧失法效力。

不管是实质性法律正当性类型还是形式性法律正当性类型都存在着自身的弱点。实质性法律正当性类型在"祛魅"化的时代很难为法律找到被一致接受的道德基础;形式性法律正当性类型把法律内容上的实质性要求完全抽空,法律徒具空壳,会带来"恶法之治",因此,两种法律正当性类型都存在不足。解决问题的希望在于将形式与实质结合在一起,形式赋予了法律以权威性,实质赋予法律以合理性。民主程序,尤其是双轨制审议民主程序乃是将形式与实质结合在一起的最好装置。这种双轨制审议民主程序,是一种包括了市民社会中的公共商谈和立法机构中的立法商谈的大程序,而支配这种正当程序的,是一套理想化的对话规则。按照审议民主程序的设想,法律是公意的体现,公意又通过审议民主程序得到。

现代社会的法治进路素有形式主义法治观与实质主义法治观之争,它们各自包含三种不同的形态。现在的情况是,一方面,在多元社会中,鼓吹一种特定价值的实质法治观难以获得社会的承认,甚至被贴上"价值专政"的标签。另一方面,形式主义法治观的流行又可能造就"把魔鬼当天使"的悲剧。解决这样的悖难殊非易事,也许就像法律正当性问题一样,可能的出路就在于形式主义法治观与实质主义法治观的融合上,我们将这种融合形式主义与实质主义的法治观称之为程序主义的法治观,它特指的是一种基于哈贝马斯式的商谈民主的程序主义法治,只有这种法治,才能实现正当法的统治。

参 考 文 献

一、著作类

刘鸿荫:《西洋法律思想史》,维新书局1970年版。
叶秀山:《苏格拉底及其哲学思想》,人民出版社1986年版。
倪正茂:《法哲学经纬》,上海社会科学院出版社1996年版。
洪涛:《逻各斯与空间——古代希腊政治哲学研究》,上海人民出版社1998年版。
李龙主编:《良法论》,武汉大学出版社2001年版。
封丽霞:《法典编纂论——一个比较法的视角》,清华大学出版社2002年版。
汪行福:《通向话语民主之路:与哈贝马斯对话》,四川人民出版社2002年版。
林立:《法学方法论与德沃金》,中国政法大学出版社2002年版。
颜厥安:《法与实践理性》,中国政法大学出版社2003年版。
韦森:《经济学与哲学:制度分析的哲学基础》,上海人民出版社2005年版。
刘日明:《法哲学》,复旦大学出版社2005年版。
强世功:《法律的现代性剧场:哈特与富勒的论战》,法律出版社2006年版。
郭晓东:《重塑价值之维:西方政治合法性理论研究》,华东师范大学出版社2007年版。
谈火生:《民主审议与政治合法性》,法律出版社2007年版。
周濂:《现代政治的正当性基础》,生活·读书·新知三联书店2008年版。
刘杨:《法律正当性观念的转变》,北京大学出版社2008年版。
赵心树:《选举的困境——民选制度及宪政改革批判》,四川人民出版社2008年版。
周赟:《西方法哲学主题思想史论:一种系列剧式的叙述》,法律出版社2008年版。
湛洪果:《哈特的法律实证主义——一种思想关系的视角》,北京大学出版社2008年版。
季涛:《法律之思——法律现代性危机的形成史及其现象学透视》,浙江大学出版社2008年版。
占茂华:《自然法观念的变迁》,法律出版社2010年版。
余履雪:《德国历史法学派:方法与传统》,清华大学出版社2011年版。
吴从周:《概念法学、利益法学与价值法学:探索一部民法方法论的演变史》,中国法制出版社2011年版。
段德智:《莱布尼茨哲学研究》,人民出版社2011年版。

肖小芳:《道德与法律——哈特、德沃金与哈贝马斯对法律正当性的三种论证模式》,光明日报出版社 2011 年版。

王家国:《作为目的性事业的法律——朗·富勒的法律观研究》,法律出版社 2012 年版。

谢鸿飞:《法律与历史:体系化法史学与法律历史社会学》,北京大学出版社 2012 年版。

孙国东:《合法律性与合道德性之间:哈贝马斯商谈合法化理论研究》,复旦大学出版社 2012 年版。

高鸿钧:《英美法原论》(上),北京大学出版社 2013 年版。

汪子嵩:《希腊哲学史》(第二卷),人民出版社 2014 年版。

唐丰鹤:《在经验和规范之间:正当性的范式转换》,法律出版社 2014 年版。

陈征楠:《法正当性问题的道德面向》,中国政法大学出版社 2014 年版。

王利明:《法治:良法与善治》,北京大学出版社 2015 年版。

林立:《哈伯玛斯的法律哲学》,新学林出版股份有限公司 2016 年版。

二、译著类

〔古希腊〕荷马:《奥德赛》,陈中梅译,译林出版社 2003 年版。

〔古希腊〕希罗多德:《历史》,王以铸译,商务印书馆 1959 年版。

〔古希腊〕柏拉图:《理想国》,郭斌和、张竹明译,商务印书馆 1997 年版。

〔古希腊〕柏拉图:《柏拉图全集》(第三卷),王晓朝译,人民出版社出版 2003 年版。

〔古希腊〕亚里士多德:《政治学》,吴寿彭译,商务印书馆 1965 年版。

〔古希腊〕亚里士多德:《亚里士多德全集》(第二卷),苗力田主编,中国人民大学出版社 1991 年版。

〔古希腊〕亚里士多德:《亚里士多德全集》(第七卷),苗力田主编,中国人民大学出版社 1993 年版。

〔古希腊〕亚里士多德:《亚里士多德全集》(第九卷),苗力田主编,中国人民大学出版社 1994 年版。

〔古罗马〕西塞罗:《国家篇·法律篇》,沈叔平、苏力译,商务印书馆 1999 年版。

〔古罗马〕查士丁尼:《法学总论——法学阶梯》,张企泰译,商务印书馆 1989 年版。

〔意〕托马斯·阿奎那:《阿奎那政治著作选》,马清槐译,商务印书馆 1963 年版。

〔古罗马〕托马斯·阿奎那:《神学大全:论法律与恩宠》,刘俊余译,中华明道会 & 碧岳学社 2008 年版。

〔法〕笛卡儿:《哲学原理》,关文运译,商务印书馆 1958 年版。

〔英〕休谟:《人性论》(上册),关文运译,商务印书馆 1980 年版。

〔英〕休谟:《人性论》(下册),关文运译,商务印书馆 1980 年版。

〔英〕洛克:《政府论》(下篇),叶启芳、瞿菊农译,商务印书馆 1982 年版。

〔英〕培根:《新工具》,许宝骙译,商务印书馆 1984 年版。

〔英〕霍布斯:《利维坦》,黎思复、黎廷弼译,商务印书馆 1985 年版。

〔意〕维柯:《新科学》,朱光潜译,商务印书馆 1989 年版。

〔英〕亚·沃尔夫:《十六世纪科学、技术和哲学史》(下册),周昌君译,商务印书馆 1991 年版。

〔美〕梯利:《西方哲学史》,葛力译,商务印书馆 1995 年版。

〔英〕柯费尔德:《智者运动》,刘开会、徐名驹译,兰州大学出版社 1996 年版。

〔英〕赫伯特·斯宾塞:《社会静力学》,张雄武译,商务印书馆 1996 年版。

〔德〕黑格尔:《法哲学原理》,范扬、张启泰译,商务印书馆 1996 年版。

〔法〕奥古斯特·孔德:《论实证精神》,黄建华译,商务印书馆 1996 年版。

〔美〕特伦斯·欧文:《古典思想》,覃方明译,辽宁教育出版社 1998 年版。

〔美〕罗纳德·德沃金:《认真对待权利》,信春鹰、吴玉章译,中国大百科全书出版社 1998 年版。

〔美〕塞缪尔·亨廷顿:《第三波:二十世纪后期民主化浪潮》,刘军宁译,上海三联书店 1998 年版。

〔英〕卡尔·波普尔:《开放社会及其敌人》(第一卷),陆衡等译,中国社会科学出版社 1999 年版。

〔美〕博登海默:《法理学——法哲学及其方法》,邓正来译,中国政法大学出版社 1999 年版。

〔英〕哈耶克:《法律、立法与自由》(第二、三卷)邓正来等译,中国大百科全书出版社 2000 年版。

〔德〕萨维尼:《论立法与法学的当代使命》,许章润译,中国法制出版社 2001 年版。

〔美〕昂格尔:《现代社会中的法律》,吴玉章、周汉华译,译林出版社 2001 年版。

〔美〕埃尔曼:《比较法律文化》,贺卫方、高鸿钧译,清华大学出版社 2002 年版。

〔法〕让—马克·夸克:《合法性与政治》,佟心平、王远飞译,中央编译出版社 2002 年版。

〔德〕科殷:《法哲学》,林荣远译,华夏出版社年 2002 年版。

〔德〕罗伯特·阿列克西:《法律论证理论》,舒国滢译,中国法制出版社 2002 年版。

〔德〕海德格尔:《尼采》(下),孙周兴译,商务印书馆 2002 年版。

〔德〕阿图尔·考夫曼:《当代法哲学和法律理论导论》,郑永流译,法律出版社 2002 年版。

〔英〕约翰·奥斯丁:《法理学的范围》,刘星译,中国法制出版社 2002 年版。

〔英〕莫里森:《法理学:从古希腊到后现代》,李桂林等译,武汉大学出版社 2003 年版。

〔英〕拉兹:《法律体系的概念》,吴玉章译,中国法制出版社 2003 年版。

〔美〕列奥·施特劳斯:《自然权利与历史》,彭刚译,生活·读书·新知三联书店 2003 年版。

〔英〕厄奈斯特·巴克:《希腊政治理论》,卢华萍译,吉林人民出版社 2003 年版。

〔美〕欧文·白璧德:《文学与美国的大学》,张沛、张源译,北京大学出版社 2004 年版。

〔德〕马克斯·韦伯:《韦伯作品集Ⅱ:经济与历史/支配的类型》,康乐等译,广西师范大学出版社 2004 年版。

〔德〕马克斯·韦伯:《新教伦理与资本主义精神》,于晓等译,左岸文化,2005 年版。

〔德〕马克斯·韦伯:《学术与政治》,冯克利译,生活·读书·新知三联书店 2005 年版。

〔德〕马克斯·韦伯:《经济与社会》(第一卷),阎克文译,上海世纪出版集团 2010 年版。

〔德〕马克斯·韦伯:《经济与社会》(第二卷),阎克文译,上海世纪出版集团 2010 年版。

〔德〕哈贝马斯:《交往与社会进化》,张博树译,重庆出版社 1989 年版。

〔德〕哈贝马斯:《交往行动理论》(全两卷),洪佩郁、蔺青译,重庆出版社 1994 年版。

〔德〕哈贝马斯:《公共领域的结构转型》,曹卫东等译,学林出版社 1999 年版。

〔德〕哈贝马斯:《重建历史唯物主义》,郭官义译,社会科学文献出版社 2000 年版。

〔德〕哈贝马斯:《在事实与规范之间》,童世骏译,生活·读书·新知三联书店 2003 年版。

〔德〕哈贝马斯:《现代性的哲学话语》,曹卫东等译,译林出版社 2004 年版。

〔美〕霍贝尔:《原始人的法:法律的动态比较研究》(修订译本),严存生等译,法律出版社 2006 版。

〔德〕维亚克尔:《近代私法史——以德意志的发展为观察重点》(下),陈爱娥、黄建辉译,上海三联书店 2006 年版。

〔美〕朱尔斯·科尔曼:《原则的实践》,丁海俊译,法律出版社 2006 年版。

〔德〕莱布尼茨:《神义论》,朱雁冰译,生活·读书·新知三联书店 2007 年版。

〔德〕尼采:《快乐的科学》,黄明嘉译,华东师范大学出版社 2007 年版。

〔英〕马林诺夫斯基:《原始社会的犯罪与习俗》(修订译本),原江译,法律出版社 2007 年版。

〔德〕海因里希·罗门:《自然法的观念史和哲学》,姚中秋译,上海三联书店 2007 年版。

〔美〕弗朗西斯·薛华:《前车可鉴:西方思想文化的兴衰》,梁祖永等译,华夏出版社 2008 年版。

〔奥〕凯尔森:《法与国家的一般理论》,沈宗灵译,中国大百科全书出版社 1996 年版。

〔奥〕凯尔森:《纯粹法理论》,张书友译,中国法制出版社 2008 年版。

〔俄〕登特列夫:《自然法——法律哲学导论》,李日章等译,新星出版社 2008 年版。

〔比〕马克·范·胡克:《法律的沟通之维》,孙国东译,法律出版社 2008 年版。

〔美〕乔治·萨拜因:《政治学说史》(上卷),邓正来译,上海人民出版社 2008 年版。

〔美〕乔治·萨拜因:《政治学说史》(下卷),邓正来译,上海人民出版社 2010 年版。

〔英〕边沁:《论道德与立法的原则》,程立显、宇文利译,陕西人民出版社 2009 年版。

〔英〕边沁:《立法理论》,李贵方等译,中国人民公安大学出版社 2004 年版。

〔美〕杰里米·沃尔德伦:《法律与分歧》,王柱国译,法律出版社 2009 年版。

〔美〕沃尔特·艾萨克森:《爱因斯坦:生活和宇宙》,张卜天译,湖南科技出版社 2009 年版。

〔德〕萨维尼:《历史法学派的基本思想:1814—1840》,艾里克·沃尔夫编,郑永流译,法律出版社 2009 年版。

〔美〕G. H. R. 帕金森主编:《文艺复兴和 17 世纪理性主义》,田平等译,冯俊审校,中国人民大学出版社 2009 年版。

〔美〕安德鲁·埃德加:《哈贝马斯:关键概念》,杨礼银、朱松峰译,江苏人民出版社 2009 年版。

〔德〕萨维尼:《当代罗马法体系I》,朱虎译,中国法制出版社 2010 年版。

〔美〕托马斯·麦卡锡:《哈贝马斯的批判理论》,王江涛译,华东师范大学出版社 2010 年版。

〔爱〕J. M. 凯利:《西方法律思想简史》,王笑红译,法律出版社 2010 年版。

〔美〕塔玛纳哈:《论法治》,李桂林译,武汉大学出版社 2010 年版。

〔法〕菲利普·内莫:《民主与城邦的衰落——古希腊政治思想史讲稿》,张竝译,华东师范大学出版社 2011 年版。

〔美〕詹姆斯·乔治·弗雷泽:《〈旧约〉中的民间传说——宗教、神话和律法的比较研究》,叶舒宪、户晓辉译,陕西师范大学出版总社有限公司 2012 年版。

〔德〕施塔姆勒:《正义法的理论》,夏彦才译,商务印书馆 2012 年版。

〔美〕罗兰·斯特龙柏格:《西方现代思想史》,刘北成、赵国新译,金城出版社 2012 年版。

〔法〕吉尔伯特·罗梅耶—德尔贝:《论智者》,李成季译,人民出版社 2013 年版。

〔美〕约翰·亨利:《科学革命与现代科学的起源》,杨俊杰译,北京大学出版社 2013 年版。

〔德〕卢曼:《法社会学》,宾凯、赵春燕译,上海人民出版社 2013 年版。

〔德〕拉德布鲁赫:《法哲学》,王朴译,法律出版社 2013 年版。

〔德〕莱因荷德·齐佩利乌斯:《法哲学》,金振豹译,北京大学出版社 2013 年版。

〔美〕加勒特·汤姆森:《莱布尼茨》,李素霞、杨富斌译,中华书局 2014 年版。

〔荷〕格劳秀斯:《战争与和平法》(第一卷),马呈元译,中国政法大学出版社 2015 年版。

〔美〕吴经熊:《正义之源泉:自然法研究》,张薇薇译,法律出版社 2015 年版。

〔英〕罗杰·科特威尔:《法律社会学导论》(第二版),彭小龙译,中国政法大学出版社 2015 年版。

〔德〕罗伯特·阿列克西:《法概念与法效力》,王鹏翔译,商务印书馆 2015 年版。

三、杂志类

梁治平:《"法自然"与"自然法"》,载《中国社会科学》1989 年第 2 期。
贾宇:《边沁刑法思想述评(下)》,载《甘肃政法学院学报》1996 年第 3 期。
姚建宗:《法律效力论纲》,载《法商研究》1996 年第 4 期。
李宏图:《民族精神的呐喊——论 18 世纪德意志和法国的文化冲突》,载《世界历史》1997 年第 5 期。
侯健:《法治、良法与民主——兼评拉兹的法治观》,载《中外法学》1999 年第 4 期。
李桂林:《论良法的标准》,载《法学评论》2000 年第 2 期。
薛军:《良法何在?——论法治的价值基础》,载《比较法研究》2001 年第 4 期。
杨仁厚:《论良法的基本内容》,载《贵州大学学报》2002 第 5 期。
严存生:《法的合法性问题研究》,载《法律科学》2002 年第 3 期。
程宗璋:《良法论纲》,载《玉溪师范学院学报》2003 年第 3 期。
李佑新:《现代性的双重意蕴及其实质问题》,载《南开学报》2004 年第 1 期。
汪太贤:《从神谕到自然的启示:古希腊自然法的源起与生成》,载《现代法学》2004 年第 6 期。
林来梵、王晖:《法律上的"唯一正解"——从德沃金的学说谈起》,载《学术月刊》2004 年第 10 期。
谢鸿飞:《追寻历史的"活法"——法律的历史分析理论述评》,载《中国社会科学》2005 年第 4 期。
李步云、赵迅:《什么是良法》,载《法学研究》2005 年第 6 期。
周濂:《政治正当性与政治义务》,载《吉林大学社会科学学报》2006 年第 2 期。
季涛:《法哲学的阿卡琉斯之踵——论拉德布鲁赫对法律神学的知识立场》,载《同济大学学报》2006 年第 5 期。
胡平仁、鞠成伟:《法社会学视野下的法律与习俗》,载《湖北社会科学》2007 年第 3 期。
谈火生、吴志红:《哈贝马斯的双轨制审议民主理论》,载《中国人民政协理论研究会会刊》2008 年第 1 期。
张汝伦:《哈贝马斯交往行动理论批判》,载《江苏行政学院学报》2008 年第 6 期。
周保松:《稳定性与正当性》,载《开放时代》2008 年第 6 期。
童世骏:《关于"重叠共识"的"重叠共识"》,载《中国社会科学》2008 年第 6 期。
杨仁忠:《论现代公共领域生存发展的社会机制及其学术意义》,载《学习论坛》2008 年第 7 期。
徐国栋:《边沁的法典编纂思想与实践——以其〈民法典原理〉为中心》,载《浙江社会科学》2009 年第 1 期。
范立波:《分离命题与法律实证主义》,载《法律科学》2009 年第 2 期。
毛兴贵:《同意、政治合法性与政治义务——现代西方同意理论述评》,载《哲学动态》

2009 年第 8 期。

张敏:《现代性危机的救治——施特劳斯"自然正当"观念的内涵与理论地位》,载《武汉大学学报》2010 年第 5 期。

顾肃:《多元社会的重叠共识、正当与善——晚期罗尔斯政治哲学的核心理念评述》,载《复旦大学学报》2011 年第 2 期。

王晓升:《"公共领域"概念辨析》,载《吉林大学社会科学学报》2011 年第 4 期。

张汝伦:《什么是"自然"?》,载《哲学研究》2011 年 4 期。

任剑涛:《祛魅、复魅与社会秩序的重建》,载《江苏社会科学》2012 年第 2 期。

唐丰鹤:《司法的合法性危机及其克服——基于哈贝马斯的研究》,载《政治与法律》2012 年第 6 期。

唐丰鹤:《哈特法律实证主义的三大命题》,载《理论月刊》2013 年第 8 期。

唐丰鹤:《通过合法性的正当性:实证主义法学的正当性思想研究》,载《北方法学》2013 年第 1 期。

李燕涛:《边沁主权思想的发展及其内在逻辑》,载《求索》2012 年第 12 期。

徐国栋:《伊壁鸠鲁学派的快乐主义、边沁功利主义与英国法人性假设的形成》,载《河南财经政法大学学报》2013 年第 2 期。

喻中:《法的现代性:一个虚构的理论神话》,载《法律科学》2013 年第 5 期。

舒国滢:《论近代自然科学对法学的影响——以 17、18 世纪理性主义法学作为考察重点》,载《法学评论》2014 年第 5 期。

雷磊:《再访拉德布鲁赫公式》,载《法制与社会发展》2015 年第 1 期。

杨伟清:《政治正当性、合法性与正义》,载《中国人民大学学报》2016 年第 1 期。

四、文集与中译论文类

〔美〕卡尔纳普:《通过语言的逻辑分析清除形而上学》,载洪谦主编:《逻辑经验主义》上卷,商务印书馆 1982 年版。

〔法〕马克·思古德:《什么是政治的合法性?》,王雪梅译,载《外国法译评》1997 年第 2 期。

〔美〕简·科恩、安德鲁·阿雷托:《社会理论与市民社会》,时和兴译,载邓正来、J. C. 亚历山大主编:《国家与市民社会——一种社会理论的研究路径》,中央编译出版社 1999 年版。

〔德〕拉德布鲁赫:《法律的不法与超法律的法》,舒国滢译,载郑永流主编:《法哲学与法社会学论丛》(四),中国政法大学出版社 2001 年版。

〔德〕卡尔·施米特:《合法性与正当性》,李秋零译,载卡尔·施米特:《政治的概念》,刘宗坤等译,上海人民出版社 2003 年版。

〔德〕卡尔·施米特:《罗马天主教与政治形式》,刘锋译,载刘小枫编:《政治的概念》,上海人民出版社 2003 年版。

林端:《德国历时法学派——兼论其与法律解释学、法律史和法律社会学的关系》,载许章润主编:《萨维尼与历史法学派》,广西师范大学出版社 2004 年版。

陈景辉:《作为社会事实的法——实证观念与哈特的社会规则理论》,载《法哲学与法社会学论丛》2006 年第 1 期。

林端:《法律人类学简介》,载马林诺夫斯基:《原始社会的犯罪与习俗》(修订译本),原江译,法律出版社 2007 年版。

林文雄:《拉德布鲁赫的法理念论——以其正义论为重心》,载杜钢建主编:《法治湖南与区域治理研究》(第 3 卷),世界图书出版公司 2011 年版。

唐丰鹤:《法律现实主义的司法裁判观》,载陈金钊主编:《法律方法》(第 17 卷),山东人民出版社 2015 年版。

〔德〕罗伯特·阿列克西:《法与道德:告别演讲》,雷磊译,载《华东政法大学学报》2015 年第 5 期。

五、外文著作类

Sir W. Blackstone, *Commentaries on the laws of England*, University of Chicago Press, 1979.

Sir Matthew Hale, *A History of the Common Law*, Printed For Henry Butterworth, Law Bookseller, 1713.

Friedrich Carl von Savigny, *Vom Beruf unserer Zeit für Gesetzgebung und Rechtswissenschaf*, Heidelberg, 1814.

Die philosophischen Schriften von G. W. Leibniz, herausgegeben von C. J. Gerhardt, Berlin & Halle, 1875—1890, Volume 2.

Otto von Gierke, *Political Theories of the Middle Ages*, translated with an Introduction by Frederic William Maitland, Cambridge University Press, 1900.

Sir Frederick Pollock and Frederic William Maitland, *The History of English Law Before the Time of Edward I*, Cambridge University Press, 1923.

E. S. Hartland, *Primitive Law*, Methuen, 1924.

James Bryce, *The Holy Roman Empire*, Macmillan, 1928.

Commons J. R., *Institutional Economics: It's Place in Political Economy*, Macmillan, 1934.

L. L. Fuller, *The Law in Quest of Itself*, The Foundation Press, 1940.

Fritz Schulz, *History of Roman Legal Science*, Clarendon Press, 1946.

Sir Ernest Barker, *Tradition of Civilization*, Cambridge University Press, 1948.

F. M. Cornford, *From Religion to Philosophy: a Study in the Origins of Western Speculation*, Harper&Brothers Publishers, 1957.

Herbert Butterfield, *Origins of Modern Science*, G. Bell & Sons Ltd., 1957.

Roscoe Pound, *Interpretations of Legal History*, The Macmillan Company, 1923.

Roscoe Pound, *Jurisprudence*(Volume Ⅲ), West Publishing Co., 1959.

Alasdair MacIntyre, *A Short History of Ethics*, Routledge & Kegan Paul, 1967.

Wolfgang Friedmann, *Legal Theory*, Columbia University Press, 1967.

Leszek Kolakowski, *The Alienation of Reason: A History of Positivist Thought*, Doubleday & Company, Inc., 1968.

Walter Ullmann, *Medieval Political Thought*, Penguin Books, 1965.

Walter Ullmann, *The Medieval Idea of Law*, Barnes and Noble, 1969.

L. L. Fuller, *The Morality of Law*, Yale University Press, 1969.

Richard Flathman, *Political Obligation*, Atheneum, 1972.

F. A. Hayek, *Law, Legislation and Liberty: Rules and Order (I)*, The University of Chicago Press, 1973.

James Steintrager, *Bentham*, G Allen and Unwin Ltd., 1977.

Max Weber, *Economy and Society*, ed. G. Roth and C. Wittich, University of California Press, 1978.

John Simmons, *Moral Principles And Political Obligations*, Princeton University Press, 1979.

Quentin Skinner, *The Foundations of Modern Political Thought (Volume 1: The Renaissance)*, Cambridge University Press, 1979.

John Finnis, *Natural Law and Natural Rights*, Clarendon Press, 1980.

J. G. Merquior, *Rousseau and Weber: Two Studies in the Theory of Legitimacy*, Routledge & kegan Parl, 1980.

John H. Schaar, *Legitimacy in the Modern State*, Transaction Publishers, 1981.

Hume, L. J., *Bentham and Bureaucracy*, Cambridge University Press, 1981.

H. L. A. Hart, *Essays on Bentham: Jurisprudences and Political Theory*, Oxford University Press, 1982.

Robert S. Summers, *Lon L. Fuller*, Stanford University Press, 1984.

Hogue, A. R., *Origins of the Common Law*, Liberty Press, 1985.

Alan Watson, *The Evolution of Law*, Johns Hopkins University Press, 1985.

David Beetham, *Max Weber and the Theory of Modern Polities*, Policy Press, 1985.

Gerald J. Postema, *Bentham and the Common Law Tradition*, Clarendon Press, 1986.

Gottfried Wilhelm Leibniz, *Kleine Schriften zur Metaphysik*, hrsg. von Hans Hein Holz, Insel Verlag, 1986.

P. S. Atiyah & R. S. Summers, *Form and Substance in Anglo-American Law: A Comparative Study of Legal Reasoning, Legal Theory, and Legal Institutions*, Clarendon Press, 1987.

J. G. A. Pocock, *The Ancient Constitution and the Feudal Law: A Study of English Historical Thought in the Seventeenth Century*, Cambridge University Press, 1987.

Matti Wiberg, *Between Apathy and Revolution: Explications of the Conditions for*

Political Legitimacy, Turun Yliopisto, 1988.

Aldo Mazzacane (hrsg.), *Friedrich Carl von Savigny, Vorlesungen über juristischen Methodologie 1802—1842*, Vittrio Klostermann Verlag, 1993.

H. L. A. Hart, *The Concept of Law 2nd*, Clarendon Press, 1994.

M. A. Glendon, M. W. Gordon &. C. Osakwe, *Comparative Legal Traditions*, West Publishing Co., 1994.

Michael Gagarin, Paul Woodruff, *Early Greek Political Thought from Homer to the Sophists*, Cambridge University Press, 1995.

Tony Burns, *Natural Law and Political Ideology in the Philosophy of Hegel*, Avebury Ashgate Publishing Ltd, 1996.

A. Lisska, *Aquinas's Theory of Natural Law: An Analytical Reconstruction*, Clarendon Press, 1996.

Kund Haakonssen, *Natural Law and Moral Philosophy: From Grotius to the Scottish Enlightenment*, Cambridge University Press, 1996.

Jürgen Habermas, *Communication and the Evolution of Society*, translated by Thomas McCarthy, Beacon Press, 1979.

Jürgen Habermas, *Theory of Communicative Action (vol. 1): Reason and the Rationalization of Society*, Beacon Press, 1984.

Jürgen Habermas, *The Theory of Communicative Action (Vol. 2): Lifeworld and System: A Critique of Functionalist Reason*, translated by T. McCarthy, Beacon Press, 1987.

Jürgen Habermas, *Moral Consciousness and Communicative Action*, The MIT Press, 1990.

Jürgen Habermas, *Between Facts and Norms: Contributions to a Discourse Theory of Law and Democracy*, translated by Williiam Rehg, The MIT Press, 1996.

John Rawls, *Political Liberalism*, Columbia University Press, 1996.

Cass R. Sunstein, *Legal Reasoning and Political Conflict*, Oxford University Press, 1996.

Routledge History of Philosophy Vol 1: From the Beginning to Plato, edited by C. C. W. Taylor, Routledge Press, 1997.

Thomas Hobbes, *On the Citizen*, edited by Richard Tuck, Harvard University Press, 1998.

Peter Stein, *Roman Law in European History*, Cambridge University Press, 1999.

Deryck Beyleveld und Roger Brownsword, *Human Dignity in Bioethics and Biolaw*, Oxford University Press, 2001.

B. Tamanaha, *A General Jurisprudence of Law and Society*, Oxford University Press, 2001.

J. A. Segal & H. J. Spaeth, *The Supreme Court and the Attitudinal Model Revisited*, Cambridge University Press, 2002.

David VanDrunen, *Law and Custom: The Thought of Thomas Aquinas and the Future of the Common Law*, Peter Lang Publishing Inc., 2003.

Carl Schmitt, *Legality and Legitimacy*, translated and edited by Jeffrey Seitzer, with an introduction by John P. McCormick, Duke University Press, 2004.

Gerard Naddaf, *The Greek Concept of Nature*, State University of New York Press, 2005.

Roger Berkowitz, *The Gift of Science: Leibniz and the Modern Legal Tradition*, Harvard University Press, 2005.

Francis Oakley, *Natural Law, Laws of Nature, Natural Rights: Continuity and Discontinuity in the History of Ideas*, The Continuum International Publishing Group Inc., 2005.

Rene Descartes, *A Discourse on the Method: of Correctly Conducting One's Reason and Seeking Truth in the Sciences*, Translated with an Introduction and Notes by Ian Maclean, Oxford University press, 2006.

Jeremy Bentham, *Of Laws in General*, ed. H. L. A. Hart, Athlone Press, 1970.

Jeremy Bentham, *The Correspondence of Jeremy Bentham*, Vol. 12: July 1824 to June 1828, ed. Luke O'Sullivan and Catherine Fuller, Clarendon Press, 2006.

Philip Schofield, *Utility and Democracy: The Political Thought of Jeremy Bentham*, Oxford University Press, 2006.

Samuel Enoch Stumpf & James Fieser, *Socrates to Sartre and Beyond: A History of Philosophy (8th Edition)*, McGraw-Hill, 2007.

Andrei Marmor, *Philosophy of Law*, Princeton University Press, 2011.

六、外文论文类

Friedrich Carl von Savigny, Über den Zweck dieser Zeitschrift, in: *Zeitschrift für geschichtliche Rechtswissenschaft 1*, 1815.

H. L. A. Hart, Book Review of The Morality of Law by Lon L. Fuller, *Harvard Law Review*, Vol. 78, 1965.

Joseph Needham, Human Law and the Laws of Nature, in Joseph Needham, *The Grand Titration: Science and Society in East and West*, University of Toronto Press, 1969.

Ronald Dworkin, Political Judges and the Rule of Law, 64 *Proceedings of the British Academy* 259, 1978.

Joseph Raz, The Rule of Law and its Virtue, in *The Authority of Law*, Clarendon Press, 1979.

Robert Grafstein, The Failure of Weber's Conception of Legitimacy: Its Cause and Implications, in *the Journal of Politics*, Vol43, 1981.

H. L. A. Hart, Positivism and the Separation of Law and Morals, Essays in *Jurisprudence and Philosophy*, Clarendon Press, 1983.

Adam Przeworski, Some Problems in the Study of the Transition to Democracy, in Guillermo O'Donnell, Philippe Schmitter and Laurence Whitehead (eds.), *Transitions from Authoritarian Rule: Comparative Perspectives*, Johns Hopkins University Press, 1986.

Gustav Radbruch, Gesetzliches Unrecht und übergesetzliches Recht, in: *Gustav Radbruch, Gesamtausgabe*, hg. v. Arthur Kaufmann, Bd. 3, Müller, 1990.

Michael E. Bratman, Shared Cooperative Activity, *The Philosophical Review* 101, 1992.

Nancy Fraser, Rethinking the Public Sphere: A Contribution to the Critique of Actually Existing Democracy, in Craig Calhoun (ed.), *Habermas and the Public Sphere*, The MIT Press, 1992.

David Schmidtz, Justifying the State, in *For and Against the State: New Philosophical Readings*, edited by John T. Sanders & Jan Narveson, Rowman&Littlefield Publishers, 1996.

Stuart Madden, The Vital Common Law: Its Role in a Statutory Age, *U. ARK. LITTLE ROCK L. J.* 18, 1996.

Leibniz, De Legum Interpretatione, Rationibus, Applicatione, Systemate, in Philosophische Schriften, ed. *Leibniz-Forschungsstelle der Universität Münster*, Vol. 6, Akademie-Verlag, 1999.

Willem J. Witteveen, Laws of Lawmaking, in *Rediscovering Fuller: Essays on Implicit Law and Institutional Design*, Amsterdam University Press, 1999.

John Simmons, Justification and Legitimacy, *Ethics*, Vol. 109, 1999.

Leslie Green, Positive and Conventionalism, *Canadian Journal of Law and Jurisprudence* 12, 1999.

Maurizio Passerin D'Entreves, Legitimacy and Democratic Deliberation, *Theoria: A Journal of Social and Political Theory*, No. 96, 2000.

John Gray, Where Pluralists and Liberals Part Company, in Maria Baghramian and Attracta Ingram eds., *Pluralism: the Philosophy and Politics of Diversity*, Routledge, 2000.

Jules L. Coleman, Brian Leiter, Legal Positivism, in Joel Feinberg, Jules Coleman, *Philosophy of Law*, London Wadsworth, 2004.

Richard H. Fallon, Legitimacy and the Constitution, *Harvard Law Review*, Vol. 118, 2005.

Brian Leiter, American Legal Realism, in W. Edmundson & M. Golding (eds.), *The*

Blackwell Guide to Philosophy of Law and Legal Theory, Blackwell, 2005.

Jeremy Bentham, A Fragment on Ontology, Essay on Logic, Essay on Language, in John Bowring (ed.), *The Works of Jeremy Bentham*, Vol. 8, Thoemmes Press, 1995.

Jeremy Bentham, Petition for Codification, in John Bowring (ed.), *The Works of Jeremy Bentham*, Vol. 5, Thoemmes Press, 1995.

Jeremy Bentham, Truth Versus Ashhurst, in John Bowring (ed.), *The Works of Jeremy Bentham*, Vol. 5, Thoemmes Press, 1995.

Jeremy Bentham, A Comment on the Commentaries, in *A Comment on the Commentaries and A Fragment on Government*, edited by J. H. Burns and H. L. A. Hart, Oxford University Press, 2008.

Jeremy Bentham, A Fragment on Government, in *A Comment on the Commentaries and A Fragment on Government*, edited by J. H. Burns and H. L. A. Hart, Oxford University Press, 2008.

Brenner M. Fissell, The Justification of Positive Law in Plato, *American Journal of Jurisprudence*, Vol. 56, 2011.

后　　记

本书讨论的是法律的正当性-证成性，即古代的制定法与现代的实证法如何获得道德证成的问题，我相信这一问题是法律现代性事业面临的一项重要挑战，在一个"祛魅"后的社会里具有相当重要的意义。本书看似在重述一些被翻炒了无数遍的观念史内容，了无新意，但是实际上它借着对相关理论的重新梳理，提出了相当重要并且也是相当独立的主张。

本书是我博士论文的延续，回想本书的起因，是清华大学高鸿钧老师在博士论文答辩时进行的点拨，他就我博士论文中提出的规范性正当性、经验性正当性、基于合法性的正当性与程序性正当性四分法提出法律正当性的实质与形式二分法，在博士论文答辩结束后，我就此进行了长期的思考，并阅读了严存生老师的相关论文，逐渐形成了这本书的框架结构。对此，我要特别感谢高鸿钧老师当初的分享，可以说，没有答辩会上那几句话，也就没有这本书。

本书得到国家社科基金项目的资助，在提交结题阶段，本书初稿得到了五位匿名评审专家的严格审阅，他们不吝赞美之辞，对本书的"选题""立意""论证"都进行了高度肯定，同时也指出了本书存在的问题，比如缺少对中国相关理论的梳理、结构上不够完整、缺少导论、有些部分没有"结语"，甚至一些错别字都被细心地挑出。这些意见成为我修改本书的指南，虽然有些意见，我深表认同但却无法在本书基础上修改（比如对中国正当性问题的看法，我心里确实存在一个逐渐成形的框架，但是只怕要一部专著才足以充分表达），但是其他许多意见都已被吸收，初稿结构上的缺陷得以弥补，因为得到如此有益的批评，所以现在面世的这本书已经完善很多，这是值得特别庆幸的，也是要特别感谢的（虽然我无法知道他们的姓名）。

本书初稿还曾经由我个人提交给复旦大学侯健老师审阅，感谢他在教学科研的百忙之中，对文稿进行了认真审读，给予了充分肯定，他也对相关内容提出了自己的看法，特别是对第二章、第八章进行了质疑，对此，我也根据意见进行了一定程度的修改，但是远不敢说能令他满意。

从事法律正当性这样一个冷僻且不讨好问题的研究，需要承受巨大的压力，感谢我的复旦同学王培剑一直以来对我的鼓励和支持。

感谢北京大学出版社的李倩老师,她大力支持和推进了本书在北京大学出版社的立项出版工作,并对本书文稿进行了认真细致的编辑与校对,使本书增色不少。

本书在出版前夕,整个文稿由我的研究生傅钢英进行了阅读与校对,感谢她细致的阅读,使得本书的一些错别字在几次"瞒天过海"后最终"难逃法网"。

科研也许是一份独特的工作,使得我们无暇他顾,甚至会型构我们的性格,感谢家人的理解,感谢他们对我长期的帮助和支持!

唐丰鹤
2018 年 12 月 12 日于杭州